中小学教师
教育科研与实践

刘杰　王兰　◎　编著

西南交通大学出版社

·成　都·

图书在版编目（CIP）数据

中小学教师教育科研与实践 / 刘杰，王兰编著. --
成都：西南交通大学出版社，2024.5
ISBN 978-7-5643-9784-5

Ⅰ. ①中… Ⅱ. ①刘… ②王… Ⅲ. ①中小学教育 –
教育研究 Ⅳ. ①G632.0

中国国家版本馆 CIP 数据核字（2024）第 067775 号

Zhongxiaoxue Jiaoshi Jiaoyu Keyan yu Shijian
中小学教师教育科研与实践

刘 杰　王 兰 / 编 著

责任编辑 / 邵莘越
封面设计 / 原谋书装

西南交通大学出版社出版发行
（四川省成都市金牛区二环路北一段 111 号西南交通大学创新大厦 21 楼　610031）
营销部电话：028-87600564　　028-87600533
网址：http://www.xnjdcbs.com
印刷：郫县犀浦印刷厂

成品尺寸　170 mm×230 mm
印张　15.5　　字数　288 千
版次　2024 年 5 月第 1 版　　印次　2024 年 5 月第 1 次

书号　ISBN 978-7-5643-9784-5
定价　65.00 元

前 言
PREFACE

　　教育科学研究是教育事业的重要组成部分，对教育改革发展具有重要的支撑、驱动和引领作用。中小学教师虽然不是专业从事教育科研的人员，但是，教育教学实践中的很多问题离不开教师的研究，因为教师不仅仅是这些问题的见证者——教师时刻处于教育教学实践之中，教育教学的问题很多都来自实践，也是这些问题的构成者——教师自身在教育教学中也存在一定的问题，更是这些问题的解决者——教师总能解决自己教育教学实践中的问题。教师开展教育科研，是站在一个完全意义上的沉浸视角，能够设身处地看待各种教育教学问题，从而给出一个非常"接地气"的解释或答案。

　　另一方面，开展教育科研也是不断提高教师专业素养的重要途径。"纸上得来终觉浅，绝知此事要躬行。"教育科研对教师在专业发展上的影响是其他方式难以相比的，无论是在系统的学习还是非系统的培训中，教师都是以接受者的身份出场的，不断地接受他人的研究及成果。开展教育科研，教师便由接受者转变为发现者、创造者，通过研究不断形成自己的观点，提出自己的主张，使自己不再只是知识的搬运者，而是知识的运用者、生产者。我们依然主张学习和培训是教师提升自我不可或缺的途径，哪怕是在教育科研过程中也要不断学习，但是，教育科研的作用却是不可替代的。苏联教育家苏霍姆林斯基曾将教育科研比作教师的幸福之路，认为能使"教师的劳动能够给教师带来乐趣，使天天上课不至于变成一种单调乏味的义务"的不二法门就是"走上从事研究这条幸福的道路上来"。因为在这条科研之路上，教师对教育教学问题的本质会有更深入的理解，对问题解决的过程会有更切身的感受，对问题解决的办法更能准确地把握和灵活地运用。

　　事实也是如此！中小学教师一直是教育教学实践问题的研究者，并在研究中取得了很多优秀成果，有效解决了教育教学实践中很多的难点、堵点问题。仅国家级教学成果奖评审委员会评审确定的 2022 年基础教育国家级教学成果奖中，就有近 70%的奖项来自各中小学，其中两项特等奖全部来自小学。这些成果无一不与教育科研紧密相连——可以说，没有教育科研，就没有科研成果，没有科研成果，教学实践就难以得到改进！

　　但是，我们也发现，关于教育科研，有的中小学教师在思想上还不够重视，在认知上还存在诸多误区，在行动上还存在较多不足，使教育科研开展的深度、宽度及广度都受到一定的影响。为此，我们在分析、整理中小学教师在教育科学研究实践中常见问题的基础上，结合教育科学研究中的常规要求，编写了本书，希望对教师们的科研之路有所帮助。

本书总共有五章：第一章对教育科研做了整体的概述，内容包括教育科研内涵与特点，课题与教育科研的关系，中小学教师开展教育科研的意义、应遵循的原则及一般过程，以及基于 F 区调查的中小学教师教育科研现状等；第二章是关于选题的分析，从意义、原则、途径、策略、名称、常见问题及矫正等方面介绍了教育科研选题方面的相关内容；第三章是关于研究设计的介绍，分别从为什么研究、研究什么、怎么研究、研究得怎么样等方面分析了研究设计的相关要点；第四章是结合研究方法介绍了开展教育科研的规范性和科学性，具体介绍了文献研究法、问卷调查法、教育访谈法、教育观察法、课堂观察法、个案研究法、教育实验法等七种方法运用于教育科研的相关要求；第五章则是关于研究成果的介绍，内容包括研究成果的定义、类别、撰写要求以及研究报告中成果撰写误区等方面，在此基础上列举了几篇公开发表的研究成果。

形式上，五个章节呈"总—分"结构，其中第一章对教育科研做了总的介绍，第二章至第五章主要围绕第一章中的教育科研一般过程展开，其中第二章至第四章是关于研究过程的介绍，第五章是关于研究成果的分析。内容上，本书重在结合中小学教师开展的教育教学研究实例来分析教育科研的相关问题，在指出中小学教师研究中存在的误区的同时提出了修改建议。

本书稿是我们多年在涪陵区教育科研管理工作中开展相关培训的讲稿基础上整理修改而成的，既是工作实践的总结，也是向前辈和同仁们学习的结果。其中绝大部分案例来自我们的实际课题调研，所有案例都采用白描，没做任何修饰或加工，在此，特向为本书提供案例支持的单位和个人表示感谢。本书稿的编写工作得到重庆市涪陵区教育科学研究所领导和同事的帮助与支持，在此一并表示感谢！

我们对教育科研的理解也不够深入，文中所述主要是基于实践的一些思考，可能存在诸多遗漏或不足，希望得到专家和同行的指导！

编　者

2023 年 8 月 20 日

目 录
CONTENTS

第一章

概　论

第一节　教育科研的内涵

教育科研即教育科学研究的简称，它是以教育科学理论为武器，以教育研究方法为手段，以教育领域中发生的现象和问题为对象，以探索教育规律为目的的创造性的认识活动。简言之，是用教育理论去研究教育现象，探索新的未知的规律，以解决新问题、新情况。从这个定义中，我们可以看出，教育科研具有以下几个方面的特征。

第一，教育科研是一种认识活动。认识即人的头脑对客观世界的反映，认识活动就是人脑反映客观事物的特性与联系并揭露事物对人的意义与作用的思维活动，本质上是个体认识客观世界的信息加工活动。开展教育科研一定是通过对客观的教育现象或问题进行信息加工并对其产生一定的认识，换句话说，认识客观世界是教育科研的本质特点，这种认识具有多样化的表现形式，比如，客观准确地描述所研究的现象或问题，科学地分析现象的本质或问题导致的原因，提出维持或干预现象的措施或解决问题的办法等。教育科研活动是求证某一教育现象或问题是什么、为什么、怎么办的活动，在这个活动中要努力实现对教育现象或问题从未知向已知的跨越。

第二，教育科研是一种创造性的认知活动。所谓创造性，一般指"个体产生新奇独特的、有社会价值的产品的能力或特性"。新奇独特就意味着这种认识活动

001

"前人未曾做过"或者其活动结果是"他人未曾提出过的",所谓"人无我有"即是创造。这就表明教育科研不是开展一种重复性的认识活动或得出一些重复性的认知结果。这种不重复性表现为两种情况:一是过程的不重复,二是结论的不重复。结论不重复以追求新的研究成果为目的;过程不重复则以验证已有结论的真伪为目的。不管哪种情况,都足以证明教育科研是以追求新认识为目的的活动。有社会价值则强调教育科研及成果所具有的意义或作用,一般来说,教育科研的价值表现在实用价值和学术价值两个方面,实用价值重在强调研究及成果能解决教育领域的实际问题,而学术价值则强调研究及成果在学术领域所具有的贡献性,这种贡献包括对已有理论的验证和发展两个方面。只有创造性的研究才具有社会价值,也就是说,重复已有研究的工作、不能取得新的结论的认识活动不能称为科研。

第三,教育科研以教育现象为研究对象。研究对象限定了教育科研的工作范畴,明确地将研究领域界定为教育现象,也就是说,只有对教育领域中发生的现象进行信息加工并取得一定创造性成果的认识活动,才是教育科研。教育现象是以教与学为主体形式的客观存在,是教育实践的表现物或正从事着的教育实践,包括各种形式、各种类型、各种模式的教育事实,是古今中外已经存在或正存在于现实中的存在物,它是可感知到的、可认识的。所以,不管研究的方向和主题是什么,教育科研始终以教与学为主体,而且必须围绕现实存在的主体开展研究,任何虚构的教育现象都不能作为教育科研的研究范本,我们可以讨论其合理性,但不能以此得出研究结论,换句话说,基于虚构的现象开展的研究或得出的结论都是不可靠的,其真伪性需要在实践中进行验证。

第四,教育科研以探索教育规律为目的。任何科研活动都以探索规律为目的。教育规律是指教育内部诸因素之间、教育与其他事物之间内在的、必然的本质性联系,以及教育发展变化的必然趋势。规律是客观存在的,不以人的意志为转移。教育科研就是采取一系列措施或方法,去发现新的联系、判断新的变化趋势,以此作为提出新策略的基础。准确把握并有效遵循教育规律是开展教育实践工作、提升教育实际质量的保障。发现新规律,是教育科研活动创造性的重要体现。

第五,教育科研以教育科学理论为"武器"。这里的"武器"可以理解为指导工具或分析工具。也就是说,教育科研运用一定的教育科研理论对教育现象和问题进行分析并做出科学解释,它是一种在科学理论指导下的认识活动,而不是对教育现象和问题进行随意性的认知。很多中小学教师总是认为自己的理论水平不高而回避教育科学理论,甚至有的教师认为教育实践中的问题凭经验即可开展研究或解决,哪里需要什么理论作为指导?这是一个认知误区,也是一个很大的实践误区。持这种观点的教师通常看不到理论与实践的密切联系，没有认识到理论对实践的指导作用，即便是对实践的总结与反思，也必然缺乏理论支撑，因此大多停留在经验层面，对现象描述得多，分析得少，对经验总结得多，概括得少。具有理论支撑的研究活动，才能保证研究过程中所提出的观点的正确性、深刻性。

第六，教育科研以教育研究方法为手段。教育科研就是运用教育研究方法分析教育现象和问题并得出结论的过程。教育研究方法是教育科研过程规范性和结论有效性的保障，方法运用过程也是教育科研工作实质性展开的体现。离开研究方法，教育科研将寸步难行，试想：不采用科学的研究方法，在研究过程中将如何了解教育现象或问题？如何对教育现象或问题进行分析？如何提出干预现象或解决问题的措施？有的中小学教师认为研究教育教学实践中的问题不需要进行深入了解与分析，基于自己的实践经验就可以得出某些结论或提出有效的解决办法。这种现象是普遍存在的，尤其是一些优秀的、有经验的教师更是如此，即便如此，我们仍然不能否认方法在研究中的重要作用，因为基于经验开展研究也是一种科学的研究方法即经验总结法。

第二节　课题与教育科研

通常情况下，课题特指在各级各类科研管理部门立项的研究项目，必须经过申请—评审—立项—研究—验收—结项等阶段。从这个定义上看，课题研究始于相关教育科研管理部门发布申报通知（通常以申报文件的形式挂在官网上或发送到相关单位），从当前来看，各级教育科学规划领导小组办公室（下文简称教科规划办）是管理教育科研的职能部门，自上而下分为国家、省市、区县三个层级，分别承担全国、省市及区县的教育科学规划课题管理职责，有的省市或区县没有设置教科规划办，课题管理工作由教科院（所）、教研室或相关部门负责。各级教科规划办会定期发布课题申报文件（一般一年发布一次）。有时候，教育行政部门也会根据实际需要发布专项课题申报文件，这种课题申报可能具有连续性，也可能不具有连续性，比如重庆市教育委员会就于2015—2019年间，连续五年组织申报普通高中教育教学改革专项课题；2022年组织申报职业教育改革专项课题。一些学术团体也会组织课题申报工作并对其立项的课题进行管理。

课题申报通知发布以后，学校或教师按要求填写并报送课题申请材料。课题申请材料一般包括课题申请书和论证活页。课题申请书是正式申报的课题文本，通常采用格式化的形式对课题所需相关信息进行全面介绍，具体包括课题申报基本信息表、课题成员前期开展的与本课题相关的研究课题统计、课题设计论证、课题完成可行性分析、课题预期研究成果、课题研究经费概算以及课题负责人所在单位意见等部分。论证活页则是供专家匿名评审使用的文本，结构上除课题名称外只包括申请书中的课题设计论证与课题完成可行性分析两个部分，这些部分在内容上要与申报书中的信息完全一致。专家匿名评审的目的是保证评审结果的公平公正性，所以，论证活页的文字表述中不得直接或间接透露课题申请人及课题组成员姓名、课题申请单位名称或相关背景信息，凡是需要介绍此类相关信息的地方都要求用×××或其他符号代表，以确保评审专家在评审时不受这些信息的干扰。

课题管理部门在申报周期结束后就会组织专家进行评审，对通过评审的课题予立项，一般通过文件形式统一发布评审结果，大部分课题管理部门会为每项课题下发课题立项通知书作为课题研究合同，其中会对课题研究提出相关要求。

课题组接到立项通过书后就可以按照要求开展研究工作了，如果完成了全部研究任务，取得相应的研究成果，符合课题管理部门的结题条件，就可以申请结题并提交相应的结题评审材料。结题形式一般包括现场结题和通信结题两种形式，现场结题即由课题管理部门组织所有评审专家亲临结题现场，通过听取课题组陈述研究报告、工作报告，对课题研究进行质疑答辩，查看课题研究资料等环节，对研究情况当场做出统一的认定并出具结题评审意见；通信结题则是课题管理部门将课题组提交的结题评审材料分别寄送给各评审专家，各评审专家根据材料独立给出评审意见。一项课题采用哪些方式结题，一般按照课题管理部门的管理办法和课题研究的实际情况综合而定。凡是通过结题评审的课题，课题管理部门会颁发结题证书——结题证书是课题结题的唯一官方凭证。

课题是教育科研的重要形式，开展任何课题研究都是在做教育科研，甚至从狭义上讲，两者可以等同，课题即教育科研，教育科研即课题。很多中小学教师的认知观念里也会不自觉地把两者等同起来。在调研中我们就发现：几乎所有受访的中小学教师都认为教育科研就是做课题或者开展课题研究。也正是因为如此，很多中小学教师表示自己在实践中没有开展教育科研的原因之一就是每年的课题申报都会有指标限制，而且申报了也不一定会通过评审，申报级别越高的课题评审不通过的可能性也越大，获得课题研究的机会也就越小。所以，大部分中小学教师坦言：因为没有做课题的机会，所以没有开展或参与教育科研。

但是，我们不能把教育科研局限于这个狭义的框架内，而应该从广义的角度来进行讨论。必须认识到：课题是教育科研的重要形式，但并不是全部形式，在教育实践中更是如此，课题申报指标受限或课题立项数量有限是客观事实，但是这并不意味着没有获得申报或立项的选题就没有研究价值，也不意味着开展教育科研就必须从课题做起。事实上，教育科研无时无处不在，只要符合教育科研的要求，具备教育科研的特点，我们开展的任何活动都可以称为教育科研。教育科研在形式上不受任何限制，只要教师在一定的教育理论指导下，采取科学的方法对明确的研究主题进行研究并取得创造性成果，就是在开展教育科研。与立项的课题研究相比，其他形式的教育科研不包括申报、评审、立项以及结题验收等管理部门主导或参与的环节，但是，所有形式的教育科研，其性质及研究过程都是相同的。也正是如此，也有人认为可以把课题分为立项课题与非立项课题，两者共同组成广义的教育科研，本书也正是基于这一观点尝试对教育科研进行讨论。

第三节　中小学教师开展教育科研的意义

与其他活动相比，教育科研对中小学教师的专业发展具有特殊的、重要的意义。

一、教育科研能激发中小学教师的问题意识

教育科研就是对教育现象中存在的问题进行研究，所以，从事教育科研的首要条件即能够发现教育中的问题。研究即对问题进行分析并提出解决问题的对策，没有问题意识、不具有发现问题的能力，则难以走进教育科研的殿堂。另一方面，教育科研工作能进一步培养教师的问题意识。教育科研是一项严谨的工作，从事者必须对工作本身的科学性、规范性有清醒的认识，在科研过程中要不断地反省研究工作，同时，随着研究的深入，教师会对问题本质有深入的了解，使教师学会带着审视的眼光重新观察、认识教育现象，用辩证的观点、理论的视角分析教育现象，从而发现常规教育中曾经被忽略或者难以发现的问题。

二、教育科研能帮助中小学教师关注课改动态

日常工作中，教师关注最多的是教育教学实践，班级管理中出了什么问题？当前学生的思想状态如何？有哪些需要干预？近期内的教学工作是什么？每个教学内容的重难点如何处理？教学环节如何设计？等等。这些都是脚踏实地的教育教学工作，是每个教师都必须扎根做好的。但是，很多教师往往只顾"脚踏实地"，却没能抬头"仰望天空"，很少认真地、深入地学习、理解当前课改的精神，甚至

对课改要求无所听闻，即便有所了解，也想当然地认为不过是"新瓶装旧酒"。开展教育科研则有助于教师关注课改的动态，深入理解课改理念与要求，基于课改理念用新的视角、新的方式去分析旧的问题，走出传统教育教学的窠臼。

三、教育科研能帮助中小学教师有效开展学习

有一项以区县教师为样本的调查结果显示：大部分教师的阅读数量和质量均有待提高：每年每位教师教育专著（学术期刊）的平均阅读量不足 2 本，虽然部分教师订了学术期刊，但却没有"阅"，"订而不阅"的状态普遍存在；而就阅读质量而言，大部分教师限于摘抄片段；进一步分析发现，能够主动阅读的教师占比不到 15%，通常情况是单位或团体有硬性要求的时候才被动阅读，甚至阅读书目都依推荐而定，自主确定阅读书目的不到一半，这也是导致阅读质量不高的重要原因之一。开展教育科研，教师则会根据研究主题的不同而有选择性地阅读，因此阅读的方向性更明确；在研究过程中遇到了问题或困惑，也可以通过查阅相关文献而 "释疑解惑"，因此阅读的自主性和目的性更强，带着研究任务的阅读，一方面可以为研究的问题找到理论支撑，另一方面又能为理论找到可供分析的案例（问题），能促进理论与实践联系的紧密性，阅读的价值性更能充分释放。

第四节　中小学教师开展教育科研应遵循的原则

一、普通原则

无论在哪个领域或哪个层次开展教育科研，都应遵循教育科研的普遍原则，中小学教师也不除外，总的来说，教育科研的普遍原则有以下几条。

（一）理实结合原则

理实结合即理论与实践相结合。这条原则包括三个方面：一是在一定教育理论的指导下研究教育实践中存在的问题，即应用教育理论分析教育实践中问题的性质，探讨导致这些问题的原因，进而提出解决问题的策略，换句话说，对实践问题的分析不能仅凭个人或群体的经验，解决问题的措施不是想当然的。二是在教育实践的基础上提炼教育理论，即任何教育理论的提出、发展都离不开教育实

践，实践是孕育理论的土壤，理论是教育实践结出的果实。三是教育实践是检验教育理论的唯一标准。新的教育理论是否具有科学性，取决于对教育实践是否具有指导性，能否有效解决实践中存在的问题。无论理论推导看起来有多完美，不经过教育实践，其中可能存在的问题就不会暴露出来，所以，任何理论性成果都须经得起实践检验。

（二）客观性原则

客观性原则指的是教育科研研究的一定是教育实践中客观存在的现象，这种客观存在不一定是研究者身边发生的事情，但一定是教育实践中真实存在的，臆想的或文学性编写的教育性案例可以作为分析对象，但不能作为得出教育研究结论的依据。同时，客观性原则还要求对教育现象或问题进行客观的分析与讨论，进而得到客观性的结论，也就是说，教育研究过程中做出的任何分析或得出的任何结论都不能掺杂主观因素。教育研究的价值取向是"求真"而非"求益"，也就是研究追求的是真实的结论而非有利的结果，只有站在客观的立场才能保证研究的真实。

（三）科学性原则

教育科研本身是一项具有科学性的工作，科学性是其本质特征之一。在教育科研中，科学性体现在教育科研的全过程：比如选择研究的主题是可以在当下条件下进行研究的，研究方案是符合科学要求的，研究方法的运用没有违背相关规定，研究的过程是符合科学发展规律的，研究得到的结论是经得起推敲的甚至经过实践检验是正确的。

（四）创新性原则

如前所述，求新是教育科研的本质特征，没有创造就谈不上科研。但是，任何创新都是相对的，都是在继承中发展的。教育科研一定是一个延续的过程，是在继承前人研究及成果的基础上开展的，前人的研究及成果是当前研究的基础，只有处理好创新与继承的关系，研究才能找到来处，不会成为无源之水、无根之木。

二、其他原则

由于教育教学实践特点，除普遍性原则之外，中小学教师开展教育科研还应遵循以下原则。

（一）行动性原则

这一原则强调中小学教师在教育科研中要将整个教育科研与自己的教育教学行动结合起来，这种结合体现在三个方面：首先是中小学教师要为改进自身行动、提高行动质量而开展研究，坚持一切研究为教育教学行动服务，使改进行动成为研究的唯一目的；其次是中小学教师要在教育教学行动过程中开展研究，也就是关注自身教育教学行动中存在的问题，总结教育教学行动中的经验，使行动成为研究的主阵地，确保研究不脱离行动；最后是中小学教师要通过教育教学行动开展研究，坚持把教育教学行动作为开展教育科研的主要手段，在行动中获得原始资料，把握问题最真实的表现形式，在行动中验证研究成果的有效性。行动性原则能有效消除中小学教师教育科研中的"两张皮"现象，实现教育科研与教育教学实践高度统一。

（二）量力性原则

量力而行也体现在两个方面。一是不盲目拔高研究的难度。中小学教师要在现实已经具备的条件下开展研究，或者通过努力创造条件展开教育科研行动。教育科研条件包括外在条件和内在条件，前者主要指具有的设施设备、可获得的资源信息等，后者主要指教师个人及研究团队的科研素养和能力，有利于教育科研行动的时间和精力等。二是不随意降低研究的要求。中小学教师一定要能够尽自己最大的努力来开展研究，在研究过程中充分发挥自己的科研能力、协调能力，尽最大可能地收集资料、分析问题、提炼成果，使研究在力所能及的范围内做到尽善尽美。如果说盲目拔高研究难度往往使研究难以展开而"流产"，那么随意降低研究要求则在很大程度上导致"劳而无功"。因为降低了要求，研究虽然在行动上得到展开，却难以取得实质性的成就。由此可见，维果茨基提出的"跳起来摘桃子"的观点同样适用于中小学教师的教育科研，在确保"能摘到桃子"这一科研前提下，还要求教师在科研行动中能够"跳"起来，这样摘到的桃子才最好。

（三）时效性原则

任何科研工作都讲求时效性，中小学教师的教育科研也不例外，尤其是就自己教育教学实践中的问题开展的研究更是如此，无论研究的问题是个别学生出现的，还是教育教学实践普遍存在的。个别学生的问题没有及时有效地得到解决，对这个学生产生的影响可能是暂时的、短期的，也可能是长期的、终生的，所产生的影响可能是单方面的，也可能会由单方面泛化到多个方面。如果教师自身实践中普遍存在的问题没有得到有效解决，受到影响的可能是其所教授的所有学生，也包括自身专业素养的发展。因此，中小学教师一旦发现教育教学实践中的问题，就要及时开展研究并取得研究成果，使实践中的问题得到有效解决，否则将会在不同程度影响学生的发展和自身的进步。

（四）真实性原则

教育科研的真实性体现在四个方面。[1]

一是选题要真实。这是指要选择教育教学中真正存在的问题进行研究，尤其是要选择课题研究人员自己真正感受到的问题进行研究。这样的问题，不一定存在于自己的教育教学工作中，但是研究人员通过观察或者文献阅读，深切地感受到它的存在，并意识到其可能或者已经产生的不良影响或严重危害。只有这样的问题，才能触动教师的心灵，使研究成为自我的要求而不是额外的负担。

二是过程要真实。这是指研究人员要按照研究方案，围绕研究目标和研究内容，采取有效的措施，扎实开展研究工作。研究中一定要有实证的调查，研究人员要真正走进问题产生的场域，通过观察、访谈或问卷等方法，收集第一手资料，为整个研究提供真实的素材和依据。没有实证调查作基础，一切研究都是"空中楼阁"。

三是资料要真实。这是指研究过程中的资料一定是研究过程本身的记载或体现。资料的真实性与过程的真实性紧密相连，可以说没有真实的过程就没有真实的资料。但是，一线研究中也常常存在这样的现象：有过程无资料，即因为没有及时保存而导致资料缺失。随之而来的是在结题阶段根据课题管理单位的要求临时增补研究资料，这样的资料在很大程度上存在失真性。事实上，过程性资料不仅仅是研究过程的记载，更重要的是它具有再研究的价值，所以，资料一旦失真，就会给再研究造成一定程度的影响，甚至失去再研究的价值。

四是成果要真实。这是指研究成果一定来源于研究过程，是经过研究团队共同努力所取得的。保证成果的真实性很简单，只要研究人员在梳理成果时做到以下两点即可：介绍自己做了的研究工作，总结自己研究得出的结论。在此过程中，一定要把握好引用与剽窃的关系，很多人倾向于用"占比"来区分两者即看他人成果在自己成果中所占文字比例的多少，这种方法是不科学的，科学的方法应该是他人成果在自己成果中的作用，如果他人成果只是自己成果的证明，这是真正意义上的引用；如果将他人成果直接作为自己的成果，无论占比有多低，都不能称为引用，而只能称为"剽窃"。

---

① 刘杰. 教育科研要做到四个"真实"[N]. 中国教育报，2019-05-23(07).

第五节 教育科研的一般过程

一个完整的教育科研过程大致包括选题、设计、论证、研究、总结等环节。这里先对各环节的性质做简要介绍，后面章节将进一步讨论。

选题即选择研究方向及主题，从中确定研究的重点并拟好研究题目。如果是从课题管理部门提供的课题指南中选题，可以直接引用原有的题目；如果指南题目过大，可以对题目进一步细化，从而确定一个更小的题目。也有的课题管理部门规定，如果申报重大或重点课题，不得变更指南中给定的题目。

设计即根据选题从为什么研究、研究什么、如何研究、研究将取得哪些方面的成果等方面对即将开展的研究进行分析，并用文本的形式（比如开题报告、研究方案等）将分析结果表达出来。在课题申报中，设计结果填写在申请书和论证活页的"课题设计论证"部分。

论证指的是对选题的意义和设计的可行性、科学性、全面性等进行深入讨论。论证可以分为研究组的自我论证和邀请专家做指导性论证两种情况。论证结论尤其是专家提出的意义或建议非常重要，研究人员尤其是研究的主持人要给予高度重视。如果论证结果表明只是设计存在不足，那么只需要进一步修改设计即可；如果论证中认为选题的价值不高，则需要重新选题并重新进行研究设计，然后再进行论证。在立项课题的管理中，开题会即专家论证环节。

研究即将按照研究设计开展具体的研究活动，并在研究过程中收集资料、形成阶段性成果。这是将设计转化为行动、将文本设想转化为现实成果的不二途径。值得一提的是，为了讨论研究中提出的关于解释教育现象的新观点、解决教育问题的新方法，往往需要将这些新观点、新方法运用到实践中进行检验。有人认为实践检验应当作为一个独立于研究的环节进行讨论，因为检验不是以追求研究成果为目的，检验过程中也不会产生新成果。我们主张将检验作为研究过程中不可或缺的一部分，虽然这一过程不以产生新成果为目的，但是已取得的成果可能会在实践检验过程中不断得到修改或补充因而变得更完善。这种对成果的修改、补充，何尝不是一种研究？还有一种情况就是研究中取得的成果可能会通不过实践的检验，也就是在实践中发现新观点、新方法根本行不通，不是通过修改或补充就能适应实践的，研究必须回到最初的状态，对问题重新进行分析与讨论，进而提出新观点与方法。这种研究成果被实践检验完全推翻的现象在科学发展史上并不少见，在中小学教师的教育科研中同样可能存在，谁又能说这样的检验不是研究的一部分？试想，没有经过检验的成果怎么能算得上真成果？缺了检验的研究又怎么能称得上真研究？

总结即在回顾研究工作、整理研究资料、梳理阶段性成果的基础上，形成具有理论意义和实践价值的研究成果并撰写研究报告。研究报告应该能全面体现前面各环节研究情况，阐述研究成果是其中的重点内容。对于立项的课题，在做好研究总结的基础上，还需要邀请专家对研究成果进行鉴定并申请结题，通过专家评审并获得结题证书是研究成功的最好证明。

从某种程度上讲，取得成果即表明研究问题在理论层面得到解决，所以，从狭义的角度而言，取得研究成果即可以宣告研究结束。但是，中小学教师开展教育科研，从根本上是奔着解决实践问题去的，所以，在总结出研究成果之后应当将其运用到教育教学实践中去，使所研究的问题在实践层面得到解决。成果运用与成果检验虽然都是将研究取得的成果与教育教学实践中的问题结合起来，但是其中的区别还是很明显的：成果检验是为了验证成果的真伪，而成果运用是为了解决实际问题，所以，只有检验为真的成果才能真正运用于实践。对有价值的研究成果，除了研究人员运用于自己的教育教学实践外，还应采用多种形式在不同的范围进行推广，比如发表论文、召开成果推广会、报刊媒体以及自媒体宣传等，以使更大层面的实践获益。因此，也有人主张，将研究成果的运用推广也作为研究的一个重要环节，从广义上讲，这种主张是合理的。

第六节 中小学教师教育科研的现状分析

笔者曾以 F 区为样本调研了中小学教师开展教育科研的现状。调研过程中采取目的性抽样方法，在 F 区选择普通高中、初中学校、小学、幼儿园各 4 所，其中城乡学校各 2 所（优质学校和非优质学校各 1 所），以充分体现 F 区基础教育的代表性。

一是意愿方面。调研发现：优质学校教师与非优质学校教师参与教育科研的意愿存在很大的差异。相对而言，优质学校的教师更希望参与教育科研活动，希望"通过教育科研提升自己的专业素养"，而非优质学校的教师则明确地表示"对教育科研不感兴趣";同为优质学校,城区学校教师的科研意愿强于农村学校。深入调查发现,教师参与教育科研工作的意愿与学校对教育科研的重视程度相关,学校重视教育科研,有明确的科研任务,出台了科研奖励制度,教师的科研积极性更高,反之则更低。调查中,所有教师都一致表示:参与课题研究在评职晋级方面会获得一定加分。也正是这一规定,调动了教师参与科研的积极性,换句话说:大部分教师开展课题研究在一定程度上都是带有功利性的,凡是具有一定评职晋级条件的教师,参与课题研究的积极性和主动性就高,没有评职晋级可能的教师,则"毫无兴趣",而评职晋级中对农村学校教师的科研要求普遍低于城市学校,这也在一定程度上影响农村学校教师的科研积极性。

二是认识方面。从接受调研的教师所反馈的信息来看,中小学教师对教育科研的认识普遍不全面。几乎所有教师都表示:对中小学教师而言,开展教育科研就是做课题。各级课题管理部门的课题都实行限额申报,所以"我们即使想做课题,但也会因为指标不足而被排除在科研大门之外"。在谈及教育科研的意义时,很大一部分的教师坚持教育科研对教育教学的改进作用并不明显,教师们认为"即使做了课题,教学还是会原地踏步","课题并不会改变教育教学工作的现状"。究其原因,这跟各级课题管理部门的管理要求有很大的相关性。调查中发现:各级课题管理部门通常在立项管理阶段要求较严格,但是,因为各种原因,过程性管理往往难以落到实处,在结题阶段,又大多重视课题研究文本资料的完整性,对研究成果则在一定程度上存在量化要求的情况,比如把公开发表论文的等级和篇数作为结题要件等。虽然也在成果质量上提出了要求,但是在成果应用方面的规定性却普遍不足。这就导致"做课题就是玩文字游戏"的现象,只要文本功夫到家,就容易立项并结题,然后就此将成果束之高阁。

三是行动方面。行动即课题研究过程中为取得研究成果而开展的一切工作及采取的所有措施。调查发现:F区不少中小学教师的教育科研行动都存在不严谨、不规范等现象,换句话说,行动不力是F区教师开展教育科研的普遍现象。比如:课题研究方案难以落到实处;安排的研究时间节点上难以完成相关研究工作并取得相应成果,以致延期结题现象普遍存在,甚至出现被撤项的情况;运用研究方法的随意性也是很普遍的现象,比如,实施观察时,可能存在目的不明确、观察要点脱离研究主题、记录时粗枝大叶、忽略细节的描述或记录的重心有失偏颇,分析时对观察到的现象把握不全面,等等,总之,研究中随意性很强。除此之外,研究过程中也存在不能持续开展研究活动的情况,有教师表示:曾经参与过一项学生活动情况调查,调查结束后整整一年负责人才又召集参与者进行数据分析,大家都快忘记这个调查活动了。这种情况并非个例，由此可见中小学教师在教育科研中的临时性、间断性大于计划性和连续性。

其实，关于行动方面的最大问题是大多数一线教师没有行动。在参与调研的教师中，作为负责人真正承担起全面责任主持过或正在主持各级课题的不足 5%，在课题研究中主研角色能真正承担主研职责的不超过 20%，大部分主研人员处于等待任务分配而不是主动开展研究的状态。调查发现：导致教师这种在教育科研面前"不行动"现状的原因有主客观两个方面：主观方面是认识与能力等存在问题，比如由于对教育科研的意义与作用的认识存在误区，部分教师就对教育科研"冷眼旁观"，再加上自身理论素养不高，不知道如何开展教育科研，不能有效完成领导或课题组负责人安排的科研任务，从而产生不良的自我效能感，拒绝参与教育科研。客观方面比如时间、资源及其他条件等限制，很多教师表示：教学时间紧、任务重是他们在教育科研上不行动的主要原因，尤其高中、初中毕业年级教师更是如此；担任班主任以及兼任相关管理工作的教师也表示：因参与太多事务性工作而难以抽身开展教育科研工作。

四是成果方面。成果是评价教育科研质量的关键指标。调查过程中查阅了样本学校课题组提供的研究成果，差异很明显。整体上看，优质学校的成果明显好于非优质学校。这种"优"体现在两个方面：一是成果数量方面，优质学校的成果数量相当于非优质学校的 4 倍；二是成果质量方面，优质学校的成果更具有创新性，这种创新体现在成果涉及的面更广，呈现的形式更丰富，提出的措施更具有操作性，阐述的内容更具体等方面。F 区开展的两年一度的教育科研成果评比结果很好地证明了这一点，以第五届评比结果为例：全区评出 26 项中小学优秀科研成果，有 20 项来自优质学校，占比近 77%；其中获得一等奖的 12 项成果中，优质学校占有 9 项，占比达 75%。深入分析课题组提供的课题成果，不难发现：F 区的教育科研成果质量还有待提高，具体表现在：成果研究周期较长——这与研究行动中存在间断性关系密切；成果形式整体较单一——这体现了研究人员尤其是主持人研究视野的局限性；成果内容中经验描述多理论分析不足——这和研究团队的理论素养有关，研究人员的理论水平普遍有待提高，至少理论联系实践的能力不足；更为重要的是，成果本身的理论创新不够——理论创新是评价研究质量的重要标准或者说是最高标准，理论上具有创新的成果不仅更能体现研究的学术价值，也更有利于实践问题的真正解决。

此外，调查发现：成果失用是 F 区中小学教师教育科研中普遍存在的现象。成果失用即取得的教育科研成果没有在实践层面推广应用，不仅仅是在学校或更大范围内没有得到推广，即便是在研究人员自己的实践中都不一定得到了应用。很多课题研究都止步于结题，仿佛获得结题证书是研究的唯一目的，一旦结题，所有研究材料（包括结果）便作为档案存放起来，除非某些评比需要，否则很难被提及。出现这种情况是非常遗憾的，试想，如果不在实践中推广应用，再有价值的研究成果又有何意义？开展教育科研的真正目的——解决实践中的问题——又如何能实现呢？

2

第二章

选　题

在教育科研中，选题即提出问题，就是形成、选择并确定所要研究并解决的教育科学问题。这是开展教育科研的首要环节，也是开展教育科研的前提，决定着整个教育科研的方向，影响着教育科研的方法和途径，在整个研究中具有导航作用。选题在整个教育科研中关系重大，有人甚至说：选好题就意味着研究成功了一半。但是，很多中小学教师却往往对此有所忽略，从而在科研工作中失去主动权。本章将对选题的相关事宜作具体介绍。

第一节　选题的意义

对中小学教师而言，选题意义主要体现在以下几个方面。

一、选题是教育科研工作的启动器

一般来说，教育科研始于提出问题，而止于解决问题。选题即提出问题，它是任何一项教育科研工作的开端，没有科学的选题，教育科研工作将不能开启，教育科研人员将不知所为。所以，有人将选题生动地比喻为一项教育科研的启动器，一旦选好了题，相关研究工作才可能围绕着所选的问题有序地开展。

二、选题能引导教育科研工作的方向

教育现象是十分复杂的，需要研究的问题也很多，即便是身处一线的中小学教师，每天面对的教育问题也可能涉及多个方面。选择哪个领域、围绕哪个方向、在多大范围内开展研究等，都需要根据选择的问题来确定，也就是说，研究的问题一旦选定，将成为整个教育科研工作的核心，所有教育科研工作都必须按照其规定的方向展开，如果出现违背或脱离了这个选题规定性的情况，则表明该选题已经被新的选题所代替。

三、选题能培养中小学教师的问题意识

爱因斯坦说："提出一个问题往往比解决一个问题更重要。"在教育科研中，选题是在众多教育现象中发现各种问题，经过选择之后再确定下来使之成为可以研究、能够研究的对象。由此可见，不善于发现问题的教师不可能在教育科研中自主选题。反过来，教师为了选好研究的课题，就要认真观察各种教育现象，努力从中发现问题，并对其进行初步的分析与辨识，以确定其是否具有研究的价值。所以，选题的过程也是中小学教师问题意识形成与发展的过程。

四、选题能检验中小学教师开展教育科研的基本功

要进行有效选题，教师就要能够准确把握教育现象中的种种矛盾，并基于主客观条件确定适合自己研究的问题，这样的选题，既要具有意义，更要有所创见；既要立足于实践，又要着眼于理论；既要基于现状，又要体现发展，如果教师没有一定的基本功，是难以提出有效问题的。教师如果不具有开展教育科研的基本功，难以进行有效选题。

第二节　选题的原则

选题的意义决定了这不是一个随意的决定，而是一项非常严谨的、科学的工作。教育科研中的选题，必须遵循以下原则。

一、方向性原则

方向性原则指教育科研的选题要有明确的方向。选题的方向性原则体现在两个方面。

一是选题必须具有先进性。这种先进性是时代发展特点在教育研究中的体现，符合新时代党和国家对教育事业发展的要求，是课程改革理念与要求在实践中的落实。研究这样的选题，要有利于改进教育教学的方式，促进教育的优质均衡发展，对提升教育教学质量具有推动作用。说到底，要能够促进学生核心素养的形成与发展。可以说，先进性是任何教育科研选题的首要方向，这个方向不把握住，选题将没有任何意义，研究也就没有任何价值。

二是选题应该具有稳定性。这一点对于中小学教师尤其是刚开始涉足教育科研的中小学教师特别重要。因为刚刚开始参与教育科研工作的教师，总是对教育科研充满了好奇感，觉得很多研究方向都是自己感兴趣且能够研究的，却没有意识到在选题时"处处留情"多向出击，就会导致将有限的时间、精力分散到多个选题之中，使原有的选题不能深入研究，新的选题又不能快速取得成果，导致"点虽多，效却低"的结果。所以，在同一时间段时，应当主攻某一个选题方向，确保研究能够取得有效的成果，如果在取得预期成果的基础上能够进一步深化研究，使教育科学在既定的方向不断向更宽的横向或更深的纵向发展，从而形成序列性的研究，研究将会更加深入，成果就会更加丰硕。当然，这并不是要求教师只能研究某一个方向的选题，而是强调在既定时间内能够尽可能不要分散精力，使研究迷失在多个方向。

二、需要性原则

需要性原则指一线教育在教育科研中的选题必须满足一定的需要。这种需要体现在以下几个方面。

一是国家课程改革的需要。国家课程方案是党和国家意志在教育领域的体现，课程改革集中反映了党和国家随着时代和社会的发展与进步而对教育提出的最新要求。这些要求如何落实到教育实践中，或者说中小学教师的教育实践应如何贯彻落实这些要求，需要开展教育科研来回答。所以，中小学教师在选题时，一定要深入理解课改精神，以满足国家课程改革的需要。

二是学校特色发展的需要。校本化实施国家课程方案，是学校特色发展的重要体现。学校提出的具体的课程实施要求、学校教育教学特色发展的主题定位等都需要经过教师才能落到实处。所以，中小学教师开展教育科研，在选题时不可能脱离学校这一特定环境，只有满足学校发展的需要，才能将个人研究融入学校教育发展体系，真正为学校特色发展提供智力支持。

三是学生素养发展的需要。所有的教育及研究都是为了满足学生发展的需要。2018 年的全国教育大会明确提出要"培养德智体美劳全面发展的社会主义建设者和接班人"。而学生在发展过程中必然遭遇很多问题，如何有效化解这些问题，满足学生全面发展的需要，是一线教师开展教育科研不可回避的选题。

四是自身教育实践的需要。中小学教师在教育教学实践中，不可避免地面临一些问题，哪怕最优秀的教师，也是如此。比如教学方法是否达到最优化？教学资源是否能够满足课堂教学需要？地方资源是否得到有效利用？教学工作中是否有效落实了立德树人这一教育的根本任务？如何争取家长或社会的有效配合？手机管理、作业管理、睡眠管理、体质健康管理、课外读物管理等五项管理中还有哪些需要改进的地方？……教育实践就是一个集中教育问题的场所，一线教师就是在不断克服困难解决问题的过程中得到成长、实现发展的，所以，教育科研的选题一定不能脱离教师自身实践的需要。

三、创新性原则

创新性是教育科研的标志性特点之一，决定教育科研方向的选题必然具有这一特性。但是，调查却发现很多中小学教师对选题创新性的认知存在一定的偏差：有的认为自己的选题就是实践中的问题，而且这些问题具有普遍性，所以选题没有新意；有的教师则认为自己的选题是从来没有研究涉及的，是一个全新的领域。看不到自己选题新意的教师往往没有深入思考现实问题的特殊性与发展性，不能用新的观点看待问题，自然难以找到新的方法分析问题、解决问题。觉得自己找到一个全新研究领域的教师则可能因为文献占有不足，对当前的研究现状了解不够全面，在自己的认知结构中缺乏相关研究的信息；也可能因为对问题性质认识不足，虽然认知结构中存在相关研究的信息，却不能在当前选题与已有研究之间建立起有效的联系，从而使两者之间处于完全割裂的状态，将已有大量成果的研究领域误认为是一个研究盲区，事实上，中小学教师的选题大多是对已有研究的发展，很少是一种填补某一研究领域空白的首创性研究。尽管如此，这并不能把中小学教师开展教育科研简单地定义为重复前人的研究工作，必须看到这些研究在已有研究基础上努力获得新的发现并尝试提出新的观点与看法，是对他人所做研究的继承与发展，具有明显的创新性，可以说，只要结合自己教学工作、管理工作实际，提出问题进行研究，能够解决工作中的困难就是创新。选题的创新性也体现为对教育领域中新出现的现象进行研究或者对新提出的教育理念、教学新方式的研究，比如随着智能手机在学生中的普遍使用，过度使用手机或手机依赖便成为一种新的教育现象，随着教育技术的发展，慕课、翻转课堂等日益展示其在教学中的优势，智慧校园建设也逐渐发展起来，这些也都可以成为一线教师的选题。

四、科学性原则

科学性原则指提出的问题是有一定教育依据的，具有一定研究价值的，在当前的教育环境下是可以采取一定的教育科学方法进行探讨的问题。因此，选题的科学性体现在以下两个方面。

一是有依据。这种依据可以是理论性依据或政策性依据，也可以是教育事实性依据。教育理论是教育发展规律的集中体现，是关于教育本质的思辨以及指导教育工作的规范及原理，其科学性是经过实践反复检验的，以其为依据进行选题必然具有科学性。教育政策是各级教育行政部门根据教育的本质特点、时代发展特点或当前教育现实问题而提出的具体要求，这些要求，或基于提升教育质量，或为了解决教育问题，依据这些进行选题，必须具有科学性。而教育事实是教育实践中客观存在的现象，其具有的真实性也是科学性的保障。一般来说，中小学教师的选题往往具有多维度的依据性，比如，中共中央办公厅、国务院办公厅联合印发了《关于进一步减轻义务教育阶段学生作业负担和校外培训负担的意见》（下文简称"双减意见"），如果一线教师在认真学习文件精神的同时，结合教学实践中中小学生作业负担现状和校外培训负担现状，选择了对"双减"相关的问题进行研究，就既遵循了教育改革精神，又紧扣教育实践中的问题，体现了两个维度的选题依据——政策性依据和事实性依据。

二是合要求。这里的合要求即教育科研的选题要符合教育科研的相关要求，比如，选出来的问题要能够体现教育实际的本质，能够高度概括所要解决的教育问题的主要矛盾，换句话说，选题要基于教育现象，但是不能止于现象，要在剖析现象的基础上抓住其本质。

五、可行性原则

对中小学教师而言，选题的可行性原则集中体现为所选的问题以当前所具备的条件是可以开展研究的，并且就时间、精力和能力来说，课题组成员是能够胜任的，或者说，所选择的问题应该是与自己当前的主、客观条件相适应的，是在当前条件下通过努力能够取得有效成就的。拟组建的研究团队是否具备相应的学术水平，团队成员的专业结构和知识结构是否与选题具有一致性并且满足研究的需要，学校是否具备开展研究的设施设备条件或可供研究的资源等都要在选题时作通盘的考量。比如，在缺乏心理咨询相关知识的情况下选择心理问题干预策略进行研究，其可行性就会受到影响；再比如，在不具备相关硬软件条件下开展智慧校园育人途径的研究就不具备可行性。除此之外，研究经费、研究时间等也是在选题时需要考虑的问题。

六、效能性原则

经济学上的效能即投资与利润之间的比值，比值小，表示投入少量的经费就能获得较大的收益，投资就具有高的效能；比值大，则表示虽然投入较高的经费但是取得的收益却并不理想，投资效能不甚令人满意。教育科研的效能性不能简单地用经费来衡量，因为科研的投入不仅仅是经费，还包括研究的时间和研究人员的精力，其效益体现为研究成果在解决问题时体现出来的价值性，更不可能用货币等形式来衡量，比如：研究是否能够解决问题、在多大程度上解决问题以及解决问题的有效性有多高等，这些都不可能用钱财来评价。中小学教师在选题时，就需要预估开展研究可能消耗多少的人力、物力、财力等（即预估教育科研的投入量），预期成果具有多大的学术意义、实践意义，对学校发展可能产生哪些影响、对学生发展可能起到多大的促进作用等（即预期教育科研的产出量），基于此进行综合衡量后尽可能选择科研效能高的问题进行研究。倡导效能性原则并不是说要把教育科研经济化，也不意味着效能性低的问题就不予研究（有些攻坚克难性的研究虽然效能性不高，却必须给予重视并重点研究），只是在选题时应尽可能提高其效能性而已。

也有一些观点认为教育科研的选题应遵循前瞻性原则和应用性原则。前瞻性原则要求选题要能够体现对未来教育的前景分析和预测，研究成果要能够体现对教育现状的改善；应用性原则强调选题要具有使用价值，研究成果要能够指导和改善教育实践。但是，对于中小学教师而言，要在选题上"体现对未来教育的前景分析和预测"真的太难，而研究"指导和改善教育实践"则是其开展教育科研的初衷或本职要求，因此，这两项原则不予讨论。

第三节 选题的途径

教育科研选题有多种途径，通常情况下，可以从以下几个方面着手。

一、从教育教学实践中选题

教育教学实践是中小学教师选题的首要途径。与专家学者不同，一线教师最熟悉的就是教育教学实践，所从事的就是教育教学实践工作，所处的环境可以说是当前教育教学现状的一个缩影，在某一个方面具有一定的代表性，因此对教育教学实践中的问题可以说有切身感受。凡是在教育教学实践中感受到的问题，都可以走进一线教师的选题视野。这里的实践，既可以是选题教师自己的实践，比如某位教师总是感到自己在对学优生的培养方面没有好的举措，就可以围绕"培优"策略进行选题；可以是他人的实践，比如了解到身边同事的班级管理工作做得很好，也可以就班级管理策略选题；可以是教师群体的实践或者所在学校的教育改革实践，比如重庆市涪陵区荔枝希望小学开展"坐庄式"教研活动并取得实效，这种教研活动形式的优点在哪里？它有哪些特点？如何进一步优化或有效推广？这些都可以开展深入研究。除此之外，区域性的教育改革实践也可以作为中小学教师的选题来源，区县的教育改革方案必然要由学校来实践，再由每个教师在实践中落实，也就是说，教师无不参与区域性的教育改革实践。比如，某区县提出"书香"特色的教育改革方案，作为一线教师，如何在工作中渗透书香特色教育理念？如何用书香教育理念指导自己的教育实践工作？在书香教育主题改革中教师有哪些可为之处或可为之举？这些都能产生合适的选题。

当然，由于教师开展教育教学实践的区域不同、环境不同，选题的方向也自然不同。比如：农村学校的中小学教师最了解农村教育，说起农村学校办学条件，师资团队的教育教学能力、态度、方法，学生在德智体美劳全面发展的情况等，无不侃侃而谈。相反，对智慧校园背景下中小学教育教学策略的研究则非具备相关硬软件环境的城区教师莫属。即便是处于同一课改背景的中小学教师，也可能因为学段不同、学校不同而存在选题方向的差异，比如重庆市涪陵区提出"三环一体、多端启动"的基础教育改革路径，因为不同学校选择的课程改革的端口不同，教师的研究方向也就各有差异。

二、从各级教育科研规划中选题

从实践中选题对教师的科研素养有一定的要求，如果教师没有较强的问题意识，不能透过教育现象抓住这些现象的本质，就难以从实践中提出科学的研究问题。也有的中小学教师因为对实践中的问题太熟悉，以至于达到了熟视无睹的状态而完全忽略。各级教育科研管理部门的科研规划则可以给中小学教师提供具体的选题方向。

规划分为两种：一种是教育或教育科研工作发展的规划。这类规划通常会明确提出中长期（一般以三年或五年为规划单位）的教育事业或教育科研工作的思路、原则、发展目标、重点工作安排等。当然，这类规划也有层级性，从国家到省市、区县甚至有的学校，都会制定发展规划，中小学教师可以从学校的规划着手，然后逐步深入学习各级规划，层层溯源，开阔视野；也可以从国家的教育规划和教育科研规划开始学习，然后看看省市、区县及学校是如何层层细化具体落实国家规划的要求的。中小学教师从这类规划着手，能从全局上把握教育及教育科研发展的方向及具体要求，这样的选题非常具有时代性和前瞻性。

另一种规划则体现为各级教育科研管理部门设计的年度课题指南。通常情况下，各级教育科研管理部门在每年组织课题申报时都会设计当年的课题指南，以供课题申报者作选题参考。这类指南一般是基于中长期发展规划、结合当前课改最新要求而设计的，其中列出了较具体的研究方向，有的甚至明确规定了研究的题目，对中小学教师开展教育科研具有更直接的可选择性。当然，也有的教育科研管理部门的选题指南只列出当年课题申报的主导方向，教师据此选题时就要作进一步的分析，在适合自己研究的方向中细化出研究的题目。

三、从新的教育政策中选题

教育政策是党和国家为实现一定历史时期的教育发展目标和任务，依据党和国家在一定历史时期的基本任务、基本方针而制定的关于教育的行为准则。教育政策提出的教育行为准则是一种硬性的规定。如何在实践中落细落实落好这些规定就需要开展教育科研。中小学教师可以从教育现状与政策规定之间找到差距或者说准确把握教育实践与教育政策之间的矛盾，基于教育实践问题分析，提出有效落实教育政策的策略或建议。比如"双减意见"出台以后，中小学教师就可以按照其中的规定，从开展学业设计、提升课堂教学质量、开展课后服务等角度进行选题，经过研究为改变当前义务教育阶段学生过重作业负担现状出谋划策。

四、从新的教育理念中选题

当接触一种新的教育理念时，中小学教师要善于将这种理念与教育教学实践结合起来，尝试用新的理论视角重新审视传统的教育教学现象，提出新的教育教学策略。比如，重庆市涪陵区曾经是教育部基础教育课程教材发展中心（下文简称发展中心）的课改实验区，该区部分教师在了解发展中心介绍的"深度学习"理论之后，开始以该理论中的"整体教学"理念为指导开展课堂教学研究，取得了良好的效果。比如：涪陵第十四中学校就基于这一理念开展研究，提出"先见森林再见树木"的教学观，设计出种子课、生长课、果实课三种课型，不断探索学科课程内容的整合，提高了课堂教学的有效性，该校设计的数学教学案例在《中国教育报》上报道，产生了较好的影响。

值得注意的是：教育理念的新与旧是相对的，新的教育理念或理论并不仅仅指该理念是最近才提出来，也包括在近年来才逐渐运用于教育领域的——虽然从其提出时间来看，可能已不再新。这样的理念，可能早已产生并日益成熟，甚至在其他领域盛行已久并取得令人瞩目的成就或产生了明显的效果。比如：美国人本主义心理学家卡尔·罗杰斯提出的个人中心主义，基本理念即"以当事人为中心"，原本是用来进行心理咨询和治疗的。他按照这一理念开展的心理咨询和治疗取得了很好的效果，其倡导的治疗方法也因此而驰名并走出心理咨询和治疗的领域，然后才逐渐在教育领域倍受重视。

教育理念的新，还体现为已有理论被用来研究新的教育现象。也就是说，虽然某一理论在教育领域中已经广受关注，无论是专家学者还是中小学教师都对其很熟悉，但是，还没有被用来研究或解释某一教育现象，这种情况下，也可能说是理论的创新运用。比如：当罗杰斯的"以当事人为中心"理念只局限于学生的教育工作时，如果尝试以此来探讨教学策略或教研工作就可以视为一个新的理论研究视角。

五、从教育文献中选题

教育文献即与教育相关的文献，指的是记载与教育有关的情报信息和知识的载体，它是对人类从事教育活动尤其是教育科学研究的客观记录。教育文献的形式很多，常见的有教育类图书（专著或编著）、期刊报纸、科学报告、教育年鉴、标准文献、学位论文、科技档案等。根据研究者的研究兴趣需要，教科书、教学指导用书、教学辅导学书甚至教师的教育教学手记等也可以是重要的教育文献。

总之，凡是具有历史意义或教育意义的载体都可以称得上是教育文献。

中小学教师从文献阅读中获得教育研究的选题是非常普遍的现象，比如笔者受到陈鹏老师发表在《班主任之友》上的论文《利用心理效应解决问题行为》启发，将其中提及的"第三人效应"运用到学生劝服技巧的研究中就取得了一定的成效；一位教师在文献阅读中了解到中日教科书插图教学的异同，从而开始关注自己及同事的插图教学现状，开启了插图教学的实践研究。教育文献的内容非常丰富，从时间上可以贯穿古今，从空间上可以横扫全球，从领域上甚至可以看到整个社会的缩影，所以，透过教育文献不仅仅可以开展教育方面的研究，还可能涉及社会性研究等多个领域，比如，曾经就有人看到某版本英语教科书中人物角色的性别设置而开展了男女平等问题的研究。

六、从教育热点中选题

教育热点指的是当前比较受广大群众关注、在教育领域引人注目的教育现象或教育改革举措。教育热点的产生往往是受到当前教育改革政策的激发，如果党和国家发布的教育改革政策在社会上引起强烈共鸣，出现教育热点就必不可免，比如，"双减意见"一出台，"重视作业设计""加强课后服务""规范课外培训"等迅速成为 2021 年的教育热点并延续至 2022 年。中小学教师要善于抓住教育热点，敏锐地把握住这些热点的本质，以此作为选题开展研究，跟上时代发展的步伐。

七、从日常观察中发现问题

日常观察也是中小学教师进行教育科研选题时不可忽略的一条途径。这条途径与从教育教学实践中选题既有联系又有区别。说有联系，是因为日常观察也属于教师实践的一部分，说有区别，是因为这里的日常观察特指教育教学工作之外的观察，而不是教育教学过程中的观察。这条途径更强调的是教师要在日常生活中做个有心人，要善于用眼睛发现日常活动中的教育现象，从中受到启示，并开展专项的探讨与研究。大家熟悉的建构主义创始人皮亚杰就是一个善于日常观察的高手，他通过对日常生活的观察积累了大量的案例，并从中受到启发，提出假设，开展实验进行验证，以此建立了他的教育理论。比如：他的守恒观就是基于观察而提出来的——皮亚杰看到 6 岁以下的小孩子面对同一事物的不同性状而得出不同的结论，比如当着孩子的面，将一底面积小的容器（如杯子）里的水倒进一个底面积大的容器（如碗）里，孩子会认为水在杯子里时更多，在碗里时更少，因为在杯子里时水看起来更高。皮亚杰的观察给我们做了一个很好的示范，我们虽然不期望从日常观察中取得皮亚杰那样高的成就，但是，不可否认，日常观察不失为教育科研选题的一条可行的途径。有位教师就曾因一段意外的观察而开启了幼儿审美研究之旅——他看到两个两三岁的小朋友蹲在路边不断发出"好漂亮呀"的感叹，而他并没有看到任何称得上漂亮的东西，因而他认为幼儿审美的独特性可以作为一个研究的选题。

八、从学科间讨论中选题

学科间讨论本质上也是中小学教师教育教学实践的一部分，但是这种实践并不是常规性的。当前，我们的中小学阶段整体上仍然采取的是分学科教学的形式，每位教师都以一门学科教学为主，常规教学研究常常是学科内的探讨，难以有学科间的互动性讨论。如果能加强学科交流，发现不同学科之间的交叉点，或许能发现新的研究主题，提出新的教学策略，甚至找到课程改革的新支点。重庆市九龙坡区谢家湾小学就在校长的带领下做了这样的尝试：大胆地进行学科间讨论，在多种学科之间开展课程整合研究，掀起了校本化课改的高潮。当然，这种课改的大手笔，没有教育领导者的引领是不可能实现的，但是，这也并不意味着，中小学教师自己就不能进行学科结合的研究，只要找准学科间的结合点，就可以搭建学科融合的桥梁。比如，某学校的语文教研组就与美术教研组进行了深入的讨论，将美术因素引入语文教学中，尝试讨论语文与美术教学局部融合的路径与策略。

第四节　选题的策略

知道了可以从哪些途径选题，但是，面对从各个途径获得的众多信息，有的教师却又不知道该从何处着手选题。笔者觉得，以下几种方法或思路可以作为选题的参考。

一、突破薄弱法

这就要求中小学教师在选题时首先要找到教育教学以及已有研究的薄弱之处，以找准突破口和突破策略从而体现出研究的"新颖"之处。这里的"薄弱"体现在两个方面：一是自身教育教学中的薄弱，这是一种以突破自我为目的的研究。

教师在根据教育教学实践进行选题时，要考虑自己在工作中"最需要改进"或者"最影响质量"的是哪些方面，从这些地方进行选题，以弥补自身存在的不足。二是研究中的薄弱，这是一种以突破"历史"为目的的研究。这需要教师在把握大量同类研究文献的基础上进行深入分析，尤其是通过求新、求异、求变思维来审视已有研究中存在的薄弱环节，通过研究使已有的旧论题、老话题中的不足得到弥补。当然，教师通过讨论自己以前研究中存在的薄弱之处进行再研究，同样属于具有"历史"性突破的选题。

二、关注热点法

从教育领域当前普遍被关注的焦点、热点中进行选题，也不失为一种有效的方法。某一教育热点为什么会受到大家的关注？这一热点的本质是什么？它对教育实践会产生什么影响？它对教育有什么启示？应该以什么样的态度来对待这一教育热点？一线教师面对教育热点应该何为或何不为？等等。通过关注、追踪热点的产生与发展，分析与思考热点的性质与特点，就可以找到选题的突破点。有的教师认为围绕热点选题是一种跟风现象，也有的教师不敢对热点中的新现象做出自己判断，这无疑将自己置于时代教育旁观者的地位，不利于教育科研工作的开展。

三、逆向思维法

逆向思维法要求教师在选题时要尽可能摆脱传统选题思维的影响，选择与已有研究不相同的题目开展研究。这也是一种典型的求异思维的体现。有人强调逆向思维法应关注那些与现有的结论方向相背或相去甚远的选题意向。笔者倒不认同过分地将选题放在"相背"或"相去甚远"上，而是认为只要体现出与已有研究的不同即可，这种不同也可以体现在理论基础、研究方法、研究结论等多个方面，使自己的选题与已有研究之间既可殊途同归，也可同途异路。逆向思维法与突破薄弱法的第二种情况有相似之处——两者都强调与已有研究的不同；但是两者之间的差异也是很明显的——突破薄弱法的目的在于改进，而逆向思维法的目的在于补充或矫正。

四、延伸选题法

这一选题方法非常适用于具有一定研究基础的教师。教师如果在前期开展过一些研究，就可以在选题时对已有研究进行一定的延伸，使原有选题的内涵或外延得到扩展，使不同时期的选题形成一个连续发展的状态，会使研究得到不断的深化。当然，没有前期研究基础的教师也可以在学校或同事前期研究的基础上进行延伸式选题，使自己的选题得到更多同事或领导的指导和帮助。

第五节 中小学教师选题中的常见误区及矫正

在教育科研研究选题实践中，笔者发现中小学教师往往存在以下误区。

一、选题过大

选题大小主要是从选题涉及的宽度而言的。很多中小学教师在选题时往往出现选题过大的现象。导致选题过大的原因，很大一部分在于教师对选题的认识存在误区，他们下意识地认为：开展一项研究应该能够解决很多问题甚至所有问题。基于这一认识，在选题时便尽量往大而全的范围考虑，以尽可能包含更多的内容。另一种情况就是，有的教师直接将各级教科规划办选题指南中的选题方向作为研究的题目，还言之凿凿地表示：所选的题目是有来源的，即忽略了这些题目只是指出了研究的方向。

有位教师选择研究"中小学生良好习惯的培养及不良习惯的矫正"，因为他觉得习惯对学生的发展非常重要，而通过观察发现学生的不良习惯很多，如果不能得到有效矫正将给学生的终身发展带来严重的不良影响，因此他希望通过研究帮助学生改掉所有不良习惯并养成良好习惯。这位教师的选题初衷很好，但是他所组建的研究团队在较短周期内真的能完成这个选题吗？或者说，这个选题的大小真的合适吗？

一个选题是否过大，选题者可以尝试采用自我提问法来进行判断。具体步骤如下：

第一步：选题的核心概念有哪些？

第二步：每个概念的外延是否可以再切分？

第三步：从每个概念切出来的外延中选择一个作为研究方向，看看其外延是否可以再切分？

……

按照这样的步骤，直到概念的外延再也不能切分为止，也就可以确定选题了。下面，我们按照这一方法对那位教师的选题进行判断，看看这个选题是大是小：

第一步，确定核心概念：中小学、习惯。

第二步，第一次切分概念外延：

中小学分为：中学、小学。

习惯分为：学习习惯、生活习惯、行为习惯……

第三步，选择概念外延并作第二次切分：

中学：初中、高中。

学习习惯：预习习惯、课堂学习习惯、课后作业习惯、复习习惯……

……

即便只分析到这一步，就可以发现选题所涉及的范围已经很大了，如果要对某一个学习环节的学习习惯进行再次切分，还会分出多个小维度的习惯，这里还没有对良好习惯、不良习惯两个核心概念的外延进行切分，就已经可以发现：原有的选题所包含的内容确实太多了，对于中小学教师来说，确实显得过大；如果再从各种学习习惯中切分出良好习惯与不良习惯，然后再进行切分就会发现原有选题真的难以在短期内研究透彻。如果只从切分出来的最小外延开展研究，只研究培养学生某一类良好习惯或者矫正某一类（甚至某一个）不良习惯，那么研究的针对性就会更强，提出的对策也会更具体，研究的实效也会更好。

这样的选题分析法，有人称之为"剥笋法"，就是当提出一个选题时，将其视为一棵竹笋，这棵竹笋被笋壳层层包裹，显得很粗壮，但是最有研究价值的却只有最里面的笋心，外延切分工作就像是剥掉层层笋壳，最后只留下以待研究的笋心。笔者认为将这种方法称之为曲指法更合适，最初的选题就像人的手一样有多根手指，切分概念相当于将一根一根手指头曲以别之，将不被选择的手指逐一弯曲起来，只让被选中的手指保持伸直状态，再次切分则如同从选中的手指上分出各个指节，最后以不能再切分的具体指节作为选题。

二、选题过难

正如选题过大一样，中小学教师在选题时也往往会出现过难的情况。导致这种现象可能还是跟认识不到位有关。有的教师认为：难度是体现研究价值的标准，教育科研就是啃硬骨头，简单的选题没有研究价值，研究的难度越大其价值量越大。一定程度上看，这种说法是正确的。如果研究始终停留在低位运转，则难以推动研究成果向高位发展。但是，任何"难"都应有一定的"度"，选题超过"度"

就可能把自己"将死"。试想：如果一项研究难以深入开展下去，研究任务难以完成，最后必然以"弃权"告终。有人将因选题太难而不得不中断研究的情况戏称为被选题"反噬"，即研究者不能突破研究的难度而遭受到打击。这种现象是常有的，登录各省市及全国教育科研管理部门官网，可能看到每年被撤项的立项课题名单，这些课题中不排除有因为选题太难而导致无法完成的。

在选题时，同一个方向的问题，角度不同、主题不同，其难易程度也可能不同，就像一个核心概念，按照同一维度切分出的若干外延，每个外延的研究难度也不是等同的，在前面所举的例子中，从习惯中切分出来的学习习惯、生活习惯、行为习惯，其难易程度各不相同，同样是学习习惯，研究预习习惯、课堂学习习惯的难度也可能差距甚大。所以，中小学教师在选题时要认真斟酌，选择难度合适的题目开展研究。

当然，选题难易具有一定的相对性。同一个选题，对于具有不同研究能力的团队而言，其难易程度是不相同的，能力越强的团队感觉研究越容易，而能力越弱的团队则感觉研究越难，这就像学生做作业一样，同一道题目，有的学生觉得简单，而有的学生则觉得很难。同一个选题，对于研究能力相当但是擅长研究的专业领域不同的团队而言，其难易程度也不相同，具有专业优势的团队研究起来容易，反之则觉得难，就像参加集体舞蹈排练，同样的动作，有舞蹈基本功的孩子很快就能做到动作到位，而没有舞蹈基本功的孩子即便付出更多努力也未必能取得更好的效果。选题的难易性也与教师所处的环境或条件相关，在有利的环境或条件下开展研究就容易得多，比如，在智慧校园建设示范学校探讨关于智慧校园环境对学生学习的影响，就具备研究的物质条件，对于没有开展校园建设的学校而言，教师要开展这项研究可谓"摸不着方向"。所以，中小学教师在选题的时候，一定要根据自己团队的特点及所具有的条件选择合适的课题。

三、选题模糊

选题模糊指的是有的中小学教师所提出的问题没有明确的主攻目标。选题的主攻目标就像是打靶时的靶心，如果射击都不知道靶心在哪，射击就会失去方向，因此，目标越明确，才越能把握住研究的方向。选题模糊并不是说没有主攻目标，而是不止一个主攻目标，这样的选题可能乍一看是很好的选题，但是仔细分析就会发现，这个被选出来的题目并不聚焦，它可能涉及两个或多个主题。比如，某教师提出的选题是"全纳理念视域下的作业设计与教学模式研究"，这位教师认为自己的选题是清晰的，就是要将全纳教育理念运用在教学实践中，他认为自己的选题统一于全纳理念。但是仔细分析之后不难发现：全纳教育理念只是这个选题或研究的理论基础，而选题涉及的核心则包括作业设计和教学模式两个方面，两者在这个选题中居于同等重要的地位，而且这两个核心是并列的关系，属于两个不同的研究范畴，它们谁也不包含谁，谁也不是谁开展研究的前提，它们彼此的研究不受对方的影响也不影响对方。如果开展这样的研究，就必然出现两个主攻目标，且任何一个都不可偏废，但是，这两个主攻目标之间彼此没有本质上的联系，谁离了谁都能独立出现，作为一项严谨的科研工作，为什么非要把两项研究硬生生地拼凑在一起呢？因此，有人指出，正如"一山不容二虎"一样，教育科研的选题也应该有且只能有一个主攻目标，以保证其主攻目标的明确性。

判断一个选题是否清晰，不能停留在选题名称的字面形式上。有的选题看起来有两个核心概念，但是它的主攻目标却是明确而统一的，比如，有位教师选择以"初中学生手机依赖现状与对策"为研究的题目，从字面上看，该关于手机依赖的研究也有两个核心概念——现状和对策，但是，这两个概念并不是相互独立的，相反，它们联系得非常紧密，研究进程有先有后——现状研究在先，对策研究在后——两者不可能颠倒，当现状没有弄清楚之前，对策研究不可能开展；它们的研究结果也相互影响——现状决定对策，对策改善现象，只有基于现状的对策才有针对性，只有能改善现状的对策才能体现出有效性。这是从现状与对策之间的关系来分析两者间的统一性。另外，即便不做这样的分析，仅仅从句子结构上分析也可以看出这两个核心概念是具有内在统一性的——现状是关于手机依赖的现状，对策是改善手机依赖的对策，它们统一于手机依赖这一核心。所以，判断一个选题是否清晰即主攻目标是否明确，不是看它的核心概念有几个，而是看这些核心概念是否具有统一性。

有时候，一个从题目上看只有一个主攻目标的选题，从对选题的阐述中却可以发现包含了多个主攻目标。比如：有位教师拟以"双减背景下小学语文学科预习清单的设计与应用"为题开展研究，从题目看，这是一个单一主攻目标的选题，虽然出现"设计"与"应用"两个核心概念，但是它们统一于预习清单。但是，从这位教师对选题的介绍中发现，这项研究还涉及课堂教学模式的建构、课堂教学评价量表的设计、课堂教学资源的开发等研究，这就不得不说研究目标太多维了。如果这位教师想通过一个选题来涵盖以上的研究范围（暂且不论取个什么题目），他不仅出现了选题模糊的问题，还存在选题过大的不足，而且，一个研究团队如果不是同时擅长这些领域的研究，那么这无疑还是一个相当难的选题。

四、选题重复

重复选题指研究者所选的问题已经有了成熟的研究并且取得了有效的成果。中小学教师在科研中出现重复选题的现象也比较多，因为他们常常想研究自己教育教学实践中的问题，如果所选的是教育教学实践中的普遍性问题，那么这样的问题往往在很早之前就被关注，并且从多个方面开展了研究，比如问题的表现形式及其发展变化、导致问题的内外原因、有效的预防或解决方法等，很多研究成果的科学性及有效性已在实践检验中获得一致性认可，有的甚至早已成为指导教育教学实践的规范和要求。选题者可能在这一领域没有足够的信息储备，不知道这个问题已经解决，故而以此为选题。还有的教师认为，中小学教师就应该以个人教育教学实践中的问题作为研究对象，而自己在当前情境中最需要解决的问题就是所选的课题。这样的想法无疑是正确的，但是，并不是所有的问题都需要重新开始做研究，因为这样会无端消耗过多的时间和精力，如果有解决问题的捷径，何乐而不为？查阅文献就是直接从别人的研究成果中获取方法的有效途径，尤其是在大数据背景下，只要善于利用网络资源就能从文献中获得大量有效的信息，帮助自己认识问题的本质，找到合适的问题解决办法——这与自己摸索着研究相比更有时效性，在认识上也可能更深刻，思路上也可能更开阔。比如，有位小学数学教师发现自己的学生计算总是出错，想要做一个提高计算率的研究，结果一查文献发现其中提出的方法完全能够解决自己的问题，他直接将这些方法用到计算教学中，果然收到了好的效果。当然，这也并不意味着实践中的问题没有研究价值，也不是说已经研究过的问题不能再研究，只是强调：已有研究能解决的问题就不必重复研究；选择研究过的问题开始新的研究，就必须要突破已有研究的局限并取得新的有价值的成果，否则，没有任何创新的活动不能称之为教育科研。

第六节　课题名称的规范

确定选题之后，就要对选题进行命名，即取一个名称或题目。课题名称具有一定的规范性，如果不按规定命名，则显得有些不伦不类。

一、课题名称要用专业术语来描述问题

科学语言与生活语言有时具有一致性，但是很多时候却又体现出很大的不同。

生活语言具有随意性，只要把话说清楚让人听明白就可以；科学语言具有严谨性，要把话说得准确无误且符合学科表达体系的要求。所以，人们可以在日常生活中用科学语言来交流谈天，但是不可以在科学研究中用生活语言来代替科学语言表达相关内容。教育科研是严谨的科学工作，给选题命名是科研的一部分，应该科学严谨。课题名称要能体现所研究问题的本质，问题的本质通常有专业术语与之对应，而不能以日常语言来对问题所表现出来的具体现象进行描述。比如，幼儿园教师想要解决小班幼儿早上入园时哭闹不止黏着家长不肯让其离开这一问题，在给选题命名时就不能停留在哭闹、黏家长等现象的描述上，而应透过哭、闹、黏等外在的行为表现，分析幼儿这些行为的内在性质，用专业性语言进行表达，小班幼儿早上入园的这些行为可能是由于与家长分离而产生的焦虑情绪导致的，以"小班幼儿入园焦虑"来命名则更能体现选题表述的学术性与规范性；再比如，有的幼儿有某种需求没有得到满足，就会采取不停哭闹、在地上打滚、损坏东西甚至攻击性言行等形式表现出来，如果以幼儿的这些行为为选题，可将其概括为"幼儿诉求的不良表达方式"。

二、课题名称应采用陈述语气

有的中小学教师觉得课题是研究，而研究成果往往用论文的形式体现出来，所以课题名称与论文题目没有什么区别。其实不然。课题名称比论文题目要严谨得多，这种严谨的表现形式之一就是表述语气方面的要求。大家都知道，论文虽然也是学术性的探讨，但对题目在语气方面没有特别的要求，查阅学术期刊发表的论文就可以发现，采用什么语气的论文题目都有，比如：《课程·教材·教法》2022 年第一期"学科研究"栏目发表的论文《幼小衔接如何双向协同？——基于"前识字"和"识字"的比较与思考》，《人民教育》2022 年第 5 期"观点"栏目发表的论文《"师范热"一定是教育的大众利好吗？》就分别用了疑问和反问的语气，这样的表述，在论文题目中是允许的，而且，只要使用得当，不同的语气还能丰富论文题目的表达形式，提高吸引力。但是，课题名称则不同，它的严谨性要求只能采用陈述形式，如果要将以上论文选题作为课题名称，分别表述为"基于前识字与识字比较的幼小双向协同研究""'师范热'对教育的大众利益风险评估研究"才合适。

三、课题名称通常不用修辞手法

使用修辞手法是为了提高语言的表达效果，使其显得更加生动形象。学术论文题目允许使用修辞手法，以此吸引读者的阅读兴趣，这在一些学术探讨性的文章中更是常见，比如，《全球教育展望》2004 年第 10 期 "素质教育与课程改革" 栏目发表的《发霉的奶酪——〈认真对待 "轻视知识" 的教育思潮〉读后感》，就是很有影响的一篇学术探讨性文章，其中的比喻手法明显增加了论文的生活性和趣味性。

课题名称不倡导使用任何修辞手法以吸引人，而是主张通过体现选题在理论、内容、视角、方法、成果等方面的创新性来打动人。修辞手法的运用，在使表达更加生动形象的同时也可能使表达有失其准确性。但是，中小学教师在给选题命名时常常忽略这一点，认为起一个看起来 "花哨" 的名字可以更好地体现选题的价值。比如，有位教师以充分发挥 "家校联系栏" 的作用为研究主题，运用拟人的修辞手法将选题命为 "让'家校联系栏'动起来"，这一个 "动" 字，看起来生动，实则使其研究产生了歧义——是要研究如何使家校联系栏本身能够在一定范围内移动呢？还是其中的内容可以在栏中移动呢？或者是如何有效更新栏目内容呢？还是通过这个家校联系栏增强家与校、师与生的互动呢？等等，如果将课题名称改为 "小学'家校联系栏'建设研究" 则能避免在 "动" 字上下功夫，而是将关注的重心放在家校联系栏的建设上。事实上，不使用修辞手法这一点，与要求使用专业术语来陈述课题名称具有一致性。

四、课题名称不带任何倾向性色彩

教育科研要求研究者自始至终都要保持中立的态度，甚至以旁观者的视角，对研究进行客观的分析与解释，在没有做任何研究或没有充分证据的情况下不作任何判断，在选题阶段更是如此，因此，课题名称不应带上倾向性色彩，避免体现出研究或研究结果将朝着某个方向发展的暗示性。比如，"角色游戏对小班幼儿不良行为习惯的改善" 这种表述就具有明显的倾向性，这个题目就明确地告诉大家：角色游戏对小班幼儿不良行为习惯是有改善作用的，只要开展角色游戏，小班幼儿的不良行为习惯就能得到矫正，从而朝着预期的方向发展。在选题时作出这样的表述或判断，说明选题者个人认为角色游戏是具有改善作用的，但是，这种 "认为" 还处于一种假设状态，并没有经过研究验证就得出这样的结论是不科学的，因为很多时候，科学研究可能会得出与假设不一致甚至完全相反的结论。就如角色游戏一样，可能某些角色游戏确实能改善幼儿的不良行为习惯，但是某些角色游戏对幼儿的不良行为习惯没有任何影响，有的角色游戏可能还会强化幼儿已有的不良行为习惯或诱发幼儿产生新的不良行为习惯等，另一方面，同一角色游戏，由于教师的引导不同，对幼儿的行为习惯也可能产生不同的影响。环境及活动对人的影响本身是具有多向性的，这种多向性就使影响结果具有了很多的不确定性，角色游戏对幼儿行为习惯的影响也必然具有不确定性。如果简单地认为角色游戏对幼儿行为习惯具有正向影响，就有失客观性。但是，到底角色游戏对幼儿行为习惯具有怎样的影响，如何引导幼儿开展角色游戏才能产生有益的影响，则需要经过研究来验证。因此，直接用假设作为课题名称就不够严谨，如果将选题改为"角色游戏对小班幼儿行为习惯的影响"就能避免个人主观上的倾向性。

课题名称不带倾向性，并不是指教育科研工作本身是价值中立的。相反，任何研究都有明确的价值追求，都是为了解决某个问题、改善某种现状、促进某些领域的发展等。以刚刚举的角色游戏为例，以此为选题开展研究，是通过探讨角色游戏与小班幼儿行为习惯的相关性，进而提出基于角色游戏功能改善小班幼儿的不良行为习惯的策略，其"改善"是研究的价值追求。

五、课题名称表述的标识性

很多中小学教师认为，教育科研本质上是对客观现象及客观规律的分析、讨论，因此以"分析""浅谈""刍议""论"等来表述课题名称是恰当的，笔者也看到很多中小学教师撰写的课题名称中带着这些词语，比如"论'双减'背景下初中化学作业设计的创新策略""刍议普通高中校本课程建设之利弊""小学语文项目式教学策略分析"等。事实上，这样的表述作为教育科研论文的题目是合适的，但是用以表述课题名称则不符合规范。课题名称通常用"研究"这个概念来明确表示其科研的特殊"身份"，并且将其置于问题的后面，表示该选题是关于某一现象或问题的研究，比如"基于生态系统理论的幼儿园浸润式审美教育实践研究"。查阅各级教科规划办公布的立项课题名单就会发现，大部分课题名称都是这样的结构。有的研究者也会使用相当于"研究"的概念，常见的有"探索""建构"等。"探索"的意思为多方寻求解决问题的答案，可见探索也是一个分析问题（多方寻求）—解决问题（求得答案）的过程，在本质上与"研究"具有同质性，比如"跨学科协同育人实践探索"。"建构"特指创建一个系统或体系，使之能更好地指导实践，这也是一种研究行为，多用于关于体系机制的研究以及创建新模式新体系的研究，比如"新时代提升职初教师专业素养的区域研修课程体系建构"。少数情况下，一个课题名称可能什么"身份"性的词语都不带，只明确表示研究的范围，但是，"研究"之意却自然流露，比如"'双减'背景下家长参与对学生校内外负担的影响"便是如此。

也有专家指出，一个完整的课题名称包括以下几个部分：理论基础、研究主题、研究范式或方法。上文提到的"基于生态系统理论的幼儿园浸润式审美教育实践研究"便很好地满足了这个要求，从课题名称上可以看出，该项课题的研究将以生态系统理论为指导，研究主题聚焦于幼儿园浸润式审美教育，采取的研究范式是实践研究。这种三段式的命题，虽然不能称之为命题标准或规范，在实际命名时也不需要拘泥于此，但是中小学教师可以此为参考，在给选题命名时，按照这三个方面进行思考，有助于深化对选题的理解，在这个阶段就可以对选题做出初步的规划，甚至有助于养成良好的选题思维习惯，当然，按照这个要求所拟的课题名称，无疑也是相当规范的。

3

第三章

设 计

俗话说得好：谋定而后动。教育科研并不是选题确定后就立即实施研究，而是要对整个研究先进行科学合理的设计，即就选定的题目如何实施研究做理性的思考。研究设计时需要思考的内容，在各级课题管理部门的课题《申请·评审书》中都有明确要求，一般在"研究设计论证"部分以"陈述要点"的形式呈现。综合各级教科规划办和各类教育学术团体在课题申报中提出的研究设计论证的陈述要点，可以看出其中具有高度的一致性，分别体现研究缘由（why）、研究价值（worth）、研究什么（what）、怎么研究（how）、谁来研究（who）、研究愿景（wish）、保障条件（with）等七个方面，可以简单概括为"7W"。其中谁来研究（who）重点在于介绍研究团队的构成情况（包括年龄、职称、工作情况等）和学术研究情况（主要包括近年开展研究及取得的成果），保障条件（with）则从制度、设备、时间、资源、经费等方面说明单位及个人所具备的能够保证研究正常开展的条件，这两个方面只需要根据研究团队及所在单位情况如实介绍即可，这里不做具体讨论。

第一节　W1：研究缘由

设计中的第一个"W"（why）即各课题管理单位提出的"选题意义"，也可以称为"选题缘由"或"问题的提出"。这一要点是对选题原因进行追问，即回答"为什么要选择这个问题进行研究"。可能有的教师会说："这有什么好思考的呀？教育教学实践有了问题就得研究呀！"说得好！确实有了问题就要通过研究来解决。但是，实践中有那么多问题，为什么就偏偏选择这一个问题而不是另一个问题来研究？在当前背景下选择这个问题来研究是否具有特别的意义？这就不得不进一步思考后才能回答了。对选题缘由进行追问，可以加深选题者对所选问题的性质的理解。如果没有切实弄清楚选题的缘由，可能选题者自己对这个问题的认识都是模糊的、肤浅的，这就是为什么有的教师已经开始研究了却不能把自己的研究说清楚的原因；如果不确定这一问题是当前必须开展的研究，即便选择了这一问题，研究过程中也会出现懈怠现象，这就是为什么虽然研究周期过半了很多课题还没有实施真正的研究。

要回答好"为什么选择这个课题开展研究"这个问题，研究设计者可以从三个相互联系的层面来进行思考。

一、选题的必要性

选题的必要性也可以说是重要性，可以从多个方面来考虑。

首先，考虑选题是否体现了当前党和国家对课程改革的最新要求。课改的最新要求是中小学教师开展教育教学工作的指导，也是开展教育科研的最好选题来源。围绕课改要求来思考选题的必要性，教师可以更深入地了解课改的热点难点，使选题立于时代的前沿，体现研究的时效性。如果是向各级课题管理部门申报课题，越体现当前课改精神、符合课改要求的选题就越有可能受到关注，因为这样的选题充分体现了研究的必要性。从全国教育科规划办公布的 2022 年立项数据来看，在课题名称上直接体现"双减"背景的选题就高达 23 项，其中国家重大课题、重点课题各 1 项，教育部重点课题 5 项。"双减"是 2021 年党和国家提出的最新课改要求，立足政策要求选题，其必要性自然可以体现出来。也许有的教师认为："如果大家都从最新课改要求来选题，不会出现选题扎堆的现象吗？不会出现重复选题的现象吗？"这就要求在选题过程中深入领会政策精神，结合实际条件选择不同的研究方向开展研究；即便是同一个方向的选题，也可以找到不同的研究角度；即便是同一个研究角度，也可能具有不同的研究点；即便是同一个研究点，因为其研究团队本身具有的独特性，也可能取得不同的成果。这样的研究，不但可以避免选题扎堆的问题，还能扩展课改研究的范围和研究层次。比如，全国教科规划办立项的"双减"课题，研究就包括"教育生态系统的重构""政策落实的过程监测和成效评价""课堂教学""作业研究""校外培训治理""学校课后服务"

"家校互动"等多个领域；即便是同一领域，也各有不同的研究重心，比如同样研究"课堂教学"这一领域，有的课题重在关注"学生的课堂参与"，有的研究"教学设计模式"，有的重视"具体学科教学实践"等，同样是关于作业的研究，有的探讨"作业变革策略"，有的直指"作业设计"，有的研究"作业质量"；即便研究"作业质量"，有的研究把重心放在"作业质量评价体系构建"，有的则放在"作业质量的监测"等，从而形成一个如何把"双减"政策要求转化为实践策略的研究体系。

但是，有一个比较遗憾的现象是，很多中小学教师不善于从课改精神的角度来思考自己的选题缘由，这也是选题素养有待提高的表现。比如，两办的"双减意见"一出台，重庆市涪陵区教科规划办就结合教育部"五项管理"要求组织了一次专项课题的申报，但是在评审过程中发现，有的课题组在进行研究设计时根本就没有涉及"双减"或"五项管理"的要求，在进一步的调研中发现，有的课题组在设计课题时专门学习了文件精神，只是不知道可以从这一个层面上来体现选题的意义；更多的课题组对文件精神了解得并不多，不能够基于课改要求来思考选题所具有的价值。

关注课改的最新要求并不是指研究设计必须从这个角度进行思考。有的时候，中小学教师的选题并不是当前课改的热点，而是在教育中长期存在的问题，最新课改政策性文件中也找不到相关的要求。这种情况下，我们可以着重思考研究主题本身在教育提质、教师成长、学生发展等方面所具有的重要性。比如某幼儿园在设计关于"意志品质的培养策略"课题时，就着重从意志品质在幼儿全面发展中的作用来思考该研究的必要性；某小学在设计关于"校本教研途径"时，就从校本教研对教师个人及教师团队专业发展的促进作用来思考这一研究的重要性。

如果是学科教学方面的研究，各个学科的课程标准为研究选题提供了重要参考。大家都知道，课程标准是开展学科教学的纲领性文件，依标教学是任何学科教学都不可违背的要求。进行研究设计时，反复阅读课标内容，准确把握课标要求，在统观课标的视角下审视所选的课题，能提高选题的站位，进一步深化对选题的认识。笔者在设计"阅读教学中的价值引导策略"的选题意义时，就从语文课程标准的研究出发，分析价值引导与发展学生语文学科核心素养的相关性，讨论价值引导在语文学科教育中落实"立德树人"根本任务中的重要性，从而充分体现这一研究在学科育人中的价值。

二、选题的紧迫性

选题的紧迫性指的是在阐述选题缘由时，要充分考虑到所要研究的主题在教育教学实践中表现出来的问题以及这种问题可能导致的不良影响。如果说选题的必要性着重体现的是教育"应然性"方面的价值，那么紧迫性则着重体现其教育"实然性"方面的问题。一个具有研究必要的主题，如果在实践层面的现实表现完全符合其应然要求，可以不予研究，因为这个主题在实然状态没有问题；退一步而言，即便在实践层面的现实表现存在一定的问题，但是问题并不大或者这些问题并不会造成什么不良的影响，也可以暂时不予研究，至少与有更大问题或可能造成更大不良影响的主题相比，这个问题可以在解决大问题、消除大影响之后再研究。所以，在选题缘由部分，就要分析其在实践中的问题表现以及在实践层面可能造成的不良影响，以突出开展研究的紧迫性。比如，在对"作业设计研究"的选题缘由进行分析时，就要追问当前中小学生作业方面是否存在问题，如果没有问题，则不必研究，如果问题不大或对学生发展没有严重影响，也可以暂时不研究，但是，如果初步的调查发现学生作业的实然情况存在普遍的大问题，已经对学生的健康成长和全面发展产生了严重的影响，那么这方面的研究就势在必行了。

讨论选题的紧迫性时，如果能与前面"必要性"强调的相关要求对应起来分析，使"实然"问题与"应然"要求之间形成鲜明的对比，从而突出两者之间存在的矛盾，则更能突出选题的紧迫性。比如，笔者在体现研究阅读教学中价值引导的紧迫性时，就分析了阅读教学实践中学生价值曲解的普遍性、教师价值引导的失范性以及这些问题对发展学生语文素养及价值认知的影响，与必要性部分强调的语文学科育人功能之间形成对比，突出了教学实践没有能够很好地体现课标要求的现实问题。同样地，研究"幼儿意志品质"的课题组，在进行选题意义分析时，也是立足于对当前幼儿意志品质发展不如人意的表现以及幼儿园保教实践层面对幼儿意志品质发展没有足够重视的现象进行分析，从而与前文中指出的意志品质在幼儿终身发展与全面发展中的重要性形成对比，突出了开展此项研究的紧迫性。

三、选题的基础性

这里的基础性着重指课题组开展所选研究所具备的实践基础及其他可行性条件，因此也可以称之为选题的可行性。对选题基础性的分析，也可以从多个方面着手。首先是具备的实践基础，即对于所选择的问题，课题组可能在实践中已经开展了初步的研究，对其有一定的认识和了解，甚至尝试着提出了解决问题的方法或对策，只是这些研究还停留在较浅层次，对问题本质的分析还有待深入，提出的方法或对策可能还不成体系等；即便前期没有开展实质性研究，但对此比较关注，在这种情况下选出的问题，研究也具备一定的实践基础。这也是在选题阶段强调一线教师要重视研究的连续性和发展性的原因。

其次是具备的环境条件。任何研究，都是在一定条件下开展的，条件越充足、便利，越能更快进入实质性研究并取得优质的成果。在分析选题意义时讨论的环境和条件，不是从通常意义上而言的，而是针对所选问题而言的，或许从通常意义上看不具备良好的研究条件，但是恰好能满足该选题的研究，就是好条件。比如，有位从事特殊教育的教师要想研究"唐氏综合征儿童的识字指导方法"，如果其工作环境中有唐氏综合征儿童（哪怕只有一个），这项研究就可以开展下去。相反，如果教育教学设施设备都很先进，也有一个教学经验丰富的教师团队，但是找不到唐氏综合征儿童作为样本，这项研究也不可能得以真正实施。再比如，在大数据背景下开展中小学生学业负担现状的调研，如果研究团队没有获取大数据的资源，没有搜集大数据的设备，没有分析大数据的软件，研究就得不到大数据的支撑，调查的样本就会相当有限，获得的数据就可能失去其代表性，大数据背景也就成了虚设。所以，分析研究的可行性时，一定要根据选题的特殊性来讨论是否具备可行的条件。

最后，研究团队的素养也是进行基础性分析时应该考虑的因素。任何研究都是由人执行的，人的因素决定研究的高度和深度。研究队伍组建得越科学、合理，研究的人力基础就越强。分析队伍组建情况要着重考虑成员的教育教学理论基础、学科专业知识、教育教学经验、教育科研经验等方面的情况，如果每个成员都具备以上四个方面的素养就是最理想的团队。中小学教师组建的研究团队很难同时满足这样的条件，但是得保证团队中至少有一名成员具备某一方面的素养，否则研究难以深入开展下去。比如，在大数据背景下的研究，假如没有一位成员懂得搜集、整理并分析大数据，该如何开展这样的研究？再比如，开展"高中教育特色化发展"的讨论，却没有从事高中教育研究或实践工作的成员参与，研究岂不是空中楼阁？又或者开展"小学英语课堂教学"的创新研究，参与人员全都是非英语专业的教师或其他学段的英语教师，研究如何能够体现学科特点或学段特点？所以，在进行条件分析时，要尽可能将四个方面的素养都考虑到，并尽可能地弥补其中的不足，比如，研究成员的理论基础都比较薄弱，可以邀请区县教研员参与研究，或者主动向其请教，甚至可以聘请其作为研究的指导专家。

如果申报各级教育科研立项课题，申报书或论证活页中有独立的板块用来介绍研究的可行性，其中的陈述要点也大致包括了上述内容，那么，在介绍选题缘由时可以不涉及选题的基础性或只作简略性介绍。

第二节　W2：研究价值

设计中的第二个"W"即"worth"（价值），这里特指研究价值。在设计中，要讨论开展某项研究具有的价值，也就是分析开展这项研究的意义。很多中小学教师会把研究意义与研究主题的意义混淆，认为讨论研究意义即讨论研究主题的作用。比如：有位教师打算研究"柯尔文手势在培养小学生乐感中的应用研究"，在讨论研究意义时就反复强调三点：柯尔文手势的价值、乐感在小学生音乐核心素养发展中的地位和作用、柯尔文手势在培养小学生乐感中的作用。不可否认，进行研究设计时，肯定要分析柯尔文手势及乐感各自的意义及相互间的联系，但是，这些分析应当在选题缘由的第一部分体现出来，也就是说这种分析属于研究必要性的讨论（如果两者的联系还有待进一步研究，那么，这种分析就应该在研究内容部分进行讨论），因为这些关于意义的讨论是属于对研究主题的本体性认识，而不是对研究本身具有的价值性所进行的分析。所以讨论研究意义一定要着眼于研究本身，不能脱离研究而讨论主题，否则，无论是文字还是内容，都不可避免地与选题意义产生雷同。

那么，到底什么是研究意义或研究价值呢？有人认为：讨论研究的价值或意义就是从理论和实践两个层面分析该项研究能够产生哪些效益或好处。在这个层面上，"价值"与"意义"两个词语可以通用。但也有人对这种说法持否认观点，认为研究意义和研究价值是不同的两个概念，具有不同的定义，具体体现为：价值是按照普适性的标准对某一研究及成果产生的实际效益所进行的判断，即对研究及预期成果能否给相关人员或相关领域带来实际好处所作出的预判，其产生的效益越大、好处越多，其所具有的价值就越大，反之则小，因此，一项研究，其价值大小可能会因人、因时、因境而产生不同的变化；研究意义则强调研究及预期成果在相关领域或某些方面产生的影响，如果产生正向影响，就会有积极意义，如果产生负向影响，就会有消极意义，如果没有产生影响，也就不会有任何意义，研究意义大小由研究的预期成果决定，研究成果一旦确定，研究的意义也就定了，研究意义及其大小是纯客观的存在，是相对于研究成果在研究领域中的地位与作用而言的，因此不会因人、因时、因境而发生变化。综合以上两种观点，不难发现两者有相通之处，只不过后者对意义与价值作了更严格、更细致的分析，研究意义讨论的是研究在相关领域中的作用，这是理论层面的探讨；研究价值讨论的是研究所产生的实际效益，这是实践层面的分析。事实上，只要明确了两者之间的关系，在进行研究设计时，"意义"与"价值"是可以通用的，不必过分强调意义用于理论层面而价值用于实践层面。

一、理论意义

理论意义指的是研究在理论层面即学术领域具有的价值。很多中小学教师一看到"理论"两个字就产生强烈的畏难情绪，认为自己本身的理论水平不高，学术素养不高，探讨的又只是自己教育教学实践中的问题，所以开展的研究不可能具有什么理论意义。这是对理论及理论意义的认识偏见。要转变这种不正确的认识，就要先弄清楚什么是"理论"。理论具有广义和狭义之分。从狭义的角度来看，理论指的是"关于自然界和社会的知识的有系统的结论"。在这一定义中，系统性是理论的重要特征，也就是一种理论肯定包含若干相互联系、相互制约的因素或观点，从而形成一个有结构的系统。我们耳熟能详的教育学理论莫不如此。而广义的理论可以理解为"人们关于客观世界的正确理解"，在这一定义中，"正确性"是最核心的特点。教育科研中通常从广义的角度来讨论研究的理论意义，也就是说，只要确保研究及其成果具有正确性，就可以在理论层面讨论其意义。比如，在"当前中小学生作业负担现状"的调查研究中，只要能真实地反映中小学生的作业负担状况，就是一种理论贡献；如果在此基础上还能深入分析导致学生作业负担的内外原因，其理论贡献又有所发展；当然，如果能进而提出减轻学生作业负担的具体措施，则形成了一个"问题—原因—对策"的理论闭环。

研究的理论性意义首先表现为研究中是否有理论性探讨，即是否以正确认识客观世界为指导开展研究。中小学教师开展教育科研，就是在自己的教育教学领域中，经过长期观察所研究的现象，进行由表及里的深入分析，经过去伪存真的探讨，进而对其本质进行归纳、总结以达到对其进行准确的认识或解释，甚至在此基础上提出解决问题的措施和方法。很显然这是一种具有理论性探索的活动。分析某项研究的理论意义时，可以指出该研究将开展哪些层面的理论探讨，以明确研究的理论发展方向。比如，一项关于"双减背景下初中政治课程实践性作业设计"的研究，在进行理论意义的分析时，就要明确提出"这项研究将从初中政治学科实践性作业的本体特点、设计框架、设计结果等方面进行理论探讨"。

研究的理论性意义还表现为这些理论性活动对所研究领域的发展具有推动作用，也就是该研究及成果能在一定程度上丰富该领域当前的研究及成果，或者能在一定程度上弥补该领域当前研究中存在的不足，这就意味着该项研究既建立在已有研究的基础上，同时又对已有研究有所发展或突破。以"阅读教学中的价值引导模式研究"为例，该项研究以阅读教学研究为基础，研究中对阅读教学中价值曲解的分析及价值引导模式的建构则是对传统阅读教学研究的发展，对语文阅读教学领域而言，就具有较强的理论价值。值得一提的是，笔者在审阅很多中小学教师撰写的研究设计时发现：很多设计不仅指出该研究对当前研究领域是一种突破，更是明确表示这种突破具有"填补空白"的价值，即文本中直接表述为"将弥补……方面的研究空白"。在深入调查后发现，出现这种情况有三个方面的原因：一是与部分教师对研究本身的认识有关，由于文献把握不足，他们认为自己将要开展的研究是已有研究还未涉足的；二是部分教师对"研究空白"的理解不到位，他们不善于用联系的观点处理自己的研究与已有研究之间的关系，把已有研究中留下的可研究空间当作"研究空白"；三是部分教师认为使用"填补空白"这种表述方式更能突出研究的创新价值，更能吸引课题评审专家，这是主观上的刻意之举，殊不知适得其反。中小学教师用"填补空白"来分析研究意义大都是一种夸张的说法，因此在研究设计时要尽量避免。还是以"阅读教学中的价值引导模式研究"为例，尽管进行研究设计时，还查不到阅读教学中的价值引导模式方面的研究文献，但是，关于教学模式的研究已经在学术界有统一的定义，这就为建构价值引导模式提供了理论研究的框架，另一方面，关于阅读教学的研究文献也很多，其中不乏阅读指导路径与指导要求方面的成果，这些研究虽然没有直接指向价值引导，但是也能为研究价值引导提供一定的参考，因此，这一课题只能说能够丰富阅读教学领域的研究成果，却万万不能说填补关于价值引导的空白，因为这一研究不是凭空架构的，不是空中楼阁，而是有着坚实的研究基础的，只不过这一研究的切入点具有新颖性罢了。

二、实践意义

实践意义指的是研究及预期成果可能在实践层面产生的影响，也就是对实践中的相关群体、相关工作等产生的促进或推动作用。实践意义由理论成果引起，其价值量的大小则决定于所作用的对象。

对于中小学教师开展的教育科学而言，实践价值集中体现在能够推动教师的专业发展。很多教师开展的研究关注的是教育教学实践中的问题，经过研究，准确分析了这些问题的性质及影响因素，能够帮助一线教师正确认识问题，从而改变或者发展教师的认知结构；研究提出的问题解决策略，也可能为一线教师提供具有可操作性的教育教学支架，从而提高教育教学的针对性和有效性。比如，涪陵一中通过开展"'四环一线'课堂教学规范"的研究，结合学校生源及学校教师的实际情况，明确提出了课堂教学各环节的具体要求，对本校教师的课堂教学具有很强的指导作用，学校教师也基于"四环一线"的教学要求，按照课堂教学规范开展教学、教研活动，课堂教学的设计能力和实施能力都有所提高，这种提高从区域内的赛课成绩、学生的学业水平等方面都能明显地体现出来。

实践价值也体现在对学生发展具有促进作用上。随着教师专业水平的提高，其教育教学能力作用于学生，学生的发展也必然受到影响。实践价值对学生发展的直接作用，更多的是基于学生方面的研究而言的。教师关注学生的发展，探讨学生在发展中存在的问题，进而提出帮助学生发展的措施，如果这些措施被有效运用于教育教学实践，就会促进学生的发展。比如：某幼儿园开展的"幼儿自理能力提升策略研究"，探讨了幼儿自理能力涉及的范围、幼儿自理能力所能达到的发展目标、能够促进幼儿自理能力发展的途径和方法等。开展这项研究的幼儿园非常重视幼儿自理能力的培养，积极地将研究成果运用到教育实践中，在幼儿园环境的熏陶及教师有意识引导下，该园幼儿的自理能力得到了很好的发展，普遍高于区域内同类幼儿园幼儿的自理能力。

实践价值同样可能体现在对学校发展的推动作用上。中小学教师开展的研究绝大部分都着眼于学校范畴，预期研究成果都能在一定程度上解决学校层面的问题，成果应用将推动学校某方面或多方面的发展。如同前文提到的"'四环一线'课堂教学常规"的研究，就对学校教学质量提升有促进作用。涪陵十四中建构的"'五三一'课堂教学模式"以其实效性使该校成为区域内的课改典型，该模式也成为学校发展的一张名片。

实践价值还可能体现在对社会方面产生的影响上。教育科学研究的是教育现象，教育现象本身是社会现象的一部分，也可能是其他社会现象在教育领域中的折射，所以，教育科学研究的实践价值同样可以对社会产生某种影响。当然，中小学教师开展的教育科学研究，更多的影响还是集中于教育领域。

第三节　W3：研究什么

设计中的第三个"W"即"what"（研究什么）。关于"研究什么"的讨论，可以分为广义和狭义两个方面，狭义上仅仅指"研究目标与内容"（有的甚至认为只包括"研究内容"），广义上还包括核心概念界定、理论基础、国内外相关研究现状述评等内容，甚至还包括研究的假设与创新，从这个角度上看，把"what"解释为"研究是什么"好像更合适。从研究设计的完整性而言，这里从广义层面来进行讨论，"国内外相关研究现状述评"将在第四章第一节"文献研究法"中作详细介绍，这里不赘述。

一、核心概念界定

（一）什么是核心概念

核心概念通常指一项研究中居于核心地位的概念，包括研究中特定概念、借用概念等需要特别说明的概念。一项研究通常有 2~3 个核心概念，这些概念被冠之以"核心"，可见其在研究中的地位，通常来说，核心概念不仅集中体现了一项研究的具体研究点，更体现了该项研究的独特性，是一项研究最"核心"的体现。

好的课题名称要能突出体现课题研究的重心，所以其中往往就包含了该项研究的核心概念。比如：从"家校共育视角下中小学生心理健康教育路径研究"这一课题名称中可以看出，该项研究涉及的学科是心理健康教育，研究切入点（即研究视角）既不是单一的学校教育或家庭教育，也不是学校教育与家庭教育的全部内容，而是"家校共育"，研究重心不是探讨教育内容或方式，而是教育"路径"，因此，该项研究的核心概念必然包括"家校共育""心理健康教育""教育路径"。事实上，课题名称中的每一个概念都在一定程度上对课题研究有一定的限定性作用，比如，"家校共育视角下中小学生心理健康教育路径研究"中的"中小学生"这一概念，就明确地对研究对象进行了限定——只研究中小学生，其他学生群体不在研究范围内，但是，这类大众皆明了的常识性概念通常不作为核心概念。另一方面，核心概念并不是都体现在课题名称中，有时候，课题名称中虽然没有直接体现出来，但是，该概念在整个研究中却占有重要的地位，比如"指向价值引导的语文阅读教学模式研究"这一课题名称，从中可以确定"价值引导""教学模式"是该项研究的核心概念，但是，该项研究的"价值引导"却有一定的限定性或针对性，并不是泛指所有情形中的价值引导，而是专门针对阅读教学中学生可能出现的"价值曲解"而言的，"价值曲解"是整个研究得以开展的基础，不搞清楚"价值曲解"的内涵，价值引导便失去依据，教学模式便没有建构的基础，所以，这一项研究的核心概念也必然包括"价值曲解"。

（二）为什么要界定核心概念

界定即给概念下定义，对概念进行解释。在进行研究设计时，之所以要给核心概念下定义，既有概念方面的原因，也有研究者方面的原因。

1. 概念方面

一项研究中，有的概念具有某种特定性，也就是说，这类概念并不具有通识性的意义，它只存在于特定的研究场合或特定研究环境，离开特定场合或环境，这一概念可能并不会存在。这样的概念，如果不解释清楚，就很可能不为大众所了解，比如："儿童'潜声音'的教育价值研究"中的"潜声音"就是一个具有特定意义的概念，它只存在于课题组的研究环境，如果课题组不解释，人们便难以准确地把握这一概念的真正含义；同样，"夹心层幼儿"也只存在于"夹心层幼儿数概念发展指导策略研究"这一研究中，如果不是受这项研究的影响，可能根本就不会在其他场合用到它，即便用到，其含义也很可能不一样。

也有一些概念，虽然并不具有特定性，但是具有很强的学科性和专业性，也需要进行科学的解释才能为大众所了解，比如："中小学 OMO 混合教学模式建构与应用研究"中的"OMO 混合教学模式"，"'双减'背景下课后延时服务质量提升研究"中的"课后延时服务"。

还有的概念，随着社会的发展与变化，在新时代背景下具有更丰富的内涵或全新的要求，这样的概念也需要进行解释，突出概念的发展变化，比如"中小学劳动教育课程一体化设计与实践研究"中的"劳动教育"，《中共中央 国务院关于全面加强新时代大中小学劳动教育的意见》就赋予了新时代劳动教育新的要求。

除此之外，有的概念具有多重含义，但是研究本身并不全部涉及而只是关注了其中的一部分，这就需要作出明确的说明。比如，"价值"一词的含义按其作用领域的不同可以分为经济价值、政治价值和文化价值等多个方面，根据其作用事物类型的不同，又可分为真假感、善恶感和美丑感等类别，那么一项研究中的"价值"到底指哪一方面或哪种类别，就必须清楚地说明。

2. 研究者方面

从研究者这一角度来说，进行核心概念的界定是为了让自己对概念有更深刻的认识以及对研究有更准确的把握。笔者审阅了很多中小学教师所界定的核心概念，发现一部分教师对课题研究中的概念并没有真正理解，比如，一项关于"教育治理现代化"的研究，在概念界定时就把"教育治理现代化"等同于"教育现代化"，甚至直接以《中国教育现代化 2035》作为下定义的依据。有的时候，单看核心概念界定部分，从文字上看是把概念解释清楚了，但是从整个设计来看还是没能真正把握概念的内涵，例如：笔者调查了几项关于小学教学模式的研究，在"核心概念界定"部分都明确地指出教学模式包括"理论基础、教学目标、操作程序、实现条件、教学评价"等五个要素，但是整个研究设计中并没有体现对这五个要素的关注，大部分研究只关注了"操作程序"这一要素，但是却没有理论基础作为支撑，对教学目标的设计更是茫然，有的教师甚至告诉笔者"教学目标因教学内容而定"。由此可见，这部分教师根本没有理解所解释的概念，准确地说，是没有真正了解界定核心概念的意义，在这种情况下做出的设计很大可能会影响研究的深入性。

（三）界定核心概念的步骤

一些中小学教师在思想上和行动上都不重视核心概念的界定工作，认为核心概念界定不过是研究设计中的一个并不重要的板块，没有这个板块，也不会影响整个设计的完整性，这个板块是可有可无的。因此，很多不做课题申报的研究设计往往省略掉这一部分。这种省略并不仅仅体现为文本上缺失，而是在整个研究设计过程中，研究团队都不会深入思考相关概念的真正内涵。比如，笔者看到一个"'深度学习'理念下的初中数学学习活动设计研究"的研究设计就缺失了核心概念的界定，跟课题组交流后发现没有一个人能把研究中的"深度学习"说清楚，之所以选择这项课题，只是区域内正在开展"深度学习"项目建设，觉得这个词很有新意而已。可以想象，这样的研究是否能在实践中深入下去。事实上，即便是立项申报的课题，一些课题组对核心概念的界定也没有给予真正的重视，他们往往是为了符合管理部门在文本方面的要求不得不在设计中体现这一板块而已，仔细看就会发现，有的课题组给概念所下的定义完全是敷衍了事。比如，一项关于"小学生课堂应答指导策略"的研究中，将"完整的语言"作为核心概念进行界定，所给出的定义为"表达顺畅、不缺成分"，再没有任何解释或说明，可见下定义的随意性之大，同时，该项课题的核心概念"应答"却完全被忽视了。导致这种现象的原因是多方面的，比如有的课题管理部门在一定程度上对核心概念界定的科学性没有提出严格的要求，评审时也没有将这一板块作为通过与否的硬性指标，从而给了课题组一定的心理暗示——这一板块是有随意性的。从"小学生课堂应答指导策略"能够通过立项审核就可见一斑，该研究设计中既没有对最核心的概念"应答"进行界定，也没有对所界定的概念"完整的语言"做出科学的解释。当然，导致这种现象的最根本的原因还在于课题组不知道如何界定，归根结底还是课题组的教育科研素养不足。笔者在调查中也发现，很多中小学教师总是倾向于用日常生活中的语言来解释核心概念，往往用了很多文字还不得要领，如果要求其对概念进行学术性界定，他们虽然对优秀的研究设计中做出的科学界定十分肯定，同时又明确表示"这个要求太难""完全不知道如何下手"或者"我没有这个能力，因为我对这个概念并不是很了解"。有的中小学教师甚至认为："我没有经过专业的培训和学习，教育科研不需要对概念进行科学性的解释，只要自己知道这个概念是什么意思就可以了。"事实上，界定核心概念既是一个专业活（要用专业性的科学语言来解释概念的含义），也是一个体力活（必须花时间、花精力才能完成），更是一个技术活（要学会如何用最少的时间、最少的精力把概念解释得更专业、更科学）。刚刚开始从事教育科研的教师，不妨按照以下步骤来进行核心概念的界定。

第一步：尝试解释。

要给概念下一个准确的定义，首先要进行"扪心自问"：在我的研究中这个概念是什么意思？与之相关的概念可能有哪些？它们有哪些异同之处？如果我来下一个定义（即便是用日常生活语言），将从哪些方面来界定它的内涵？比如，上文提到的关于"初中数学学习活动设计研究"中，研究中提出的"学习活动"到底指的是什么？这个概念与"教学活动"的联系与区别在哪里？能否用自己的语言尝试解释这个概念的含义？

第二步：查阅文献。

查阅文献对理解核心概念的含义有着十分重要的作用，查阅文献的过程，就是对概念理解逐渐深入的过程。我们可以从文献中查证概念的常规性定义。常规定义是界定核心概念的重要参照，一个概念尤其是一个学术性概念，如果学术界已经对这个概念的含义做出了科学的界定并取得了一致的认识，那么这个定义就是相对稳定的，除非有重大的突破性发展，否则对该概念的解释就是既定不变的。对照常规定义与"自我审问"阶段所下的定义，就很可能会发现两者之间的差异性，前者的内涵可能更丰富、更全面，比如，很多教师喜欢用"模式"这一概念，在他们的理解中，只要有措施有行动就能称之为一种模式，查找文献却发现任何模式都有一系列的相互联系又相互制约的要素，研究"模式"必然要对这些要素进行一一讨论，而不是之前设想的各种互不相关的措施的堆积，有了关于模式这个概念的全面认识，就要对先前概念的界定进行修正，否则，就需要更换研究中的核心概念。

第三步：分析文献。

有时候，随着深入查阅文献，就会发现有的概念在不同的文献中有不同的定义，这些定义可能从不同的角度对概念进行了不同的解释：有的互为补充从而使概念的内涵更加丰富；有的是相互包含的关系，"你"中有"我""我"中有"你"；有的却相互冲突，从而呈现出完全不同的观点。这种情况下，就要结合研究设计的本意，从文献中准确提取概念的核心内涵，尤其是当出现完全不同观点的两种解释时，更要理智地分析、准确地判断。

第四步：界定概念。

当全面了解一个概念在文献中有哪些含义并经过科学判断有所取舍之后，就可以给概念下一个既符合常规性又符合研究意图的定义了。下定义时，要尽可能地摆脱日常语言的束缚，尝试按照文献中下定义的语言及标准对概念进行解释，既要做到准确性，又要体现学术性；既要做到科学性，又要尽可能体现艺术性。

（四）界定核心概念的方法

界定核心概念可以采取以下几种方法。

一是引用法。如前所述，一个成熟的概念其定义通常具有常规性和稳定性。中小学教师开展的教育科研所涉及的概念大多数都是成熟的概念，也就是在学术界已经取得统一认识的概念。解释这样的概念，可以直接引用文献中的含义。比如伴随着现代信息技术及互联网发展的"翻转课堂""慕课（MOOC）"等概念，其内涵无论在哪一种文献中都具有一致性，这样的概念，切不可随意更改其含义，否则便会失去概念本身的特点。

二是组合法。如果查到的文献中发现一个概念具有多个相互联系或相互补充的解释，而这些解释又恰好能体现概念在研究中的含义，那么就可以把这些含义组合起来，从而给出一个内涵更大的定义。有人将这种方法称为串珠法，以概念的本质为线将概念的多个要素之珠串成一个整体；也有人将这种方法比作口袋法，好像用一个口袋将概念的多种定义装在一起从而形成一个整体。

三是限定法。这种方法适合于概念在研究中的要素少于常规性定义的时候。采用这种方法解释核心概念，通常在引用文献定义之后明确指出本研究只包括常规性定义中的哪些要素或不包括哪些要素。比如，一项关于教学模式建构的研究在界定核心概念时，在引用"教学模式"的常规定义后指出"因本研究的教学模式尚在建构阶段，因此不包括'模式评价'这一要素"。

四是取舍法。遇到同一概念具有不同解释而所要开展的研究并不包括所有的解释的情况，可以将这些定义列举出来，然后明确表示本研究中的概念所选择的定义范围。比如关于"课程"这一概念，文献中通常有"大课程小教学（即教学是课程的实施）""大教学小课程（即课程是教学的内容）"两种解释倾向，而两种倾向都是具有常规性的定义。任何一项关于"课程"的研究都不可能同时包含两种解释，这就需要根据研究的实际情况进行取舍了，如果研究只限于教学的内容，那么就要选择"大教学小课程"的定义，否则，选择"大课程小教学"的定义更合适。

五是自定义法。有的时候，课题组提出的概念具有特定性或"独创性"，这样的概念在已有文献中难以查到，只能由自己给出一个准确的、科学的解释。比如前文提到的"潜声音""夹心层幼儿"等便是如此。有时也会出现这样的情况：虽然概念不是"独创"的，但是已有文献中并没有给出明确的解释，或者已有解释并不完全符合研究中的含义。这种情况也需要采用自定义的方法才能准确地体现概念的内涵。比如笔者最初设计"阅读教学中的价值引导策略研究"时，"价值曲解"和"价值引导"都没有查到明确的解释，也就只能自定义了。

概念界定有法但无定法。以上方法可以单独使用，也可以联合使用，比如笔者在解释"价值曲解"时，虽然整体上看是一种自定义，但是也对"价值""曲解""认知曲解"等概念的含义进行了组合或融合（结合法），在界定"价值"的内涵时又明确限定了研究中"价值"的范围（限定法）。所以，如何解释一个核心概念，要视具体情况而定。

（五）界定核心概念的要求

研究设计中界定核心概念的主要目的是准确把握概念的内涵，为研究奠定坚实的基础，所以，核心概念的界定必须具有科学性，也就是要尽量用科学的语言把概念在研究中的定义准确地阐述出来。这里包含了以下三个方面的要求。

一是要用科学的语言来界定概念。这里的科学语言只是相对于日常的口头用语或生活用语而言的。教育科研本身是具有学术性的活动，在解释核心概念尤其是具有专业性的概念时应当尽量使用科学语言或者说使用规范的学术语言，使概念的含义符合规范的学术要求。比如，"习惯"这一概念的界定就应当使用心理学中的定义，"深度学习"这一概念的界定就应当使用教育学中的定义，这样才符合其学术要求。

二是概念的定义要符合其在研究中的规定性。这种要求主要是针对一些特定概念、借用概念而言的，这些概念的含义与组成这个概念的各个文字具有某些联系，常规意义上的理解应该是每个文字含义的组合，但是在研究中的具体含义却不完全是或根本不是常规理解的意思，而是具有某种特殊的含义。在解释具有多重含义的概念时也要符合概念解释的这一要求，即要明确说明概念在研究中的具体含义。

　　三是概念解释必须准确。应该说，这是对核心概念界定的最起码要求，无论解释什么概念，也无论怎么解释概念，一定要把概念的含义解释正确，内容上不能发生知识性错误，同时也没有语法方面的错误。笔者曾看到过在研究设计中出现错误解释概念的情况，比如有位教师就用"惩罚"的含义来解释"负强化"。另一方面，中小学教师在解释概念时存在语法错误的情况也是比较常见的，尤其是在使用组合法解释概念时更容易出现语义重复、句式杂糅、成分残缺等多种语法问题。另外，有的教师可能会认为：既然可以采用自定义的方法来解释核心概念，那么概念的含义就可以"由我做主"，想怎么解释就怎么解释。必须指出的是，虽然"自定义"也是一种界定概念的方法，但是，再自我的定义也必须给出一个在科学和常识中正确的、合理的解释，绝不是可以"胡言乱语"，否则，就失去了研究本身的严谨性。

　　另外，在界定核心概念时还应当做到语言简练，解释清楚概念在研究中的含义即可，如非必要，不必对概念的起源、发展、变革等过程进行详尽的介绍，从而将概念在研究中的含义淹没在大段大段的文字之中。笔者曾看到一项研究设计中的概念界定，引经据典地用了 1 000 余个汉字，文言文与白话文杂糅，只有最后不到 100 个汉字明确了这个概念在研究中的含义。这样的概念界定，看起来有文献基础、有学术功底，但读起来却难得要领。

二、理论基础与依据

（一）教育科研为什么需要理论基础

　　如同理论意义一样，很多中小学教师一看到"理论"两个字就从心理上开始拒绝，从而在行为上尽可能地回避。很多教师直言：中小学教师开展教科研大多数都是基于实践、基于行动，是对实践问题的分析，是对实践经验的总结，因此，与理论相去甚远。言下之意就是中小学教师的教育科研不需要理论基础也是可行的。这样的认识有一半是正确的。确实，中小学教师的研究是基于教育教学实践中的具体行动而开展的，但是，持有这种观点的教师并没有意识到经验可能存在的错误性。我们必须承认：有时候基于实践得到的经验表面看起来是正确的，本质上却是错误的，就像"太阳围着地球转"的经验一样，在以地球为参照物的时候，太阳是围绕地球转的，但是放到更大的天体系统中就会发现其实不然。所以，为了避免经验中不正确因素的干扰，教育科研必须建立在科学理论的基础之上。另一方面，持有这种观点的教师还没有认识到理论对实践的指导作用，不知道实践性的研究如果没有理论的加持和支撑，对问题的分析往往流于表面现象，难以深入把握问题的实质，提出的与必然性问题解决措施也往往止于对已有经验的总结，难以深入分析经验所具有的偶然性与必然性，更难以把握经验性行为产生效果的内在原因，即便是有效的经验在迁移和推广方面也会受到很大的影响。

可以说，没有理论的分析只是经验的描述或主观的判断，对新情景的解释或预判都具有不确定性。只有基于理论的分析才更具科学性，对结果更具预判性，采用的措施才能对结果进行有效干预。打个比方，俗话常说的"灯下黑"所描述的物理现象，即在没有其他照明的情况下，如果只有一盏油灯，那么油灯的正下方不仅不如四方明亮，反而会显得一团漆黑。这种描述可以说是一种经验性的总结，从这一经验出发就可以准确地推断：只要外在条件不发生变化，处于灯下的位置必然是最黑的。这一经验对人的行为所产生的影响便是：如果要看清东西，就不要将其置于油灯的正下方；如果正处于油灯的正下方，则要移动或改变物质的位置或灯的位置；相反，如果不想让某物体被人看见，那么可以将其放于灯下的位置。由此观之，经验是很有价值的，可以对人的行为起到一定的指导作用，在经验的指导下，人也可以少犯一些错误或少走一些弯路。但是，没有理论的支持，经验的作用就会在很大程度上受到限制。如果用"光是沿着直线传播的"这一理论来分析、解释"灯下黑"，那么这一经验就可以得到更大范围的迁移和运用，人们可以根据光源所在位置及物体处在位置的关系来判断物体的明暗程度，甚至可以采取一些措施改变"灯下黑"这一现象使"灯下不再黑"，比如手术室的无影灯就是充分利用了"光沿直线传播"的原理，通过多个光源的照射制造 360°无死角的光亮，使手术不必受到光源位置的影响。从这个例子可以看出：理论对实践的指导及影响远远大于经验。同理，中小学教师开展的教育科研大多是基于实践的，如果把研究建立在一定的理论基础上，对实践现象的认识将更加深刻，提出的作用于现象的措施也将更加有效。

需要注意的是，这里的理论基础不是指研究将要建立的理论或研究预期所要取得的理论性成果，而是指用来分析问题或现象的理论，这种理论是前人所提出的并经过实践验证具有科学性的理性观念。很多中小学教师在撰写理论基础时往往搞不清理论基础与理论成果的区别，认为两者具有同一性。其实，从这两个词组的结构也可以看出它们的含义是有很大区别的：两个词组都是偏正式结构，"理论基础"强调的是"基础"性，表明这里的理论是先于研究存在的，是研究得以深入开展的前提（基础），而能作为基础性的理论必然在学术层面是科学的并得到推崇的；"理论成果"强调的则是"成果"性，取得成果是一项研究所追求的，这样的成果具有理论性，必须通过研究以后才能取得，因此，它不可能先在于研究，只能在研究中或研究后才可能形成。理论基础中的理论具有他属性（即属于理论的提出者），而理论成果中的理论具有己属性（即属于参与研究的教师个人或团体）。

（二）选择理论基础的原则

俗话说：工欲善其事，必先利其器。在教育科研中，理论基础就如同分析教育教学问题并提出问题解决策略的理性工具。选好理论基础，有利于研究的有效开展。笔者认为，对一项研究而言，好的理论基础应同时满足以下三个要求。

一是正确性。教育科研是一项非常严谨的工作，正确性是整个科研工作的基本属性之一，凡是与研究相关的要素都必须尊崇这一属性，选择理论基础也不例外。所以，教师所选择的用来指导研究的理论必须是得到学术界认可并经过实践检验是正确的。为此，教师要对拟选择的理论基础进行全面深入的了解，以确定其真伪性。因为一些理论在提出之初虽然得到普遍认可，但随着科学发展其弊端或不足也暴露得越来越多，其性质也被重新认定；另外，对最新提出的理论或当前还存在争论的理论也要慎重对待，因为被争论的理论或还没有形成定论的观点其性质往往具有不确定性，如果选择这样的理论作为分析问题的工具，研究结论很可能被其中的错误观点影响而失去价值。

二是适切性。适切性即选择的理论基础一定要适合所要开展的教育科研，能够对教育科研起到真正的指导作用。只有运用适切的理论才能有效地分析问题并提出解决问题的对策。比如：有的教师选用哈克的断层理论来开展幼小衔接的研究就具有很好的适切性。哈克认为幼儿园与小学衔接阶段的儿童通常存在人际关系、学习方式、行为规范、社会结构、期望水平、学习环境等六个方面的断层。如果以此理论为指导，分别从这六个方面提出有效的衔接策略，将有助于推动幼小衔接的有效性。

理论基础的适切性告诉我们：正确的理论在研究中并不是万能理论，可以随意运用于任何研究之中。有的中小学教师认为既然教育科研需要理论基础，那么在研究设计时列出几个具有正确性的理论就可以了，根本没有考虑所选理论与即将开展的研究之间是否具有相关性。教师做出如此选择，其根本原因还是在于没有认识到理论基础在教育科研中的作用，只是因设计文本结构的要求而硬拼凑上没有任何价值的文字。这样的选择也可以预示整个研究过程中理论基础都不会受到重视，更谈不上被用于分析问题与提出对策，其研究的工具性作用自然难以体现出来。比如，如果选择巴甫洛夫的经典条件反射理论作为小学数学课堂教学模式建构的理论基础，显然很难达到理想的效果，因为小学数学课堂教学不是建立在行为训练基础上的，数学学习过程本质上也不是"刺激—反应"的联结。

三是兼容性。在进行研究设计时，可能与研究适切的理论不止一个，这种情况下进行选择时就得考虑理论观点之间是否具有兼容性。"兼容"的本意是"能同时容纳几个方面"。在一项研究设计中，理论基础之间的兼容性就是指所选择的不同理论观点不存在相互冲突的情况。所选理论之间可以是相互联系的，也可以是并列的、互不影响的，虽然不会处于一种相互容纳的关系，但至少其中的观点不应该是恰恰相反或相互矛盾的状态，否则一种理论指导研究应该"往左走"，另一种理论又指导研究应该"往右走"或"原地踏步"，那么研究将无所适从。有位教师在关于"小学生注意力培养策略研究"的设计中就同时选择了过滤器理论和资源分配理论，虽然这两种都是专门研究人的注意机制的理论，都与该选题具有适切性，但是它们之间却不具有兼容性，从这位教师自己对两种理论的描述就可以得出——"过滤器理论将注意过程比喻为一种过滤机制"，而"资源分配理论认为注意力的有限特性不是基于过滤器的机制，而是由于心理操作资源有限所致，注意力的主要机制即资源分配"。这里不讨论两种理论观点的正确性，仅从其主要观点就可以看出，它们对注意的解释是完全不同的，这种不同不是相互补充，而是相互否定，如果同时选择这两种理论作为分析小学生注意力问题的工具，就会得出两种相互矛盾的结论，从而导致研究的自相矛盾。

（三）中小学教师在表述理论基础时可能存在的误区

在研究设计中，要对所选理论的基本观点进行表述，明确该理论与研究之间的相关性，体现该理论对即将开展的研究所具有的指导作用。但是，在实践中，笔者发现很多中小学教师在表述理论基础时存在一些不足，具体表现为以下四种情况。

一是表述过简。有的教师只对理论基础做了极为简略的介绍，没有把所选理论的观点介绍清楚，更有甚者只列出了理论的名称，好像对于理论基础无话可说或不必多说。出现这种情况的原因是多方面的，可能是对理论本身不熟悉，对理论内容了解不多，为避免出现表达错误而在此处故意做省略处理；可能是在思想上对理论基础这一设计要点在研究中的作用认识不够，从而在行为上没有认真对待；也可能是认为参与研究的每一个人对所选理论都非常熟悉，在设计时不必非用文字的形式体现出来；还可能受研究设计论证部分总字数限制（课题申报时一般会对字数做出限定）的影响等。

二是表述过繁。与表述过简相反，有的教师在表述理论基础时，会长篇累牍地详细阐述，甚至对理论形成、发展、成熟、变化等演变历程都作了一一介绍，仿佛是在撰写一篇关于所选理论的科普文。这样的表述虽然详细，却也把理论的核心观点淹没在太过冗长的文字中，不符合研究设计的撰写要求。虽然理论基础表述过简有诸多不足，但也并不意味着越详细越好。

三是表述失重。即没有围绕理论基础的核心观点及其与本研究的相关性来作具体陈述，而把表述重心放在了与核心观点无关紧要的方面或与本研究相关性不大的方面。这种情况在中小学教师表述理论基础时也是比较常见的，虽然从形式上看内容介绍得既不过于简单也不过于复杂，但是实质上却没有体现出理论基础相对于研究而言的重要性。

四是表述错误。虽然这种现象只出现在极少数的研究设计中，却是最不应该出现的问题。仅笔者在中小学教师撰写的理论基础中看到的错误表达就包括写错理论名称（比如把建构主义写成构建主义）、理论与提出者不相符（比如认为杜威提出"社会即学校"、陶行知提出"学校即社会"）、混淆观点（比如将经典条件反射与操作性条件反射混为一谈）等方面。以上情况都是知识性错误，只要加强理论学习就能解决。

（四）表述理论基础的基本要求

理论基础是研究设计的一部分，其表述至少应该符合以下要求。

一是准确性。准确性就是要求把理论基础的相关情况毫无错误地表述出来，只要是在文本中体现出来的内容就要做到全部都是正确的，无论是理论名称、作者名字还是理论观点，都不得出现丝毫的差错。准确性不仅仅是表述理论基础最基本的要求，也是任何文本撰写最起码的要求。

二是规范性。规范性就是要符合研究设计对理论基础这一要点在内容与形式上的表述要求，即用简练的文字把所选理论的具体观点及其与所要开展的研究之间的相关性精确地阐述出来。由此可以看出，理论基础的表述内容只包括理论观点本身、理论与研究的关系两个方面，一方面要把理论的基本观点介绍清楚，让人明白这是一个什么样的理论，另一方面要进一步说明该理论观点与研究之间的内在联系，让人了解为什么这个理论可以支撑这项研究，除此之外不需介绍任何内容。在形式上，理论基础的表述则要求做到简明扼要。这一要求首先强调"明"和"要"，所以要把理论观点及其与研究的相关性介绍放在第一位，不能因为字数要求等就使得观点不明、关系不清，在此基础上再尽量做到简洁，避免将理论观点和关系隐没于大量烦冗的文字之中。

三、研究假设与创新

（一）研究假设

1. 什么是研究假设？

研究假设是研究者在进行研究设计或开展研究工作之前，根据经验事实或科学理论尝试着对所研究问题的规律或原因所做出的一种推测性论断或假定性解释，或预先对研究做出一种设想的、暂定的结论，换言之，研究假设就是研究者对研究问题给出暂定性答案，假定研究问题中相关因素之间存在某种相关性，以及在这种相关性成立的前提下提出如何改变其中一个因素从而影响另一个因素的设想。

从这一定义可以看出，研究假设不是随意而定的，而是要具有一定的依据。提出研究假设通常有两个方面的依据：一种是依据经验事实，即研究者根据自己的经验或所了解到的事实，认为事物间具有某种联系，或某些措施对某一问题具有一定的作用，但是这种联系与作用还未得到进一步的验证，或在已有研究中还没有科学合理的解释或"实锤"性证据，因此只能做出一种猜测性的判断。以经验事实为依据的研究假设通常情况下是一种归纳性判断，中小学教师在研究设计中以这种依据做出研究假设的相对较多。另一种是依据科学理论，即研究者基于对某一科学理论的认识和理解，经过一定的逻辑推理提出与之相关的结论，这种结论可能是对已有理论的发展，也可能是运用已有理论来分析、解释新的现象或解决新的问题。这类研究假设通常情况下是一种演绎性判断。相对于以经验事实为依据而提出的研究假设而言，这类假设更具有可靠性和科学性。

研究假设也不是漫无目的胡思乱想，而是以探索研究问题背后的本质规律为目的的，是根据问题所表现出来的现象及其相关因素的联系所做的思考，进而提出可能解决问题的办法。所以，研究假设通常都是围绕问题而进行的，是以解决问题为目的的。

研究假设还必须具有可验证性。天马行空的假想不能称为假设。假设是一种有待验证的结论，也是一种在一定条件下能够得以验证的判断。教育科学研究中的假设尤其是中小学教师提出的研究假设，更应该建立在当前条件下或研究人员可获得的条件下能够得到验证的基础上，否则假设就失去了意义。有人戏称研究假设是研究成果的"半成品"，至于这个"半成品"最后是成为被抛弃的"废品"还是被典藏的"珍品"，全由验证结论决定。验证形式可以分为两种方式：一是进行理性判断，即基于一定的理论进行演绎性推断，从而确定假设关系的成立，在这种演绎推断中，不能随意增减条件，不能出现逻辑错误，确保每一步推理与结论都具有正确性。二是进行实践验证，即采用实证研究的范式，在一定条件下采取相应措施作用于研究假设中的相关事物，看看两者之间是否会产生预期中的反应或效果。实践验证时要考察清楚问题变化的多种影响因素，科学排除、控制或平衡不相关因素的影响，才能对变化做出正确的判断，以确定假设是否成立。

2. 假设在研究中的作用

研究假设最早用于规范的验证性量化研究之中，随着研究的发展和普及，逐渐在所有研究中得到推广。事实上，任何一项研究在真正开展之前，研究者都会有一定的假设，只不过有的假设被清楚地意识到而有的假设被无意识地忽略了。

研究假设能激发研究人员的研究冲动。研究假设在形式上体现为一种带有明显方向性的想象，这种方向性是否正确，就有待进一步开展实质性的研究来进行验证。人都有很强的求证心理，一旦有了假设，就总希望求得一定的结果，从而尽可能想办法验证其真伪，以获得一种心理或认知上的平衡。因此，研究假设被提出之后就会激发研究者的研究冲动，使其愿意主动开展研究行动并将之保持到得出结论。

研究假设是整个研究的引导线，能为研究指明方向。研究假设的方向一旦确定，就会引导研究者把思考范围集中在所研究的问题上，引导研究沿着既定的方向开展下去，使研究探索的目标更加有的放矢，确保研究过程中不会"跑题""走偏"或"开小差"。

研究假设能保证研究直接指向成果。研究假设是研究者提出的关于事物本质和规律的合乎科学的猜测，是研究者对研究相关问题所给出的尝试性答案。这种猜测和答案是否正确，需要通过研究来得到证明。所以，研究的过程也就是验证假设真伪的过程，研究的目的就是求证假设的真伪从而得到研究成果。只要研究本身是正确的，无论研究结论为"真"还是为"伪"都是具有真正价值的成果，而这个成果从研究假设的提出开始就已经有了一定的规定性，研究只是给这个规定性做出性质上的判断。

除此之外，研究假设还会对研究过程的组织、研究逻辑的架构以及研究方法的选择都产生很大的影响。研究是为了验证假设，研究假设一旦确定，所有研究工作都要为验证假设服务，研究者就要根据研究假设的性质来设计有利于验证假设的方案，选择合适的研究方法，收集可验证的数据，并对现象做出合理的解释。

3. 研究假设的撰写要求

好的研究假设应该符合以下三条要求。

一是要能说明研究中两个或两个以上相关因素之间具有的期望关系。写研究假设时，要明确表示研究涉及哪些因素，再表述清楚在本研究中研究者认为这些因素之间可能存在哪种或哪些具体的关系。比如关于"阅读教学中的价值曲解"的研究中，在研究设计时就可以假设学生在阅读教学过程中产生的价值曲解可能跟什么因素或哪些因素有相关性，这种或这些相关性对价值曲解又产生什么性质的影响。

二是提出的假设关系应该是可以被检验或验证的。研究假设的价值就在于它能引导研究方向并沿着这个方向得到结论，也就是说，一项研究尤其是中小学教师开展的研究，所提出的假设应该在当前具备的条件下可以得到检验，不能被检验的假设将永远停留在一个未知的状态。比如上文提到的"阅读教学中的价值曲解"研究中提出"学生已有的价值认知结构或价值判断趋势可能导致其在阅读过程中出现价值曲解"这一假设，研究人员就可以通过分析学生价值曲解的具体案例来进行验证，如果学生的价值认知结构中存在误区或者学生在进行价值判断时出现逻辑性的错误时会出现价值曲解，就证明假设成立，反之则假设不成立。

三是做到陈述明确而简洁。写研究假设时，其中的观点必须清楚明了，不随意拓宽假设范围，不在表述时含糊其词，避免模棱两可。如果认为多重因素间具有相关性或因素间具有多重关系，需要将这些相关性逐一表示出来，做到不杂糅、不模糊。除此之外，还要尽可能做到简练，只要表述清楚研究中因素间具有的相关性以及具有怎样的相关性即可，不宜引经据典、长篇大论，甚至不断重复以示强调，从而让有价值的假设湮没在文山字海之中。

（二）研究的拟创新点

1. 拟创新点的内涵

研究中的"创新"具有特定的意义，它通常强调的是研究在学术层面上的发展与进步，也就是与已有研究相比所体现出来的独特之处或不同之处，比如研究中提出新概念、发现新现象、开辟新视角、引进新方法、构建新模式、改进旧模型等，只要不是简单重复已有研究，而是某一方面或几方面与已有研究工作及成果有所不同，就可能在一定程度上体现出创新性。只有具有创新性的研究才有研究的价值和意义。在研究设计中之所以称为"拟"创新点而不是直接称为"创新点"，是因为在设计阶段，一切具有发展意义的"创新"都还只是存在于"假设"

层面，也就是这种创新性当前只处于一种"可能"的状态，还没有得到实质性的落实或验证，如果研究对假设给出证"实"性的结论，这些创新点才能摘掉"拟"的帽子。由此也可以看出研究设计的严谨性。

2. 拟创新点的具体体现

对一项研究而言，可能从以下几个方面来体现其拟创新点。

一是体现时代特点。对相同教育现象或问题，在不同时代可能会有不同的表现或变化，不同时代也会根据社会发展对其提出不同的教育要求；另一方面，随着社会的发展，也可能出现新的教育现象或问题，需要研究给出满足时代发展要求的回应。中小学教师开展教育科研，就要立足时代特点，抓住教育热点问题，反映新时代对教育的要求，展现研究的时代新意。比如，随着教育"内卷"日益白热化，社会培训机构越来越多，培训涉及的领域也越来越广，这种现象对学校教育带来很大的冲击，甚至严重干扰了正常的教育教学秩序。这是随着时代发展而出现的教育新现象以及随之而产生的教育新问题；国家出台的"双减意见"中就专门对"减轻课外培训负担"提出了新的要求。一项研究如果能抓住这一时代性特点，必然能体现出相应的创新性。

二是理论基础的创新。这一创新点中，所要研究的现象或问题可能在已有研究中并无新意，甚至可以称得上是老生常谈的话题。但是，由于研究采用新的理论作为分析问题的工具，由此可能会对问题的本质做出一种全新的解释，从而提出解决问题的新途径或新方法。比如，对于"新时代幼小衔接"的研究，运用不同的理论就可以提出不同的假设，进而可能开展完全不同的研究。如果以德国的哈克教授提出的断层理论为理论基础来研究，就可能将研究范围确定在人物关系、学习方式、行为规范、社会结构、期望水平、学习环境等六个方面，因为哈克教授认为当前幼小衔接出现问题的原因在于幼儿园教育与小学教育在这六个方面处于一种断层状态，要平稳、顺利地实现幼小衔接就必须修补好这六个断层。

三是研究方法的创新。有的时候，对于同一个教育问题采用不同于已有研究所用的方法开展研究也是一种创新。新的研究方法所得到的研究成果可能会对已有研究有所发展，可能会取得与已有研究完全不同的结论，当然，也可能会取得与已有研究完全相同的结果。出现相同结论的情况并不意味着采用新方法的研究没有价值，至少它证明了已有研究结论的科学性，另外，这样的研究也是一种进行多样化研究的尝试和探索。比如，关于"写字遍数与记忆效果的相关性"研究，有的教师在教学实践中发现小学生写字并不是写的遍数越多记忆的效果就越好，这是经验总结法的应用。这一经验是否具有普遍性呢？有人在三年级小学生中做了一个实验，证明了经验的正确性，并进一步得出"生字连写三遍效果最好，分写四遍效果最好"的结论。实验研究相较于已有的经验总结而言，不仅证实了写字遍数与记忆效果之间存在非线性的关系（并非写的遍数越多记忆效果就越好），同时还发展了已有的研究成果，明确了在一定条件下具体写多少遍才能取得更好的记忆效果，因此对小学生写字教学就更具有指导性。

四是研究视角的创新。不同的视角可能看到教育现象或问题的不同方面，或者可能对相同教育现象或问题给出不同的解释。中小学教师要善于思考同一教育现象或问题可以从哪些视角来看待，在研究中更要善于站在不同的视角来进行分析。比如，我们一致呼吁通过家校协同甚至家校社协同开展学生教育工作，也有很多教师以家校协同或家校社协同为主题开展研究，但是，翻阅这些研究设计以及最后提出的协同建议，大部分研究还是基于学校这一视角所做的探索，把协同的重担全部放到了学校身上，而很少真正站在家庭以及社会的角度看待协同教育的可能性、操作性。所以，如果能够跳出常规视野研究常见问题才往往会有新的发现。

五是研究内容的创新。研究内容的创新应该说是研究中最普遍的创新点，一般来说，开展一项新的研究，总是要努力探索已有研究所留下的研究空间，以突破当前研究的局限，拓宽已有研究所涉及的范畴，即便研究范畴没有拓宽也会在原有基础上有所细化，这些都会在研究内容上体现出创新性。比如涪陵区有三个课题组的教师都在开展关于"中小学生睡眠质量"的研究，整体设计都计划从中小学生睡眠质量现状调查、影响因素分析及提高睡眠质量的策略三个方面开展研究，但是一个课题组研究学业压力与睡眠质量的关系，另一个课题组研究电子产品的使用与睡眠质量的关系，还有一个课题组则研究家庭关系与睡眠质量的关系。再比如，同样是研究"阅读教学的引导策略"，有的教师重视阅读支架及其搭建的研究，有的则只针对阅读中的价值曲解现象开展研究，两者虽然研究领域相同，但是研究内容却大相径庭。

六是研究成果的创新。研究成果创新是一项研究中最重要的也最具价值的创新，无论在哪个领域开展哪种类型、哪个级别的研究，都以追求新的研究成果为目的。根据不同的标准，可以把研究成果创新性划分为多种形式，但是，无论如何划分都可以归结到成果内容的创新和成果形式的创新两个点上。成果内容的创新包括但不限于在认知层面上获得的新发现，提出的新观点、新见解，在行动层面上开辟的新途径，提出的新策略，建构的新模式等，成果形式的创新主要指成果载体具有新颖性，比如开发的新课程、设计的新程序、搭建的新平台等。一般来说，成果内容与成果形式具有一致性，成果内容的创新决定成果形式的创新，成果形式创新反过来体现成果内容的创新。

七是研究对象的不同。如果研究对象具有明显的群体性差异，那么选择不同的对象开展研究可能会得出不同的研究成果。比如同样是留守儿童的心理研究，西部地区的留守儿童与东部地区的留守儿童之间、农村留守儿童与城区留守儿童之间就可能存在显著差异，选择不同的留守儿童群体开展研究，可能得出不同的结论。另一方面，同一群体中不同个体如果表现出明显的差异，对不同表现的个体开展研究也可能得出不同的结论，还是以留守儿童的研究为例，有的留守儿童具有更积极的心理，有的留守儿童则表现出更明显的消极倾向，如果基于不同倾向性的研究能够取得有价值的成果，对留守儿童的教育实践工作就更具有指导作用。

3. 拟创新点的撰写要点

研究设计中撰写拟创新点至少应当做到以下两点：

一是创新点明确。撰写拟创新点时，可以开门见山地把研究的拟创新点呈现出来，即明确表达出研究可能在哪些方面可能具有创新之处，使人对研究创新点一目了然。一些中小学教师在撰写研究的拟创新点时，往往采用隐晦的方式，使创新之处不明确，创新意识不突出，影响了创新点的表达。要做到创新点明确，就必须对整个研究进行系统性思考，通晓所设计的研究与当前已有研究之间在哪些方面存在不同，并对这些不同之处进行概括，可以将其归于上文提到的几个创新表现方面，也可以根据具体的创新性自拟创新点。

二是内容表达具体。在介绍拟创新点时，要把研究中的创新之处阐述清楚，使人了解研究创新的具体情况。通常情况下，研究中的创新都是相对而言的，撰写拟创新点时就可以采用对比的方式，通过比较已有研究与当前研究的不同之处来突显研究创新。当然，不通过对比而是直接表述当前研究的创新体现也是常常采用的方式，只要把创新点说明白就行。

在此基础上，如果能兼顾结构上的统一就更好了。有时候，一项研究的创新点可能不止一个，在介绍多个创新点时，如果采用统一的结构来撰写还能体现出一种形式上的美感。

四、研究对象与范围

很多中小学教师在进行研究设计时，很容易把研究对象与研究内容搞混淆，认为这两个部分都应该介绍将要研究的具体问题，于是阐述研究对象和研究内容时就出现雷同的现象，即便文字表达上不是完全一致的，其内容表现上却没有根本性的区别，不过是用不同的文字来叙写相同的意思而已。有趣的是，很多教师还会一边做设计一边在心里想："明明是一样的东西，非得取两个不同的名字，然后用两个板块来体现，这样做有意思吗？"如果研究对象与研究内容是同一回事，进行这样重复性的设计当然没意思，不仅没意思，甚至多此一举！大家都知道，教育科研是一项非常严谨的工作，进行研究设计也必然处处体现出这种严谨性，如果教师把两个不同的部分等同起来，肯定有一个部分出现了理解错误。通常情况下，被教师们理解错误的是研究对象，很多中小教师错误地认为：设计中的研究对象就是一项课题要研究的问题或现象。

与研究范围相应的研究对象不是所要研究的某个或某些教育问题或教育现象，而是所研究教育问题或教育现象发生或发展范围中的人或单位，即从研究范围中选出来的部分或整体。这里的"人"可以是单独的个体，也可以是由若干个人组成的群体或组织。在研究对象中，被研究的群体通常表现出一些独特的性质，群体中的个人可以是在时空上相互独立的，也可以是在一定时空中共存的甚至本身就是一个相互联系的团体，比如有表现性倾向的群体，既可能是一些具有表现性倾向的个体联系在一起的集体，也可能是一些互不相关、毫无联系的个人。被研究的组织则指由一定个人组成的，有明确目标和相对稳定的职责任务的集体或团体，教研组、学科组就是最常见的教育教学组织。

有时候，从一项研究的名称中就可以判断其研究对象，比如"初中学生心理健康现状及对策研究"，很明显，这项课题的研究对象是初中学生，而不是小学生、高中生或者大学生，更不是成年人，所有初中学生都是这个课题的研究对象。如果给这个课题名称中的初中学生带上一个地域性的限制名词，研究对象就会被窄化，比如"×××市初中学生心理健康现状及对策研究"中的研究对象就只包括×××市的初中学生，其他省市的初中生则不在研究之列，做这样一个地域性限制，可能是基于"×××市初中学生的心理健康现状相较于其他省市具有一定的差异性"这一假设。正是基于此，有的研究认为："研究对象+研究内容+研究方法"应该成为一项研究名称的标准表述格式。这种说法有一定的道理，但是实际的课题名称却不必拘泥于此，而且有时候也确实不可能采用这种方式来命名。

任何一项研究都有具体的研究对象，不同的研究可能会有不同的研究对象也可能有相同的研究对象，也就是说，研究对象的确定是由研究本身决定的，或者说是由研究的教育现象或教育问题决定的。研究对象的数量可以是一个，也可以是几个，还可以是若干个，具体有多少也是由研究本身来决定的。在具体的教育科研中，可能研究对象会很多，比如刚刚列举的课题"初中学生心理健康现状及对策研究"中的研究对象就是全国的所有初中学生，这得有多少万学生呀？即使是作了地域限制的"×××市初中学生心理健康现状及对策研究"，其研究对象也不少，在实际研究中很难对所有的研究对象进行一一研究。怎么办呢？难道这项研究就不能开展了吗？还是说必须将地域作进一步的窄化甚至窄到一所学校才能研究？当然不是。

事实上，很多研究都会面临有大量研究对象以至于不可能进行全部研究的问题，这种情况下就需要通过抽样来解决，也就是采取一定的科学方法从所有研究对象中选出一部分具有代表性的对象来开展研究。所有的研究对象是一个被研究整体，而被选出来研究的部分称为样本，抽样就是从整体中抽取样本的过程。可能有的教师会注意到一个问题：我们讨论了这么多，一直在讲研究对象的问题，本部分还有一个重要概念没有出现——研究范围。到底什么是研究范围呢？研究范围就是被抽取出来研究的样本。可能大家还是不明白，我们不妨再来作个类比：秋收到了，农场开始收割稻子，但是稻田太多，一天收割不完，于是农场主决定今天只收割南边的三块地。在这个例子中，所有稻田都是收割对象，而南边的三块地是今天收割的范围。以此类推就容易理解了：符合研究的所有整体（即研究对象）太多，不可能全部参与研究，必须从整体中划出一部分（即样本）来研究，相当于将研究限定在了一定的范围，所以被抽选出来研究的样本即研究范围。有时候，从名称中也可以看出该项课题的研究范围，比如，给刚刚的课题名称加上一个副标题使之变为："初中学生心理健康现状及对策研究——以×××市为例"，它的研究范围就很明确了，那就是×××市的初中学生。这个课题名称看起来与"×××市初中学生心理健康现状及对策研究"差不多，其实他们的研究对象与范围是不相同的，前者的研究对象是全国的初中学生，×××市的初中学生只是这项研究的样本即它的研究范围；而这个×××市的初中生在后一项研究中是研究对象，其研究范围从课题名称上还不能确定，需要在设计中再做说明。上面的两个课题，"×××市初中学生"无论是作为研究对象还是研究范围，其涉及的个体还是太多，还需要进一步抽样，将研究限定在一个虽然更小但也具有代表性的范围之内。有的研究者认为，中小学教师开展的小课题研究不需要选择样本，因为这类研究往往局限于自己所带班级的学生，研究对象的总量本身就很少。其实，这种观点只说对了一半。诚然，中小学教师的小课题通常在所带班级学生中开展研究，但是其研究成果并不是只能解决这个班学生中存在的问题，而是具有推广性，同类的问题都可能得到解决。实质上，教师们研究中所涉及的学生并不是全部研究对象而往往是研究范围（样本），即教师把研究局限于本班学生范围内。

一般意义来说，研究对象存在于研究的应然状态中，即研究应该对所有的研究对象进行研究；而研究范围则存在于研究的实然状态中，即研究整体太大，实践中不可能——研究，只能对抽取出来的具有代表性的样本进行研究。所以，在教育科研中选择研究范围即抽出具有代表性的样本，不仅使研究工作在实践层面能够得以实现，更是由于研究对象在量上的大幅度减少而在质上却保持相对的一致性，从而在人力、物力、时间、空间等方面节约了大量的研究成本，也使研究力量相对集中，使研究工作更深入、细致，从而提高研究的准确性和可靠性。

五、研究目标与内容

（一）研究目标

1. 研究目标的内涵及作用

研究目标就是一项研究最终要取得的成就或研究完成后希望达到的状态。研究目标就像一个可望实现的愿景，引导教育科研前进与发展的方向。有人认为研究目标是与研究问题密切相关的，或者说研究目标是指向问题解决的，就是要有效地解决研究问题。如果要研究的问题不明确，研究就会失去可以"瞄准"的"靶心"，不知道朝哪个方向努力，也就无法确定明确的研究目标。所以，在阐述研究目标之前，首先要进一步叩问研究中的问题是什么或者研究中有哪些问题。比如，要确定"'双减'背景下义务教育阶段人才培养模式转型"的研究目标，就要先思考开展这项研究是想要解决在落实"双减"政策实践中的什么问题或哪些问题，如果这项研究认为当前义务教育阶段的人才培养模式已经完全不能适应"双减"工作要求，那么研究的目标就应该确定为"建构一个全新的人才培养模式"，如果认为当前人才培养模式整体上是符合义务教育阶段人才培养要求的，只是某些方向需要进一步调整或改善，就能更好地适应新时代义务教育阶段人才培养的需要，那么研究目标就可以确定为"探索当前人才培养模式转型的路径"或"探索当前人才培养模式的优化策略"。

同一领域或同一方向的研究，如果研究要解决的问题不同，研究目标也就不一样。这样说似乎有点空洞，我们不妨作个比拟，将研究比作一次出行，如果当前的问题是时间很紧迫，那么研究目标就是"找到用最少的时间到达目的地的途径"；如果当前问题是手头很拮据，那么研究目标就要围绕"花最少的钱到达目的地"来设计，而时间就不在考虑范围之内至少不是最先考虑的问题；如果同行者有老人、孕妇或小孩等需要特殊照顾的群体，研究目标就要首先考虑出行的"舒适性"，而时间与经济方面的考虑就可能要排在其后；当然，如果这几个方面的问题同时存在，则需要在舒适性、时间和经济等方面进行综合设计，确定一个虽在各方面都不是最佳却能尽可能兼顾的选择。由此可见，虽然终点只有一个，但是要前往时所遇到的问题却可能有所不同，所以研究目标也就会因问题的不同而呈现出一定的差异性。教育科学研究也是如此，比如，同样是关于提高小学生计算能力的研究，如果小学生在计算中的问题是计算速度慢，那么研究目标就要围绕"提速"来设计；如果问题是准确度不高，那么研究目标就要围绕"提质"来设计；如果两个方面的问题都存在，那么研究目标就要把"提速"与"提质"结合起来考虑了。

2. 研究目标的结构

关于研究目标的结构大致有三种主要观点。第一种观点认为，研究目标可以分为研究总目标（即对研究目标进行概括性阐述）与具体目标（即从不同维度对研究总目标做出详细的说明）两个层次。第二种观点认为，研究目标应该分为研究的学术目标（即阐述研究要探索、总结的科学规律，包括研究中的新发现、提出的新观点和新方法等）与工作目标（即阐述研究对教育教学实践工作的促进作用）两个方面。第三种观点则认为，无须将研究目标进行严格的分层或分类处理，只需要把一项研究的愿景表述清楚就可以。很多中小学教师赞同第三种观点。

把研究目标表述得"清楚明了"是任何一项研究设计最基本的要求，所以第三种观点本身也没有什么不当之处，只是，如果以这种观点来指导具体研究目标的设计，刚刚学习开展教育科研的教师就可能显得有些无所适从，因为紧随而来的问题是：如何才能把目标表述得"清楚明了"呢？应当从哪些方面来表述才算把目标表述得"清楚明了"呢？第三种观点显然不能回答这两个问题，所以，这一看似没问题的观点实际不能解决任何问题。

那么是不是就意味着应当从第一种观点和第二种观点中选择一个来指导研究目标的设计呢？我们先来看看这两种观点的联系与区别。不难发现，第一种观点解读的是研究目标的层次，而第二种观点解读的是研究目标的内容，两者对研究目标的解读角度或者说对研究目标结构的划分标准是不相同的。事实上，这两种解读角度并不是相互冲突或互不包容的，相反，它们恰恰可以相互补充。在设计研究目标时，可以先从内容角度来设计，明确研究的学术目标和工作目标分别是什么或分别有哪些，然后再从层次的角度来设计，进一步确定研究的学术目标和工作目标的总目标和具体目标分别是什么，这样既能体现研究目标的内容，又能体现研究目标的层次，从而形成如图 3-1 如示的内容具体、层次分明的研究目标体系，这样的目标，谁能说还不够"清楚明了"呢？

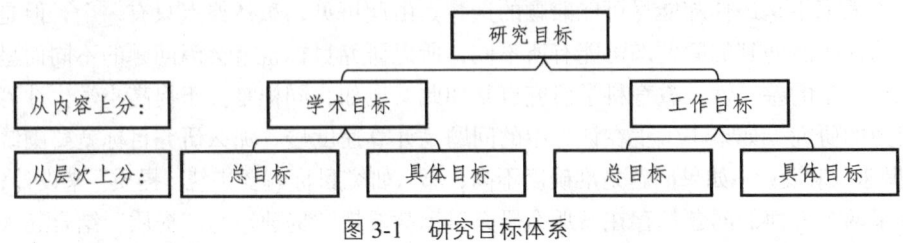

图 3-1 研究目标体系

（二）研究内容

1. 研究内容的内涵及特点

研究内容是为实现研究愿景而从研究目标中解析出来的具有内在联系的一系列研究点，这些研究点经过组织设计而形成一个比较具体的、细化的研究框架，有时候，我们也可以把研究内容理解为一项研究要完成的具体任务。所以，有人认为研究目标是对研究内容的高度概括，研究内容是为落实各项研究目标所开展研究的主要事项；研究目标是希望获得某个或某些结论，研究内容则是通过开展系列研究使研究目标中的结论得到实现或使结论从一种预期变成实际的结果，通过研究内容的落实可以达成研究目标。我们经常会问：这项课题具体要研究什么呢？或者问：这项课题将要从哪些方面开展研究呢？这个要研究的"什么"或要研究的"哪些方面"就是所谓的研究内容。比如：一项关于"双向互动视域下幼小衔接课程建设"的研究中，如果确定了从"哪些方面"来建设这样的课程，那么研究内容的框架也就围绕课程要建设的"哪些方面"初步形成了。如果以泰勒课程原理中的"经典四问"作为建构这门课程的理论基础，那么该项课题设计的内容体系至少应包括幼小衔接课程目标、课程内容、课程实施和课程评价等四个板块。当然，在不同时代、不同区域条件下，最终所建构出来的课程目标、内容、实施与评价可能会有或大或小的区别，但是课程建设研究本身肯定离不开这几个板块。

从上述定义中可以发现，研究内容与研究目标之间具有很强的内在一致性。一方面，研究内容由研究目标决定，也就是说，一旦确定了研究目标，研究内容就必须围绕目标来进行设计，任何脱离了研究目标的研究内容对于一项研究而言都是没有任何价值的；另一方面，研究目标依靠研究内容的支撑，研究内容是支撑研究达成目标的组织结构，始终是为实现研究目标服务的，再具体明确的研究目标，如果缺乏研究内容的支撑就会成为镜中花水中月，永远难以实现。打个比方，如果把一项研究比作一个烘焙师要做一个生日蛋糕，很显然，烘焙师的目标是确定的（即制作一个生日蛋糕），那么研究内容就必须围绕生日蛋糕来设计（不能是其他蛋糕或糕点），比如：如何确定蛋糕的形状或装饰点缀，选择什么样的材料来制作这个蛋糕，采取什么样的工艺能使这个蛋糕在意、形、味、养等方面都达到最佳效果等就是这个烘焙师要思考的问题，这些问题也就建构了完成蛋糕制作这一目标的内容框架，如果缺少其中一项，制作蛋糕这一目标就会落空或不甚令人满意。教育科研中的目标与内容也是如此，确定了研究目标，也就规定了研究内容的方向，而离开了研究内容的支撑，研究目标就不可能得到实现，正如上述关于"幼小衔接课程建设"的研究，建成幼小衔接课程是最终的研究目标，按照课程论的要求，研究内容就至少（但不限于）包括课程的相关要素；反过来，如果研究内容没有课程相关要素的设计，课程也是建不起来的，即便勉强建起来，也是不科学、不完整的。

　　研究内容虽然通常是由多个研究点组成的，但是这些研究点之间是具有很强内在联系的，在逻辑上是有层次的，也就是说，各个研究点并不是随意堆砌或排列的，先研究什么、再研究什么都要依据其中的逻辑关系来逐一呈现。研究设计者如果没有厘清其中的逻辑层次，或者没有搞清各研究点在排列上的先后顺序，那么至少可以看出这位设计者对要研究的内容还没有思考清楚，而且，这样的设计也可能会使后续的研究显得混乱。以一位教师设计的"小学课后服务现状与对策研究"为例，该项设计的研究内容包括课后服务现状、改进课后服务的对策两个部分，但是却把"对策研究"放到了"现状调查"之前，如果按照这个顺序开展实际的研究行动，且不说提出改进课后服务对策的依据是什么，单单说等到提出对策之后再开展现状调查，很可能发现所提出的对策不能完全解决现在课后服务实践中的现实问题或者实践中根本不存在对策所能解决的问题。在这种情况下，必然得回到研究的起点即对改进课后服务的对策进行重新讨论，否则课后服务实践中的问题就不能得到有效解决，研究目标也不能完全实现。换言之，只有先把课后服务的现状调查清楚了，才能针对现状中的问题提出相应的改进策略，也就是先"现状"后"对策"才符合研究逻辑，如果把"对策"的研究放到了"现状"研究之前，"对策"研究就没有任何针对性，而后续的"现状"研究也失去了相应的价值。当然，很多教育科研研究内容中的各个研究点之间的逻辑关系并不像"现状与对策"那么简单明了，甚至需要有一定的专业理论支持才能准确判断，就像课程建设研究一样，课程要素只能按课程目标—课程内容—课程实施—课程评价的顺序来排列，而不能随意颠倒，因为课程建设的思考路径就是这样的。也许有的教师说，我们也可以根据课程内容来确定课程目标，在教学中我们就可以通过相同的课程内容来确定并实现不同的课程目标，同一篇课文放在不同的主题单元，就是为了培养学生的不同素养或者说就是为了实现不同的课程目标，甚至不同的教师教学同一篇课文也可能选择不同的教学目标，所以，先研究课程内容后研究课程目标也是可以的。乍一看，这种观点没什么问题，而且语文教学实践中也常常会出现这样的情况——用同一篇课文培养学生不同的素养，比如，教学许地山的《落花生》一文时，有的教师把教学目标定位为"掌握对比的写作手法"，有的教师把教学目标定位为"理解落花生的品质"，前者要培养学生的表达能力，后者则更倾向于培养学生的道德品质，两种处理都没有问题。但是，这种观点或语文教学中的这种现象，恰恰证明了课程目标与课程内容的逻辑关系是课程目标决定课程内容，而不是课程内容决定课程目标——对于教师个人而言，他在教学时总按自己理解来分析、选择教学目标，或者说按照自己定位的目标来处理教学内容，所以才会出现教学同一篇课文而重心不同的现象；对于教材设计者而言，总是根据单元目标来选择相关的课文，所以同一篇课文放在不同的主题单元时其教学目标就会有所不同。教师把握住这种内在联系，教学时才更能体会到编者的意图，教学设计也更有依据。类比这种内在联系也更能理解研究目标与研究内容的关系。

2. 研究内容的设计

很多中小学教师在设计研究内容时感到无从下手，或者设计出来的研究点总是显得很零散，其中缺乏一条主线来贯穿。那么，有没有什么方法使研究内容的设计更容易一些呢？我们不妨从以下两个方面进行思考。

（1）基于研究目标的设计

如前所述，研究内容是从研究目标中分解出来的，所以研究目标与研究内容之间具有很强的对应性，否则研究目标难以达成。因此，我们可以围绕研究目标来设计研究内容，让每一项目标都能在研究内容中找到落脚点，这样既能确保研究目标最终能够实现，又能使研究内容的设计有了依托。比如，在"阅读教学中的价值引导模式"的研究中，研究目标是"建构一个价值引导的教学模式"，研究内容就要围绕教学模式的建构来进行设计，所以按照教学模式的组成要素设计研究内容的结构是可行的。从当前学术界对教学模式内涵的统一界定来看，一个教学模式通常包括理论基础、教学目标、操作程序、应用条件以及教学评价等五个要素，所以，要达成这个"建构一个价值引导的教学模式"的目标，研究内容就可以体现在以下几个方面：

① 价值引导教学模式的理论基础；

② 价值引导教学模式的教学目标；

③ 价值引导教学模式的操作程序；

④ 价值引导教学模式的应用条件；

⑤ 价值引导教学模式的教学评价。

当然，学术界也指出："目前除了一些比较成熟的教学模式已经形成了一套相应的评价方法和标准外，有不少教学模式还没有形成自己独特的评价方法和标准。"由此可见，教学评价这一因素相对而言是最难研究的，而且往往是模式比较成熟的时候才可能形成科学的评价，所以，也可以基于此，研究内容中不包括最后一个因素的研究是可以理解的，但是，其他四个因素则不可回避，否则建构出来的便不再具有模式的性质了，研究目标也就不能实现了。

当然，这并不是说每一条研究目标都必须分解出三五个研究点，一条研究目标对应一个研究点的情况也是比较多的，比如前面提到的关于"课后服务现状与对策"的研究中，第 1 条研究目标是"把握当前中小学课后延时服务的现状"，其对应的研究内容就可以只涉及"当前中小学课后延时服务现状的调查研究"这一个研究点，当然，在做设计时，还是可以进一步将这个研究点分为"当前中小学开展延时服务的可取经验"和"当前中小学开展延时服务中存在的不足"两个研究小点，然后再从延时服务的内容、形式、质量、条件等维度对两个小点做更深层次的预设，以使研究内容更具体化。

很多时候，一项研究的目标都不止一条，那么就要对这些目标进行逐一的分解，得到的研究点就会形成一个结构性的框架。比如刚刚提到的关于"阅读教学中的价值引导模式"的研究中，除了建构模式之外，该项研究的目标还包括讨论价值曲解的内涵与特点、分析阅读教学中价值曲解及应对现状等，设计研究内容时就不能止步于模式要素的分析，还必须对这两条目标进行分解。

（2）基于研究假设的设计

有人认为，研究内容与研究假设密切相关，它是紧紧围绕研究假设而形成的。一项研究提出了一定的假设，在研究过程中就要采取一定的措施对假设进行验证。要验证假设就必须清楚地将假设内容进行"切片"，看看这些"切片"涉及哪些方面，从而确定与假设相关的研究点，通过对这些研究点开展研究，就能探究出其中的相互联系，从而使研究假设的真伪得到验证。

这种确定研究内容的方法通常是有效的。比如，有教师认为：小学生抄写生字时的记忆效果与写字遍数具有相关性，即在某一个抄写遍数节点之内，记忆效果会随着写字遍数的增加而提高，超过这个遍数节点，记忆效果反而会随着写字遍数的增加而降低——这是研究的假设。为了验证这一假设的真伪，研究设计中就必须对这个假设进行"切片"分析。

第一，写的遍数越多记忆效果就会越好吗？（教学实践证明：学生整篇整篇地抄写生字也未必会把生字记牢。）

第二，写的遍数越少越好吗？（理论和经验都告诉我们：没有一定的练习是达不到有效记忆的。）

第三，到底写几遍效果最好呢？这就有待研究来验证了。

基于上述分析，研究内容中至少要有一个研究点：记忆效果最佳的生字抄写遍数到底是多少。如果不弄清楚这一点，假设就永远是一个假设。写字遍数到底与记忆效果之间是什么样的关系，需要进一步考察，所以，要落实这一个研究点，在设计研究内容时就要明确一个考察范围：在 1~N 遍的抄写试验中确定记忆效果最好的抄写遍数。这个 N 如何确定也是需要在设计时充分考虑的。比如：对比抄写几遍的记忆效果一直呈现上升趋势，当出现拐点（增加抄写遍数而记忆效果反而出现下降趋势）时，是停止研究以确定 N 的有效值还是继续研究？如果继续研究，写字遍数将增加到什么程度？也许，在确定到底写几遍能取得最好的记忆效果的同时，是否会发现写字遍数与记忆效果之间有更进一步的关系呢？就如艾宾浩斯的遗忘曲线一样，两者关系是否可以用某种线条或图形来表示呢？那么，在设计研究内容时，是否可以在确定"记忆效果最佳的生字抄写遍数"的基础上，再考察一下"写字遍数与记忆效果的具体关系"？这样一来，研究内容就变成了两个研究点。

第四，小学生抄写生字的记忆效果与抄写方式有关吗？

小学生抄写生字的方式通常有两种：连续抄写（学生把一个生字连着写若干遍，同一个生字抄写完了再写另一个生字）、逐个抄写（每个生字只抄写一遍，把所有生字抄写完了再重头抄第二遍）。这两种抄写方式的遍数是不是具有同样的记忆效果呢？基于这一切分，上面设计的研究内容中的两个研究点就可以进一步丰富了：两种抄写方式中，各自取得最佳记忆效果的遍数是否相同？如果不相同，分别是多少？哪种抄写方式能够取得更好的记忆效果？两种抄写方式中，抄写遍数与记忆效果之间的关系（或发展趋势）是否相同？如果两种方式在抄写过程中的记忆效果趋势相同而各自的最佳记忆遍数不同，采用混合式抄写方式是否会取得更好的记忆效果？

第五，如果确定了写字遍数与记忆效果之间的关系，如何基于这种关系指导小学生抄写生字？

　　基于这一分析，研究内容中便可以再增加一个研究点：小学生生字抄写指导策略。也就是如果明确了采取哪种生字抄写形式以及抄写遍数能取得最好的记忆效果，研究人员就可以基于这一结论讨论在实践中应如何指导学生进行生字抄写，以达到抄写遍数减量而记忆效果增效的最优效果。

　　（3）两种设计的联系

　　也许有的教师会提出疑问：既然研究目标决定研究内容，研究内容服务于研究目标，那么基于研究假设来设计研究内容会不会使研究内容游离研究目标？或者说这样设计的研究内容是否就一定与研究目标具有对应关系？按照这样设计的内容开展研究是否一定能够达成研究目标？

　　要回答这个问题，就是进一步厘清整个研究设计框架中各部分之间的联系。大家应该明确：研究设计是一个系统工作，各部分在形上是看起来好像是相互独立的，但是在质上却是相互联系的。虽然每个部分都是各自阐述的重心，但是这些重心之间却有一根相互联系的主线，即研究本身的核心或研究要解决的核心问题，也就是说，每个部分只是从不同的方面来对研究核心进行阐述说明，它们都共同服务于研究的核心问题。正因为各部分之间有内在联系，它们才能形成一个有机的整体。所以，在阐述研究设计的每个部分时，也必须把这种内在一致性体现出来，否则设计工作也就只是把一粒粒珍珠简单地放在一起而不是将这些珍珠串成一条项链或制成其他精美的饰品。

　　一般情况下，研究内容都是基于研究目标来设计的，之所以可以基于研究假设来设计研究内容，就是因为研究假设与研究目标之间具有内在的联系。研究假设主要是设想研究问题中相关因素之间存在某种相关性，以及基于这种相关性可能导致的相应结果或基于这种相关性采取一定干预措施而获得预期结果。而研究目标则是努力验证这些假设，并且在假设验证过程中取得预期的结论，在一定程度上可以说研究的目标就是想要把"假设"变成"结论"。只有理解了研究假设与研究目标之间的这种内在联系，才能正确地阐述研究假设和研究目标，也才能有效地基于研究假设进行研究内容的设计。比如：在上述关于"写字遍数与记忆效果的关系"研究中，研究假设是小学生抄写生字时的记忆效果与写字遍数具有相关性，即在某一个节点之后，记忆效果反而会随着写字遍数的增加而降低，那么研究目标之一就是"确定写字遍数与记忆效果的具体关系"。对比研究目标和研究假设，我们可以发现，无论基于哪一个来设计研究内容，都会得到相同的研究点并形成相同的研究框架。

（三）中小学教师撰写研究目标与研究内容的常见误区

1. 混淆研究目标与研究内容

研究目标与研究内容是密切相关的，具有很强的内在一致性。正因为这种内在一致性，很多中小学教师往往把研究目标与研究内容相混淆，从而在进行课题设计时要么把研究目标与研究内容搞颠倒了，要么目标中有内容，内容中有目标，两者杂糅在一起。这种情况下的教师至少认为研究目标与研究内容是有所区别的，只是不知道区别在哪儿或者说不知道怎么把两者的区别体现出来。与此不同的是，有的教师从认知上就以为研究目标与研究内容是同一回事，写的时候就直接把目标与内容混为一体，完全不作区分了。当然，也有的教师认为研究目标与研究内容没有任何联系，两者是完全独立的两个概念，"目标往左，内容往右"的现象在中小学教师设计的研究方案中也是比较常见的现象，在文本上则体现为目标与内容的毫不相干，比如：一位小学教师提出的研究目标是"设计小学语文课堂作业的模板"，而研究内容却是"小学语文课堂教学现状分析"和"小学语文课堂教学策略的建构"两个方面，不仅与模板设计不相关，甚至与作业设计都不沾边，目标与内容之间唯一的联系是小学语文这一学科学段的性质，虽然这项研究的目标很明确，但是围绕既定设计的内容来开展研究如何能达成目标？

2. 混淆研究目标（内容）与教育教学目标（内容）

很多中小学教师在阐述研究目标与研究内容时还会陷入另一个误区，即把研究目标和研究内容等同于教育教学目标和教育教学内容，尤其是当研究涉及教学领域时更是如此，有的甚至直接以某一领域的教学目标和教学内容来代替研究目标和研究内容。比如有位小学教师在设计"提高小学低年级学生计算能力的指导策略"的研究目标时，就将"学生能够掌握列竖式计算 100 以内加减的方法；有一定的计算的速度和准确度，10 分钟能准确计算 15 道 100 以内的加减法，并且把错误率控制在 2%以内"等作为研究目标；同样，有位高中教师在设计"新高考背景下高中学生英语阅读续写能力提升策略探究"的研究目标时，也将高中学生英语续写的速度标准（在多少时间完成续写）、字数标准（完成不低于多少单词的续写）、质量标准（续写内容、续写结构、表达手法等方面有哪些要求）甚至书写标准（字迹清晰、整体美观等）作为研究目标。可见，把教学目标等同于研究目标并非个别现象。在这里举这样的例子，并不是要讨论这两项研究设计的教学目标是否符合课程标准（有没有降低或拔高课标要求），而是要让大家看到：在设计中，两位教师都将分别将"100 以内加减法"和"高中英语续写"的教学目标当作课题研究的目标。一个学段的学生在某一领域应当达到的学习目标，不是少数教师通过某项研究能够随便确定的，而是由若干课程专家、一线教师等组成的研究团队基于课程性质与特点、学生年龄特征、时代发展要求、大量实践案例等多方面因素综合研究确定最后通过课程方案和课程标准来体现的，也就是说，对于一门现行的国家课程，其教学目标是既定的，一个学段的学生通过学习应当达到的学业标准不是可以随意降低或随意拔高的，这也正是强调依标教学（依据课程标准开展教学）的原因。所以，任何研究，即便是关于具体教学领域的研究，都不能将教学目标当作研究目标。所以，小学低年级学生计算能力的发展目标并不是本课题要解决的问题，而"提出教学指导策略"和"提出能力提升策略"才是研究应当实现的目标。所以，在设计研究目标时，一定要立足研究本身来思考，看看本研究想要解决什么问题、如何才能解决问题、解决这些问题后将是什么状态等，切不可把教学目标等同于研究目标，因为任何一门国家课程的教学目标都是国家通过课程标准来规定的，而不是因为教师的某项课题而随意改变的。

第四节　W4：怎么研究

第四个 W 即"how"（怎么做），也就是当明确了研究目标与研究内容之后，要如何开展研究才能取得相应的研究成果，实现研究目标。研究设计中的"how"，具体包括研究思路、研究方法、技术路线、研究阶段与步骤等几个方面。

一、研究思路

（一）研究思路的内涵

思路即思考的路径。研究思路是思考如何开展一项研究时所规划的具体活动路径，也就是在确定了研究目标和研究内容之后，对如何开展研究所做的整体思考。这里的"整体思考"并不是指对整个研究设计的思考，而是只针对"如何开展研究"这一特定部分的思考，其重点是规划好研究沿着什么路径开展。

我们可以用学生写作文的过程来做一个类比。在写作文之前，老师通常要求学生先列出一个作文提纲，然后按照这个提纲展开写作。有的时候写作提纲只存在于学生的头脑之中，但是，如果是比较复杂的提纲，通常会将其形成文字。不管哪种形式，我们都可以发现写作提纲都是具有结构性的，即它从整体上勾画出了一篇作文的结构，这种结构具体体现为这篇作文要写几个部分，每个部分的写作顺序如何安排，哪个或哪些部分要作为重点来写，甚至部分或整体将采用什么手法或方法来写及每个部分大约写多少字等都可能在其中得到体现。这个作文提纲既是学生构思一篇作文的结果，也体现了学生在设计这篇作文时的思路，所以，列作文提纲的过程也就是构思作文的过程，作文提纲直接体现了作者的写作思路。

教育科研中的研究思路大致相当于学生的作文思路。学生的作文思路体现的是对一篇作文进行写作的安排，而研究思路体现的是对一项研究开展实施的安排。要特别注意的是，作文提纲在文字上通常只列出了作文的内容结构，而对作文思路的理解则要把重心放在这些结构化内容在写作过程中的具体安排。因此，教育科研中的研究思路也可以指在进行研究设计时所规划的围绕研究内容开展研究工作的思考路径。

作文提纲只是一个结构化的框架，具有很强的概括性，这个框架确定以后，就成了整个写作的依据，只要提纲没有做出调整，写作就不得脱离或违背它的规定范畴。研究思路也是如此，它虽然只是概括地指出了整个研究的思考路径，但是在 how（研究怎么做）这一个板块中却起着统领与指导的作用，这一板块的其他部分（研究方法、技术路线、研究阶段步骤）的设计既是从不同侧面对研究思路的展开与细化，也是按照研究思路的规划所做的进一步具体深入的思考与安排。

（二）研究思路的撰写

通常情况下，研究思路可以简单地交代一下研究大概是一个什么样的过程，撰写研究思路既是在用简要的文字介绍对研究过程的思考路径，同时也是在进一步思考研究过程中的逻辑，因此"逻辑"本身也要在研究思路中得到体现。如何在研究思路中体现研究逻辑？不同的人有不同的观点。

有人主张按照"为什么—是什么—怎么做—做得怎么样"的逻辑来呈现研究的思路。这是一个具有普适性的研究逻辑，因此很多教育科研管理部门在课题申报文本中提出的整个课题设计要点也大致遵循了这个逻辑。事实上，很多具体课题在研究设计这一部分也可以遵循这一逻辑，所以按照这一逻辑来呈现研究思路也是可取的，尤其是研究中涉及一些新现象、新概念、新策略的时候更是如此，比如当阅读教学中的价值曲解现象没受到普遍重视、"价值曲解"这一概念的内涵还没有取得统一界定、针对价值曲解而进行价值引导的措施也没有有效形成的时候，这一逻辑就完全可以体现开展这一主题研究的思考路径。

有人主张按照研究进程的先后顺序这一逻辑来呈现研究思路，甚至主张明确地使用"首先""然后"等能够体现研究发展阶段性的引导词来标示思考的路径。这一逻辑也具有普遍性，因为任何研究都是有步骤的，在研究思路中把具体步骤规划出来也是可以的。比如一项关于"初中物理试卷课堂讲评策略"的研究就是这样来安排研究思路的：首先收集资料，通过文献查阅、问卷调查、师生访谈、课堂观察等形式了解目前初中物理试卷讲评课存在的问题；接着，开发观察表，组织课题组成员反复讨论、设计、测试、调整，形成一个科学的课堂观察量表；然后检验量表的有效性，将开发的观察量表应用于实践，根据反馈信息进一步优化量表，同时归纳出初中物理试卷讲评课的教学特征、评价体系并提出教学建议；最后反思总结，提炼总结研究成果并积极推广。

也有人提出了一个更具有综合性和概括性的主张，建议在写研究思路的时候，尽可能将研究问题、研究方法、研究逻辑和研究目标等相关要素结合起来，力图体现研究理论与实践的多层次融合。这类主张提出按照"以……为切入点，运用……的理论和……方法，通过……环节或途径，最终实现……目标"的结构来阐述研究思路。比如，上文提到的关于"阅读教学中的价值引导"研究，其思路就可以这样来设计："以语文阅读教学中的价值曲解现象为切入点，在贝克的认知理论指导下，综合采用文献分析、调查研究、案例分析等方法，通过概念辨析、现状调查、模型建构、实践检验等环节，建构符合价值引导规律的教学模式。"当然，在撰写具体的研究思路时，不必拘泥于这一结构的限制，只要能够将思考的路径表述清楚即可。

对比以上三种撰写观点，可以发现它们都具有可行性，都能把研究的思路表述清楚。事实上，研究思路的撰写也不必受到上述观点的限制，只要对研究作通盘的考虑并用合适的形式体现出来都是可以的。

（三）研究思路的撰写误区

整体而言，研究思路是关于"如何开展研究"提纲性说明，在文本表达上既要体现全局性又要具有概括性，但是，有的中小学教师撰写研究思路时，却常常忽略了这一要求，从而出现一些撰写误区。

1. 过于注重枝节的阐述

有的教师认为写研究设计时，无论哪个部分都写得越具体越好，这样可以进一步梳理思路，明确要求，因此在撰写研究思路时，可能从设计到实施再到成果提炼及应用等全部过程都介绍得非常具体，甚至将研究过程中各个时间节点的工作安排及具体实施细节都事无巨细地交代清楚。"把内容写具体"的观点在教育科研中是非常值得倡导的,但是,要准确理解研究设计各部分中关于"具体"的表述要求,研究思路写"具体"就是把研究方向明确地体现出来,把研究的思考路径说清楚,而不宜把在这个方向及路径中的具体研究措施交代得过于详细,过细的描述反而不利于体现思路的结构性。

2. 整体逻辑比较混乱

如前所述,研究思路可以按照不同的逻辑来撰写,但是并不意味着可以将不同的逻辑杂糅在一起,否则就可能导致逻辑混乱。有的教师在撰写研究思路时则忽略了这一点,总是想在有限的内容里展现更多的内涵容量,却没能够将前后内容之间的逻辑关系理顺。另一种逻辑混乱则体现为研究思路所要表述的内容之间缺乏内在联系,或者出现研究前后倒置的现象,比如按照研究进程撰写的研究思路,研究后期才能开展的工作却安排在了研究初期等。

3. 研究思路与教育教学思路混淆

这也是中小学教师撰写研究思路的误区,尤其是关于具体教育问题或教学问题的研究设计,不少教师在本部分呈现出来的是打算"如何开展教育工作或教学工作",而不是思考"如何开展某一教育或教学问题的研究工作"。

二、研究方法

(一) 研究方法及其分类

1. 研究方法的概念

研究方法指在研究中发现新现象、新事物,提出新理论、新观点,揭示事物本质及发展规律的手段。在教育科学中,研究方法特指研究教育现象,探求教育内部各要素之间的相互关系以及教育与其他领域之间的相互影响,揭示教育的质与量之间的变化及其规律所采用的手段。在教育科学研究中,常用的研究方法有文献法、调查法、实验法、经验总结法、案例分析法等。开展研究的过程就是运用研究方法分析研究问题、探索研究成果的过程,所以,每种研究方法的内涵及其运用要求将在研究实施部分具体分析。

研究方法是人们在从事科学研究过程中不断总结、提炼出来的,具有相当的科学性、规范性和严谨性,同时也具有很强的可操作性。不能把在研究过程中的一些具有任务性或活动性的工作措施当作研究方法,比如在研究过程中组织研究成员开展的理论学习、研讨会议、交流展示等，虽然这些工作措施有助于研究的开展，但还不得称之为方法。但是，在研究开展过程中，有时研究方法的运用也与一些活动在形式上是相同的。比如：听课是常规的教研活动，研究人员也可以通过听课的形式来开展研究，很多关于课堂教学方面的研究都会深入课堂观察师生在自然状态下的教学表现，并以观察到的现象作为第一手研究资料，这就是教育科研中常用的课堂观察法，是观察法的具体运用。但是，不能说听课是研究方法，因为并不是所有的听课都带有研究目的，在听课之前就会确定观察的倾向性并制定观察计划或做好观察准备，听课后再进行有针对性的分析。所以，判断一项工作是研究方法的运用还是常规活动，要看看工作本身是否具有研究的性质以及是否符合研究方法的操作规范。笔者在工作中发现，有的中小学教师在设计中或在研究报告中会用一些常规性活动代替研究方法，其中很难看出研究实施的具体情况，既显得研究过程缺乏规范性，也很难保证研究结论的科学性。

教育研究方法也不等同于教育方法或教学方法。前者是研究教育教学问题的方法，是弄懂教育教学问题的本质并解决教育教学问题的手段与措施，后者是开展教育教学工作的方法，是引导学生获得知识、掌握技能、发展情感态度价值观的手段与措施；前者指向的是问题研究，追求的是获得新发现或得出新结论，后者指向的是学生学习，追求的是学生核心素养的提升与发展。但是，有的中小学教师却时常将两者混淆，不自觉地把教育教学方法当作研究方法，比如一项关于"初中生物理实验能力提升策略"的研究设计中，就将讲解法、演示法、实验法等教学方法作为研究方法，很显然，运用这些教学方法怎么可能分析并解决教育教学中存在的问题呢？

2. 研究方法的分类

关于研究方法能不能分类以及如何分类的问题，有一些不同的观点。有人认为，由于人们认识问题的角度、研究对象的复杂性等因素，而且研究方法本身在一个不断地相互影响、相互结合、相互转化的动态发展过程中，所以对于研究方法的分类很难有一个完全统一的认识，也有人提出可以按不同标准对研究方法进行分类。

一是根据科学研究的普遍适用程度来分，可以将研究方法分为哲学方法论、跨学科方法论、具体学科方法论。这是一种从属性分类标准，在这一标准下，教育科学方法论属于哲学方法论指导下的具体学科的方法论。

二是根据研究目的将研究分为基础研究、应用研究、发展性研究、比较与评价研究、预测研究等。基础研究要回答的是"为什么"的问题，目的在于探索创新知识、扩展和完善理论，这是一种理论创新的研究，也是最具有创造性的研究；应用研究回答的是"是什么"的问题，目的在于用有关理论来解决实际问题，这是创造性地将理论应用于实践的研究；发展性研究回答的是"如何改进"的问题，目的在于找到改进教育的策略，这种改进既包括理论的发展，也包括实践的改造；比较与评价研究回答的是"怎么样"的问题，目的在于通过收集和分析数据资料，对一定教育目标和教育活动的相关价值做出判断，这种价值判断在肯定成就的同时也关注存在的问题；预测研究回答的是"将来会怎么样"的问题，目的在于分析事物未来发展的前景和趋势，从而提出促进正向发展或干预不良倾向的对策。这是一种并列性分类标准，在这一标准下，教育科学研究方法可以在各个领域都得到体现。事实上，这种分类与其是说对研究方法的分类，不如说是对研究类型的划分。

三是根据研究内容将研究分为历史研究、描述研究、相关与比较研究、实验研究、理论研究等。历史研究回答的是"过去是怎样"的问题，目的在于理清事情发展的脉络，揭示发展变化的规律，进而为当前状态做出解释并预测未来发展趋势；描述研究回答的是"现实的状况如何"的问题，目的在于描述现状，分析现状中存在的问题，厘清导致问题的原因，从而提出有针对性的改进策略；相关与比较研究回答的是"教育现象之间是否有关或异同"的问题，目的在于揭示相关和求异同，从而有效利用事物间的相关性来促进发展，或者在求同存异的基础上促进特色发展和差异性发展；实验研究回答的是"特定的教育措施和效果之间有无因果关系"的问题，目的在于揭示教育现象之间的因果联系，以便从原因着手提出改进措施以取得更好的效果；理论研究回答的是"教育现象的性质和本质联系是什么"，目的在于通过分析、综合、抽象、概括，揭示教育规律，从而为教育实践奠定理论基础。整体上看，这种分类标准与第二种标准具有相似性，但是也不难看出，这一分类标准更明确地体现出与研究方法的相关性，比如实验研究（法），不过，这样的分类也存在一些交叉现象，比如理论研究并不意味着与其他研究相互排斥，研究者可以通过实验研究、描述研究等来揭示教育理论。

四是根据研究的性质和使用手段将研究分为定性研究和定量研究。定性研究是运用历史回顾、文献分析、访问、观察、参与经验等方法获得处于自然情境中的资料，并用非量化的手段对其进行分析、获得研究结论的方法。这种研究主要是确定事物的本质属性，只要求对研究对象的性质做出回答或判断。定量研究则是确定事物某方面"量"的规定性的科学研究，就是将问题与现象用数量来表示，基于相关数量进行分析、考验、解释，从而获得意义的方法。这种研究主要是对事物及其运动的量的属性做出回答，故名定量研究。定量研究是对"量"进行分析，所以对样本规模及代表性都有要求，没有统计意义的样本则无法开展有效研究，而定性研究是对"质"进行分析，所以更倾向于在精心挑选的样本个体上的研究，不要求具有统计意义，更重视研究者的经验、敏感性以及有关的技术。定性研究与定量研究是从研究范式上做出的区分，开展每一种研究都可以单独采用某种研究方法或综合采用多种研究方法，定性研究通常会采用观察法、访谈法、文献法、作品分析法等，而定量研究则会采用问卷法、实验法等。

五是根据思维方式将研究分为实证研究与思辨研究。实证研究是研究者收集观察资料，为提出理论假设或检验理论假设而展开的研究。这种研究推崇的基本原则是科学结论的客观性和普遍性，强调结论必须建立在观察和实验等经验事实上，通过调查实验等手段获得的信息来揭示一般结论，并且要求这种结论在同一条件下具有可验证性。这是一种典型的归纳式研究，即通过对大量研究对象的观察、实验和调查，获取客观材料，从个别到一般，归纳出事物的本质属性和发展规律的一种研究方法。与之相对的是思辨研究，它是一种从"先验原则"或"公理"出发，依靠直觉、洞察、逻辑推理等思维形式来获取结论的研究。在思辨研究中重视概念操作而不注重事实操作，它以不可直接观测或调查的抽象概念作为研究的基础或开端，并基于这些概念进行演绎性推理，从而判断事实是否符合已有概念而不是从事实中发现概念。同定性研究与定量研究一样，实证研究与思辨研究也是一种研究范式而不是一种具体的研究方法，开展某一种研究范式的研究也可以单独采用某种研究方法或综合采用多种研究方法。

（二）研究方法的选择

在研究设计中，研究方法通常不是指按上述标准所分出来的研究范式或研究类别，更多的是指更具有直接操作性的手段，即各种范式或类别所包含的可直接运用于研究行动的具体方法，包括但不止于上文提到的文献法、调查法、实验法、案例分析法等。

进行任何一项研究设计时，必然面临研究方法的选择问题。笔者在中小学教师设计的研究方案中发现，有的教师在方案中呈现出来的不是对方法选择的结果，而是对方法了解的情况。这部分教师并不是根据研究需要选择了某一种或几种研究方法，而是把自己知道的研究方法逐一列举出来。导致这种现象的原因可能是教师认为一项研究设计中，研究方法越多越好，或者说研究方法列举得越多越能显示出研究人员的科研素养。这是一个认识误区，事实上，一项研究的质量与研究方法的多寡没有直接关系，并非采用的研究方法越多，研究就能取得越好的成果或效果，很多时候，只需要一种研究方法就能顺利完成一项研究并取得有效成果。同样，研究设计中关于研究方法的选择也是如此，并不是研究方法选择得越多就能说明研究设计得越科学，相反，如果方法多而不恰当，反而有损研究设计的质量。所以，在选择研究方法时，首先要考虑的原则是适切性，即只选择能够适用于该研究的方法，而与研究无关或相关性不大的方法要果断地放弃。

可实现性也是选择研究方法时必须考虑的问题。有的时候，某些研究方法虽然于研究而言是适切的，但是由于种种原因可能在研究时空或研究资源等方面却是难以实现的或不具备相应条件。比如要采用个案法开展关于唐氏综合征儿童识字教学的研究，如果研究者所处环境中找不到唐氏综合征儿童或虽然有唐氏综合征儿童但是家长拒绝让孩子参与识字活动，个案分析就可能很难开展。所以，选择这类不具有可实现性的方法开展研究，就难以取得研究成果或成效，即便有所得也很可能是"得不偿失"。

除此之外，选择研究方法时也要考虑其可驾驭性，也就是研究人员对所选择的研究方法有足够的了解并能够将其应用于研究实践之中，换言之，研究人员的科研能力要能够胜任研究方法的要求。比如，实验法对于"留守儿童心理健康现状研究"是合适的，但是这个研究团队中没有一位教师擅长运用实验开展研究，对心理测试实验更是从未涉足过，那么选用实验法就要慎重。当然，如果研究方法与研究非常适切并且具有可实现条件，为了做好研究，研究人员可以开展有针对性的学习，在充分把握了这一研究方法之后再进行研究设计。就像上述选择用实验法来研究留守儿童心理健康现状的团队，如果教师们不加强学习，想要开展实验并取得成果是不现实的。

（三）研究方法的撰写

1. 中小学教师撰写研究方法的常见误区

在研究设计时介绍研究方法，不仅仅是对做出的选择进行确定，更重要的是对研究方法的具体使用情况做进一步的设计与思考，在撰写研究方法时，既要说明将要"用哪些"方法开展研究，还要说明将要"如何用"这些方法开展研究。下面是新手教师在撰写研究方法时要尽可能避免出现的几个误区。

一是只列举研究方法名称。少数中小学教师在做研究设计时，只是简单地列举出将选用哪个或哪些研究方法开展研究，而除此之外没有任何说明。这只是确定了哪些研究方法被选中而已，还看不出对研究方法的计划使用情况有没有深入的思考。

二是只给研究方法下定义。也有少数中小学教师在撰写研究方法时，像核心概念界定一样对每种方法进行学术性解释，有的甚至解释得非常详细。导致这种现象的原因可能是这部分教师本身对研究方法还不熟悉，认为把研究方法"是什么"说清楚是首要任务，而忽略了"如何用"才是重点。

三是方法运用介绍过简。这种情况在中小学教师的设计中最常见，就是教师明确介绍研究方法时的重心是对各种方法的计划使用情况做出说明，但是却在说明时只涉及方法使用的大致方向，比如简要交代各种方法将用于研究什么内容或在研究中起什么作用，而对研究涉及的范围、相关要素的处理等都没有具体阐述，可见对研究方法的思考还不够深入，这样的设计对后期研究的指导性不强。

四是方法运用介绍模糊。也有部分教师习惯使用诸如"相关""部分""某些"等具有模糊性的概念对研究方法的计划使用情况做出说明，而不是基于研究将要开展的实际情况进行具体的阐述。比如在介绍文献研究法时，就很少明确说明将要对哪些文献或哪类文献开展研究，只是用"相关文献"来代替，对文献的性质等没有任何交代，如果这样设计，研究方法很难在实际开展中得到落实并取得实效。

2. 研究方法的撰写要求

从上述列举的误区中可以看出，研究方法的撰写要求其实很简单，也就是只要把研究方法的计划使用情况介绍清楚即可，从这一要求可以看出，在撰写研究方法时，"方法使用"是撰写的重点。所以，介绍研究方法时，不必给研究方法下定义，因为每种研究方法的定义都是确定的，研究设计中不需要对其做科普性的介绍或阐述，但是，相同的研究方法在不同研究中的使用情况却不相同，即便是相同的研究领域对同一种研究方法的运用情况也可能相去甚远，所以，研究方法的撰写一定要围绕方法的使用情况来行文。在介绍方法的计划使用情况时，还要做到"清楚"，虽然对"清楚"的程度没有明确的规定，但是至少应该能够明确体现各种研究方法所涉及的内容、范围、相关要求，必要的时候也可以简要说明方法开展的步骤和预期成果，尽可能把各种方法的计划运用情况说得更具体，从而更大程度地体现对研究实施的指导性。除此之外，语言的规范性和简练性也是撰写研究方法时需要注意的，要求把研究方法介绍"清楚"，并不意味着文字越多越好或介绍得越复杂越好，相反，在"清楚"的基础上还应力求做到言简意赅。

三、技术路线

(一)技术路线的概念

研究设计中的技术路线是体现研究进程中诸多要素之间逻辑关系的线性或非线性结构,我们可以把它理解为以研究假设为核心的,将研究内容、研究方法、研究步骤甚至研究成果等要素有机组合的逻辑结构,也可以理解成为达成研究目标准备采取的技术手段、具体步骤及解决关键性问题的方法等要素组合形成的研究途径。在研究设计中,技术路线通常把研究中的相关要素及相互关系用思维导图的形式体现出来,因此,也可以把技术路线理解为开展研究并逐步实现研究目标的思维导图。

研究的技术路线之所以以研究假设为核心,是由研究假设的性质决定的。研究假设提出研究中某些要素之间具有某种相关性,研究目标即是验证这种相关性的真伪,而技术路线就是对验证过程所做的路径规划。也就是说,研究假设的验证都有一定路径,而且这些路径都是可以基于教育理论和科学方法框架进行规划或设计的,研究只要能够有计划、有步骤地按照这个规划的路线实施就可以取得预期的研究成果。所以,课题设计中技术路线的主要框架就是验证研究假设、达成研究目标的框架。

之所以说技术路线也可以称为研究的思维导图,除了它在形式上常用思维导图来表现研究中的逻辑顺序,使之以一种可视化的框架呈现出来,还因为它在内涵上建构了理论支撑、研究内容、研究方法、研究步骤、研究成果等研究要素的逻辑关系,并且把这种关系以一种结构化的形式清晰地体现出来。

(二)技术路线的意义

技术路线在研究中具有重要意义,中小学教师在课题设计中应当给予重视。技术路线是研究思路的形象体现,它关注研究中的各个核心要素并以一种结构化的形式把它们的逻辑关系清晰地呈现出来,帮助研究的参与者一开始就在头脑中形成一个简明的全局图式。如果把研究比作旅行,科学的、清晰的技术路线就是一张可以精确导航的地图,它让旅行者清楚地知道:从哪里出发?目的地是哪里?当前选择的是哪条路径?采用的是什么交通工具?沿途需要做哪些事情?大概什么时候能够达到终点?等等。如果中途出现什么意外情况,旅行者还可以根据这张地图做出灵活的调整:现在的位置是哪儿?是否能按时到达终点?如果要进行变更,最便捷的路径在哪里?反之,如果技术路线设计得不科学或不具体的话,研究则可能会受到不同程度的影响，这就相当于一个旅行者拿到一张不正确或不完整的地图，那么就可能难以如期地、顺利地到达终点。

（三）技术路线的呈现

如前所述，技术路线一般都以思维导图的形式呈现出来，这样的思维导图通常称为技术路线图，图中通过简洁的图形、表格、文字等形式描述或体现研究中的核心要素及要素之间的逻辑关系。下面就一个例子对技术路线的呈现形式作简要分析，分析时仅讨论技术路线的设计问题，不讨论研究内容的设计是否具有科学性。

"语文阅读教学中的价值曲解及引导策略研究"的技术路线图初稿如图 3-2 所示。全图分为两栏：左边栏体现的是研究思路与进程，图中显示整个研究包括概念研究、现状调研、理论建构及实践检验四个环节或阶段，应该说整个研究思路是清晰的，逻辑是顺畅的。右边栏则将研究内容、研究方法等要素综合呈现出来，其中研究内容包括：价值曲解的内涵研究、中小学学生价值曲解及教师应对现状分析、教学策略的本体研究、价值引导策略建构等方面，这些内容的呈现顺序也符合研究逻辑。从图上可以看到，关于概念内涵的两项研究都只采用了文献法这一种方法，而现状分析则综合采用了问卷、访谈、课堂观察等多种研究方法，整体而言，研究方法的选择与研究内容之间具有适切性，对于一线教师而言也具有可实现性和可操作性。但是，这一份技术路线也存在一些不足，比如，研究方法与研究内容放在一起来呈现，虽然体现了相互的对应关系，却影响了文字表达的简洁精练，同时也使图表有失结构化；"策略建构"等项研究内容没有与之对应的研究方法支撑，有的内容所使用的方法也比较单一，研究可能会受到影响；另外，如果研究成果这一核心要素也能呈现出来就更好了。

基于以上不足改进后的技术路线图如图 3-3 所示。从图中可以看出，研究内容与研究方法分离，不仅使文字表述更简练，而且研究方法及其应用的体现也更清晰，增加的研究成果形式弥补了原图只有研究未见成效的不足，这样的呈现方式进一步体现了技术路线的结构化特点。

上面只是举了一个课题设计的技术路线图例进行讨论，并不意味着这个改进设计就非常完美，其中也可能存在很多不足，因此不能将其作为设计技术路线的固定模式或模板。事实上，技术路线的呈现是灵活多样的，只要能够简明、清晰地体现研究中各种要素及其相互关系，体现研究的路径与进程就是好的设计。互联网上可以查到很多不同形式的技术路线图例，设计技术路线时可以先多参考。

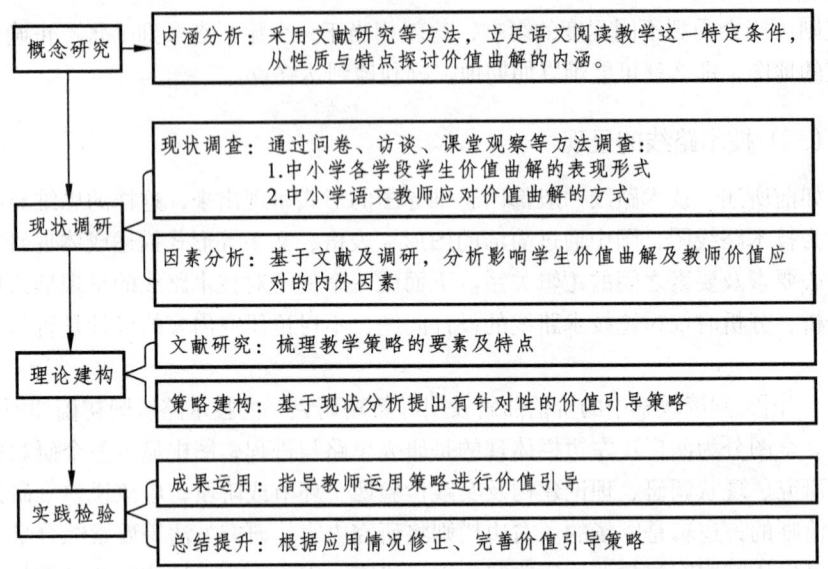

图 3-2 "语文阅读教学中的价值曲解及引导策略研究"的技术路线图初稿

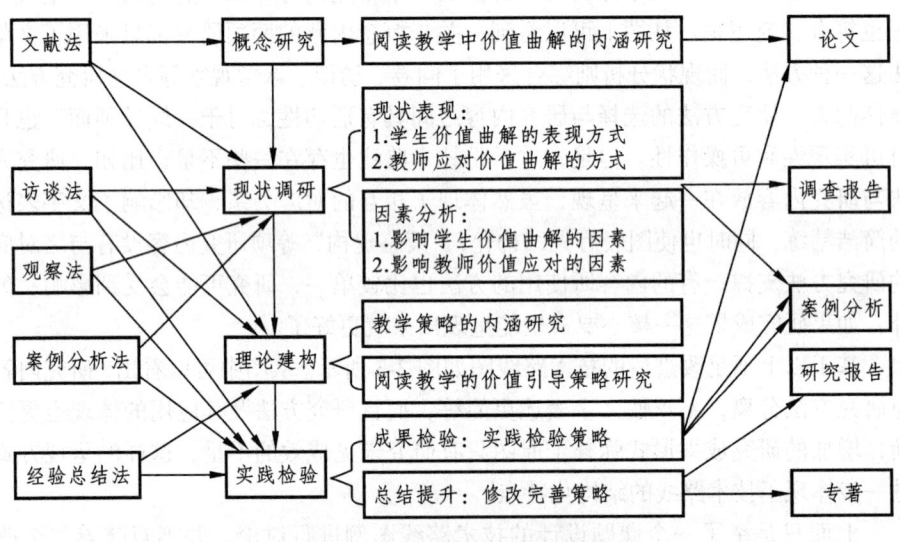

图 3-3 改进后的技术路线图

（四）画好技术路线图的几点建设

要在技术路线图中将研究设计中的"how"也就是"如何研究"清晰地呈现出来，使其成为可以体现研究全貌这一"管中豹"的"一斑"，应当符合以下几点要求。

一是全面把握研究设计。技术路线在研究设计中不是一个孤立的板块，相反，它是整个研究计划的缩影，不仅要呈现研究的核心要素，更要将这些要素的逻辑关系清晰地体现出来。要做到这一点，就必须对研究设计有全方位的了解，否则难以准确地体现研究全貌。

二是统筹安排研究要素。设计技术路线时，要通盘考虑研究中的各个要素及其关系，并系统地体现出来，如果偏重某一要素而对其他要素有所忽略，就难以体现研究设计的统一性，可能导致既"失之东隅"也难"收之桑榆"。

三是做到清晰精简美观。技术路线图是研究的思维导图，既要清晰地体现研究发展的进程，又要尽可能做到精简，不宜使用过多的文字描述或过多关注研究中的非重要环节，除此之外，整体图案看起来要协调、简练，虽然要求不失美观，却也杜绝花哨。

四、实施步骤

从某种程度上说，实施步骤是技术路线的展开形式，技术路线倾向于用结构化的思维导图将研究进程直观地呈现出来，而实施步骤则倾向于用文字描述的形式将研究实施过程中的具体研究任务和措施分阶段地进行具体的介绍，它比技术路线更具体，对研究的开展也更具有指导性。

（一）实施步骤的阶段划分及各阶段的主要工作

通常情况下，实施步骤可以划分为准备阶段、实施阶段、总结阶段等三个相对独立而又彼此联系的阶段。设计研究的实施步骤，就是对这三个阶段的具体工作及任务做出明确的安排。

1. 准备阶段

开启实质性研究工作之前的所有时间段都可以归为研究的准备阶段。关于准备阶段的起始节点有两种观点：有人认为可以从选定研究题目开始计算，有人认为应当从确定要开展一项研究开始。这样的讨论其实没有多大的现实意义，我们需要明确的是在这一阶段应当做好哪些方面的准备性工作就可以了。

一般来说，准备阶段首先要组建课题研究队伍。组建研究队伍不是临时找几个熟悉的朋友或要好的同事来凑数，而要综合考虑到各位参与者的科研素养、学科能力，了解他们对研究领域的熟悉程度，周期内他们是否具有在时空、资源等方面的便利性即参与实质性研究的可能性，有时候，研究人员之间在专业与领域方面的差异性或互补性也在考虑范围之内。

其次是设计切实可行的研究实施方案。设计研究方案是准备阶段最重要的工作。在一定程度上，设计研究方案就是开展实质性研究的文案性推演，开展研究工作就是使方案中提出的要求通过实践性活动逐一得到落实，方案是计划性的，研究是实践性的。可见，方案的科学性、完整性、具体性和可操作性都在很大程度上影响研究的实质性进展，是顺利开展研究的重要基础。在设计方案时应当将目标与内容、方法与实施、人员分工与落实、研究中的其他相关要求等与研究实施相关的各项要素都尽可能考虑周全。不难看出，研究方案的设计跟研究设计有很多相同的地方，这是很正常的，因为方案设计本身就建立在研究设计的基础上，其中弱化或省去了研究的背景与意义、概念界定、文献综述等内容，更加强调研究内容、研究措施、任务分配、工作要求等与开展实质性研究工作相关的部分内容。

最后，还要做好研究保障方面的准备。要做好研究经费、研究资源、设施设备等方面的准备工作。既要做好研究经费的相关预算，也要落实经费来源；既要明确当前具有哪些研究资源，也要了解研究过程中还有哪些资源可供利用或者还可以从哪些方面获得资源；当前已经具备哪些研究中需要的设施设备，如果当前设施设备还不完备，就要提出解决这一问题的措施等。总之，凡是研究进入实质性阶段所需要做的准备工作都要尽量考虑周全，以为下一阶段的工作奠定坚实的基础。

2. 实施阶段

实施研究是整个研究工作在实际层面的展开，也是研究方案在实践中的落实，如果准备阶段的工作更多地体现在案头上，那么实施阶段的工作则更多地体现在行动中。这一阶段要以研究目标为核心，按照研究方案的安排，采取既定研究措施或方法对各项研究内容进行有序研究，同时做好过程性资料的收集与整理、阶段性成果的总结与提炼等工作。

虽然研究方案是实施研究的重要依据，但是方案并不是一成不变的，如果实施过程中发现方案存在不足或者因各种原因导致方案难以实施，抑或由于出现新问题及发展中出现新现象，可以根据研究的实际需要对方案进行调整或修改，如果变更太大还可能重新制定方案，以进一步体现研究的有效性。

实施阶段中，无论采取什么措施或方法开展研究，也无论开展什么形式的活动，都必须要与研究目标和研究内容密切相关，并且有利于研究取得实质性成果或成效。我们可以把这个阶段的研究与活动分为直接性研究和辅助性活动两个方面。直接性研究指的是直接指向各项研究内容并努力获得新成果而开展的工作，包括理论学习、现状调查、文献分析、学术讨论、案例分析等多种形式，不过，研究内容始终处于这类工作的中心，取得成果则是这类工作的目标。辅助性活动则是为了进一步保障或改进直接性研究而开展的相关工作，这类工作的重心在于对研究措施与方法等行动本身做出诊断并进行修正或改进，提高研究的有效性是其最终目标，它通常不指向具体的研究内容，但也不排除就某项内容的研究而做出相关分析或讨论。

实施阶段要重点做好两项辅助性活动，即开题会和中期报告会。开题会指在研究实施开启之初，邀请专家或同行对研究设计进行专业论证，因此也称为开题论证会。开题论证主要讨论研究选题是否具有意义、研究设计是否合理、哪些地方需要进一步改进、对研究实施提出什么建议等方面，这种论证既是学术探讨更是专业指导，对研究具有重要的引领作用或参考价值。有人认为，按照专家的意见和建议修改研究方案之后研究才进入实质性阶段，因此开题会应该是准备阶段的工作。这种说法也很有道理，这里之所以把开题会放在实施阶段，是考虑到很多研究是以立项课题的形式体现的，开题会都在课题立项之后，也可以算是拉开实质性研究的序幕。中期报告会则在研究周期过半或研究任务完成一半的时候组织开展，主要任务是梳理前期工作，总结前期研究成果，查找前期研究中存在的不足并提出改进措施，安排后期研究工作，同时对经费的使用情况做出说明，如果研究中有变更的事项，也要有所交代。这是一个承上启下的阶段性活动，要尽可能邀请专家参与并给予专业指导。

实施阶段要重视过程性资料的收集与整理。资料收集时要尽可能做到全面、真实、详尽，只要是能体现研究工作痕迹的材料都不要有所遗漏，因为有些当时看起来没有研究价值的材料，随着研究的深入或者研究思路的拓展，其价值就可能会显现出来。收集到的原始性资料要尽可能完整地保存，以便为当前研究以及今后的再次研究提供真实有效的依据。对收集到的资料要做好整理工作，资料整理时，可以按研究时间、研究内容或者资料性质进行分类，以方便查找和分析。

实施阶段更要重视阶段性成果的总结与提炼。凡是开展了一项研究工作或完成了一项研究任务，都要及时总结经验，从中提炼出有价值的成果。如果研究过程中突然出现某些灵感或得到某些启示，也要及时记录下来并努力作进一步思考或分析，以取得更丰富的成果。有的中小学教师认为要等到完成了全部的研究之后再进行梳理与总结，虽然这个时候掌握的材料更丰富，了解的情况也更全面，但是难免会因为某些疏忽而有所遗漏。

成果的检验与运用也很重要。研究中总结的理论性经验要及时运用到实践中，在实践中检验成果的科学性和有效性，并基于检验结果进一步修改、完善成果。有人提出可以把成果运用与推广作为一个独立的研究阶段，这种安排也未尝不可，但是，通常情况下，被运用推广的成果指的是经过实践检验的成熟成果，而不是处于研究阶段还有待验证的成果，所以，验证工作一定要在研究阶段完成。

3. 总结阶段

当完成了全部的研究任务，研究就进入总结阶段。总结阶段的主要工作是对整个研究过程中开展的工作进行梳理，对所有的研究资料进行分析，对取得的阶段性成果进行系统化整理，对研究中存在的问题或不足进行深刻反思，在此基础上撰写研究报告、工作报告，并邀请专家进行结题鉴定。

总结阶段最重要的工作就是撰写研究报告。研究报告中要尤其重视研究成果的阐述，要结合研究内容来体现研究成果，做到有研究即有成果，如果成果不能回应研究内容，则可能没有完成研究任务，至少没能在成果中全面反应研究任务的实现情况。撰写研究报告时，应把研究成果交代具体，尤其是成果中包含的理论观点、研究结论以及提出的对策建议，都应体现出其应有的价值。

（二）实施步骤的撰写建议

在研究设计中，实施步骤的撰写要符合以下几点要求。

一是阶段分明。可以直接用准备阶段、实施阶段、总结阶段作为撰写实施步骤的提纲或小标题，以此建构本部分的框架结构。

二是节点清楚。明确安排出三个阶段的时间起始节点，各阶段时间节点不交叉、不重叠也不间断。除此之外，每个阶段尤其是实施阶段的各项工作也要在研究时间上做出安排，以提高对研究进程的监控性。如有必要，可以列出行事历，以便在研究过程中随时注意研究时间的分配及把握研究进程。虽然对研究周期中各阶段的时间分配没有明确的规定或要求，但是，为确保研究成果质量，应给实施阶段留出充足的时间。

三是安排有序。各个阶段中的工作安排要符合研究的进展与需要，每项研究工作要体现与研究内容及成果之间的相关性，前后工作之间有联系且不出现顺序倒置的现象。

四是要素完整。这一点主要是针对研究阶段而言的，要结合研究方法、研究内容、研究成果以及任务分配等要素作系统的设计，明确指出在某个时间节点内，将采用什么研究方法对哪项研究内容展开研究，该项研究中相关研究人员负责哪些方面的工作，最终将取得什么形式的成果等。

第五节　W5：研究愿景

第五个"W"即"wish"（愿景），就是期望通过研究能够取得什么样的成果，研究设计中通常表述为"预期研究成果"。

一、研究成果的预期性

Wish（研究愿景）就是对研究成果做出预期，是研究设计的最后一步。科研管理部门都会在申报书及论证活页上将预期成果作为必须设计的要点之一，有的科研管理部门甚至在申报书上用一个独立的板块（通常是用独立表格的形式）来呈现，可见预期成果在设计中的重要性。

但是，不少中小学教师对此感到很困惑：研究还没开始呢，怎么知道可能会取得哪些成果呢？难道研究成果可以臆造吗？笔者就曾遇到一位教师在课题申报时专门打电话与我争论这个问题，她坚持认为课题申请书上不应该设计"预期成果"这个板块，因为研究成果必须要经过研究之后才能确定，在设计阶段谈论研究成果，完全是一种形式主义和主观主义，有违教育科学研究的客观性、真实性和科学性。诚然，研究成果是在研究过程中获得的具有学术意义和实用价值的创造性结果，确实需要经过研究才能实现，没有研究就谈不上成果。从这个角度来看，在研究设计阶段要求明确把成果的创造性展现出来确实是不可能的，事实上研究设计中的预期成果也不可能做出这样的规定或要求。那么，为什么在研究设计阶段又必须预期研究成果呢？这不是自相矛盾吗？其实不然。为解答这一疑问，我们有必要对研究成果作进一步的了解。

任何一项研究成果，都可以从形式与内容两个方面来设计，研究成果的内容即通过研究获得的新发现，取得的新认识，提出的新策略、新方法，开发的新产品等，而研究成果的形式指的则是体现这些研究成果的各种载体。在设计阶段，我们无法预期研究成果的具体内容（也就是研究将得出的具体结论），只能根据研究内容的性质规划成果内容所涉及的方向，比如关于"幼儿入学准备现状的研究"就规定了研究成果内容只能聚焦于入学准备的相关领域，而现实的状况如何（取得了哪些成效？还存在哪些问题？）则需要开展实质性的研究才能得出结论。所以，设计阶段预期研究成果，首先要考虑的就是成果将聚焦于哪些研究点。相对于研究成果内容的不确定性而言，研究成果的形式则完全是可以预期的，如果是立项课题，研究报告和论文通常是课题管理部门明确提出的必备的研究成果形式。除此之外，我们可以根据研究的性质及所要采用的研究方法来预设研究成果的形式，比如，同样是关于"幼儿入学准备现状的研究"，如果采用调查法开展研究就必然会形成调查报告，如果是采用多种方法开展的综合研究，则更多选用论文这一成果形式。由此观之，研究成果是可以预期的，只不过预期的不是研究成果的内容，而是研究成果内容涉及的方向以及研究成果的形式。

二、预期研究成果的意义

虽然在设计阶段只能预期研究成果的内容方向及其呈现形式，这样的预期在研究过程中仍然具有重要的指导作用。在一定程度上，预期成果的实现即研究目标的达成，当规定了研究将要取得哪些方面及哪些形式的研究成果之后，研究成果就可能成为研究的"指挥棒"，将所有研究活动都引导到实现研究成果这一目标上来。具体而言，预期成果的这种指导性可以体现在以下两个方面。

一是预期成果能指导研究人员将研究工作聚焦于研究内容。预期成果中成果内容的方向是根据研究内容而定的，研究内容确定了研究成果，要实现研究成果就必须围绕研究内容开展实质性研究，否则，研究及成果将脱离研究内容规定的方向，也就难以取得与研究相符的成果。

二是预期成果可以提醒研究人员及时提炼阶段性研究成果。在研究设计中，预期成果除在独立的板块中集中呈现之外，还可能在技术路线、实施步骤等地方分散呈现出来，因此，无论研究进程到了哪个阶段都不可避免地"遇"到研究成果，时刻提醒研究过程中要采用一定的形式将成果体现出来，使其成为研究工作的重要组成部分，有助于保证成果提炼的及时性。有时候，成果提炼既是本阶段工作的总结，还能为下一阶段研究奠定基础，提高下一阶段工作的针对性和有效性。

三、研究成果的形式

预期成果的内容方向因研究不同而不同，应当针对具体的研究来讨论，但是不管什么研究，其研究成果的形式也就是成果内容的载体却相对而言更具有统一性，也就是说，尽管研究成果的内容具有多样性，却总是借助一些固定的或常见的形式体现出来。教育科研成果的形式包括但不止于以下几种。

一是论文和专著。论文是最常见的研究成果形式，凡是研究中获得的新发现、提出的新观点、总结的新经验、提出的新方法甚至只是形成的新假设都可以用论文的形式呈现出来。大多数科研管理部门对立项课题都要求必须有论文形式的研究成果并将公开发表论文作为结题评审的要件之一。如果研究内容框架较大，研究人员的科研素养又高，撰写的论文又较多，就可以将这些论文集结成册形成论文集；如果研究成果不仅内容丰富，而且容量较大，内容之间也具有结构性，就可能用专著的形式体现出来。

二是报告。在教育科研成果中，最常见的报告有调查报告、实验报告、资政报告、研究报告等多种形式。调查报告和实验报告分别体现调查和实验过程以及结果，包括对结果所做的分析，有的报告也会在此基础上进一步提出改进的对策和建议。这两种报告大多呈现的是阶段性成果。资政报告是基于实证研究而向相关决策部门提出政策建议的报告，这类报告虽然研究的也是实践中的具体问题，但问题解决策略面向的不是中小学教师等政策执行者，而是教育行政部门等管理决策者，因此也更具宏观性。研究报告不仅阐述各阶段取得的成果，还要全面体现研究的背景与意义、研究方法及运用、研究产生的影响与效果，以及对研究工作进行反思，讨论其中可能存在的问题，进而提出改进研究的建议，所以，研究报告是所有研究工作及成果的集中体现，它既是任何研究都必须具备的成果形式，也是研究中最重要的成果形式。虽然任何研究都要求撰写开题报告、中期报告和工作报告，但是，一般情况下不将这些报告作为研究成果形式。

三是案例分析。由于工作原因，中小学教师在教育教学实践中会遇到很多典型的案例，这些案例是重要的研究资源，分析案例可以描述现象、分析原因、总结方法，从而取得研究成果，所以，案例分析也是教育科研中重要的成果形式之一。值得一提的是，没有经过分析的案例即只有原生态的案例记录，还不能称之为成果，只算作是可供研究的原始资料。如果在研究过程中收集整理的案例分析较多，也可以结集成册。

四是教育教学资源。在研究过程中开发的各类有助于教育教学的资源也是重要的成果形式，比如校本乃至班本教材或教程、导学案和练习单等各类教辅材料、经过改造的教育教学器具、开发的相关软件或系统等。但是，如果这些资源中没有体现创新性或者说这些资源不能很好地体现研究的性质及研究中提出的观点，只是重复常规性的工作内容，那么也不能称之为研究成果。

四、预期成果的撰写要求

了解了研究设计中关于预期成果的性质之后，撰写预期成果就显得非常简单了。一般来说，撰写预期成果时，首先要选定研究成果的内容点，也就是预期在开展研究过程中将聚焦哪些研究点形成研究成果。其次是确定研究成果的形式，研究成果的形式既要能有效体现研究成果内容的性质，也要合理体现与研究方法之间的关系。除此之外，也要结合研究进程对各项研究成果形成的时间做出具体的规划，划出明确的时间节点，以提高形成研究成果的时效。各项研究成果的执行或完成情况还要落实到人，对研究成果的提炼工作进行合理分工，使课题组成员明确自己在成果提炼中的职责，提高其主动性和自觉性。这种有方向、有形式、有时间要求且"包产"到人的成果规划才能对后期研究发挥出有效的指导性。简而言之，在研究设计中撰写预期成果，就是列出研究成果的名称及形式，同时注明成果形成时间及负责人即可，比如：《学生观服工作中的有效策略》（论文，×年×月完成，负责人：×××）。当然，成果形式各要素的排列顺序并没有固定要求，如果预期成果较多，也可以列一个统计表格来体现。

4

第四章

研 究

研究就是运用一定研究方法对研究问题进行分析并取得实质性成果的过程。从某程度上说，研究的过程就是研究方法的运用过程，方法是如何运用的，研究就如何开展，方法运用得是否科学决定了研究工作是否具有规范性，也在很大程度上决定了研究成果是否具有价值性。所以，这部分将通过介绍几种常用的教育科研方法来讨论研究过程中的相关问题。

第一节　文献研究法

一、概述

（一）定义

文献是记录人类知识、信息的载体。如书籍、报刊、音像视频等。

文献研究法是研究者系统、全面地搜集、整理研究领域相关文献，以文献资料为研究客体，通过对其进行分析推论，进而形成有关现象、事实的新认识的一种研究方法。

（二）作用

文献研究法是所有教育科研都要运用的研究方法，同时这种方法的使用会贯穿整个研究全程。它可作为一种独立的研究方法使用，其成果形式为文献综述类的论文。但中小学的教育科研大多具有明确的实践指向性，文献研究法在研究中更多是作为一种辅助性的研究方法，帮助研究者系统全面地了解研究有关领域的情况，从而支撑后续的整体研究工作。

（三）优势与局限

1. 优势

（1）可接触范围广

对文献资料进行研究分析，可以跨越时间、空间等的限制，从古今到中外，只需通过相关渠道获得文献，就可以进行观点的提炼与研究，这对于研究者来说，是方便省时的。

（2）研究成本低

文献研究法接触的仅仅是与研究对象有关的文献资料，研究过程相对比较简单，不需要太多的研究经费。

2. 局限

（1）具有倾向性

研究者在进行文献研究分析时会倾向于自身课题的观点，这就容易忽视或者扭曲原文主旨，从而偏离文献原本描述的事实现象，将在一定程度上影响研究结论的客观性。

（2）具有限制性

文献资料浩如烟海，研究者不可能做到面面俱到，因此，非全面性的选择会对研究内容有一定的限制；其次，由于研究者对于文献的熟悉程度不一，很难完全理解里面的内容信息。

二、文献的分类

（一）按出版形式可分为：图书、报刊、资料等

图书。包括一般性图书和工具书。一般性图书包括教育专著、论文集、教科书等。专著通常是该领域最有影响的权威性著作。这类文献内容专深，论述全面系统，是研究人员需要反复研读的重要文献。工具书包括教育词典、教育百科全书等。

报刊。一是学术期刊。这类期刊文献的专业性、理论性较强，常能反映最新研究成果。教育领域的学术性期刊有《教育研究》《人民教育》《课程·教材·教法》《中小学教学与管理》等；二是普及性期刊，如《中国教育报》《教师报》《上海教育科研》《班主任》等。报刊类文献的优点是信息传递快捷，内容覆盖面广，缺点是连续性差。

资料。非书非刊的文献，又可称为教育档案类。包括教育年鉴、教育文件汇编、资料汇编、学位论文等。这类文献大都具有史料性等特点，有些还具有独创性，如科研报告、学位论文等，也是教育研究不可或缺的文献来源。

（二）按载体性质可分为：印刷型文献、计算机网络文献

印刷型文献：以纸张为载体的出版物。优点是便于阅读，缺点是体积大，难以实现机械化，需要手工检索。

计算机网络文献：网络文献的类型有电子书、电子报大型数据库。网络文献信息量大，增长快，且分布广泛。

（三）按文献内容加工程度可分为：一次文献、二次文献、三次文献等

一次文献指最初发表的，散在各种刊物未经综合整理的原始文献。如期刊上刊登的论文、研究报告、学位论文、会议文献等。这是文献检索的主要目标。 其特点：具有参考、借鉴价值。但量大，发表分散，难以查找。

二次文献指一次文献经过综合整理后形成的文献，是对一次文献进行加工整理，浓缩提炼后的产物，如一般图书、文摘刊物等是二次文献。

三次文献指对上述两种文献再作综合报道后形成的文献，如各种图书目录、索引刊物、年鉴、综述文章。三次文献具有汇集性、可检索性，是文献检索的主要工具。

这三类文献的定义是严谨的，有些复杂。可以举例说明：如成功发表了一篇文章 A1，这就是一次文献；然后有一本资料 B，觉得你写的 A1 很有用，就把文摘、作者等信息摘过去了，同时还摘了其他文献 A2、A3、A4……这本资料 B 就是二次文献；又有一同学，先看了 B，又看了里面的 Ax，觉得学到很多，写一篇总结性的文章 C（文献综述），C 就是三次文献。

那么这三类文献分别有什么用呢？先说一次文献，我们研究中检索到的 80% 以上的文章都属于一次文献，通常就是我们说的"全文"。我们知道读完一篇文献是很花时间的。这么多的一次文献里，我怎么知道这篇文章是值得读的呢？这时候就要二次文献发挥作用了，它最大的作用就是帮你找和帮你分析。就算是有了

二次文献的帮忙，要了解这个领域的总体情况还是很花时间，这时候是三次文献的用武之地了。这些文献也叫"综述"文献。简言之，一次文献，就是全文，用来精读；二次文献用来找检索和分析；三次文献（文献综述）用于宏观了解整个研究主题的已有研究情况。

三、基本程序

文献研究法的一般包括五个基本环节：明确文献研究目的、检索搜集文献、整理文献、阅读分析文献和利用文献。

（一）明确文献研究目的

明确文献研究的目的是文献研究的第一步，在文献研究全程中，它起到"总纲"的作用，直接决定着文献收集、整理、分析等其他环节。文献研究目的，即要回答为什么要用文献研究法，文献研究法在研究中起什么作用？要通过搜集文献，了解研究主题哪些方面信息？一般在课题论证设计中的"研究方法及其运用"时，需要对此进行说明。以课题"推动区县义务教育优质均衡发展的办学模式实践研究"为例，利用文献研究法的目的是搜集、查阅、整理相关文献，把握办学模式的内涵，了解国内外，尤其是国内其他省市为推动义务教育优质均衡发展的办学模式改革研究状况，吸收和借鉴其相关的先进理念和成功经验，为本课题的实施提供理论依据和经验材料。

（二）检索搜集文献

1. 文献检索的步骤

首先，确定文献收集的范围，就是要根据拟好的文献研究目的和研究问题，确定一个大致检索范围，包括内容范围、时空范围、类别范围等。

其次，选好资料，按照确定的研究范围，尽可能大量地占有与主题相关的文献资料。

2. 文献检索渠道

文献的类别不同，检索渠道也不相同。教育研究文献的搜集渠道有：图书馆、档案馆、教育事业单位或机构、互联网。图书馆和互联网是检索文献的主要途径。

（1）到图书馆查找印刷性文献资料

首先需要了解我国图书的分类法。这种图书资料分类方法将各学科文献分成

22 个大类，用 A 到 Z 之间，除去 L、M、W、Y 四个字母的 22 个字母表示，字母后用数字表示小的分类。教育文献分类：G 文化、科学、教育、体育；G4 代表教育类。

① 大型图书馆可以采用检索工具查找，即通过目录卡片、目录索引查找所需要的文献。

② 期刊。首选专业、权威的期刊。期刊阅览室会把期刊一年归档一次。一般能查阅近 5 年权威期刊的年度合集本。

③ 新到期刊。可利用新到期刊目录进行浏览。

（2）互联网搜索法

利用现代网络，可以便捷地获取网络信息资源。

利用常用的搜索引擎，即通过百度、谷歌等最常见搜索引擎查找文献。这是目前中小学教师用得最多的网络文献搜索方式。操作方法简单：打开搜索引擎，输入"关键词"。关键词依据研究主题而定。为了有效地检索，应该提出 3 到 5 个关键词。在选择关键词时，可以在关键词前后加修饰词进行搜索，例如查"文献研究法"，可以输入"文献研究法的作用""文献研究法的步骤""文献研究法的注意事项"等。确定关键词时，要注意避免将无关的或无足轻重的词语作为关键词，而将重要的词语排斥在关键词之外，有时还需要把与某些关键词相关或相反的词语列为搜索词。如"惩戒教育"作为关键词时，应该同时将"惩罚教育""赏识教育"作为关键词。在运用网络搜索文献时要注意以下两点：

第一，用心积累。网络文献具有信息量大、更新速度快的特点。因此，浏览网络文献时，要注意多留心，发现有用信息及时复制、下载，否则可能难再找回。

第二，学会甄别。网络文献质量良莠不齐，有很多有价值的信息，也有很多垃圾文献。网络文献的学术性、系统性不强，但也有不少实践层面的经验总结，有可能对研究问题的解决具有启示、借鉴意义。这就需要学会甄别好坏真假，从中选择有用的文献。

利用专业文献搜索引擎，即借助中国知网和万方、维普数据库的专业文献搜索引擎，可以查阅到多种类型的文献，如电子报刊、电子图书、优秀硕博论文、重要会议论文等。

以"中国知网"检索为例。

"中国知网"是检索资料时最为快捷、有效的途径。各领域的期刊论文、硕博毕业论文等文献资料都可以查阅。

检索文献的途径有多种：一是主题途径，即通过反映资料内容的主题词（关键词）来检索。主题词要确定好，才能保证所要的内容全面。换个主题词，搜索后呈现的文献清单是不一样的。二是题名途径，即通过书名、题名进行检索，这是明确知道书名、论文题目时最方便的途径。三是作者途径，即通过文献作者或者编者的名字进行检索。如果知道了某人是该领域研究的专家，可以针对性地查找其发表的所有文章，重点查阅其在该领域的研究成果。

通常可以综合利用以上途径，即采用"高级"检索方式查找，可以缩小检索范围，提高效率。譬如先确定查找"主题"，为了更精确查找文献，可在"并含"选项输入内容。如果想就某一种核心期刊发表的文献进行检索，可以在"文献来源"里设定。文献阅读量和被引用频次是衡量该文献的研究价值和研究水平的重要标志。

3. 文献检索方法

顺查法：按时间由远到近查找。优点是可以全面系统了解专题的过去和现状，从而发现它的发展趋势。缺点是查阅全部文献比较费时。

倒查法：以现在为时间点，先查最近的文献，后查过去的文献。一般尽量采用倒查法，可以掌握最新的前沿动态和资料。

抽查法：以专题研究的高峰期为时间段，集中检索这段时间内产生的文献。但此法要求检索者必须熟悉专题的发展史。

追溯法：也叫参考文献查找法，即根据文献后面附的参考文献去追踪查找，这主要在没有检索工具的情况下使用，尤其对重要文献要注意追踪。但与前面几种方法相比，容易漏掉文献文章。

中国知网文献丰富，检索快捷，但要付费才能阅览和下载文献的全文。可以进入知网界面，利用它的检索功能，先阅读文献的摘要，判断文章与研究的相关程度及价值大小，再决定是否需要付费下载全文。

（三）整理文献

搜集好文献后，紧接着需要对这些文献进行归纳、整理、阅读。首先，下载文献时，把文章题目粘贴为文件名。其次，可以根据主题方向对文献进行粗略分类，不同主题存入不同文件夹。最后，可以标注重要文献标号。根据重要程度在文件名前加编号 001、002、003，然后按名称排列图标，最重要的文献就排在最前面了。

（四）阅读分析文献

阅读是全面掌握文献观点、内容的过程。

1. 第一步: 快速浏览

查到的文献资料太多时, 不必篇篇研读, 可以先对这些资料进行快速浏览。快速浏览应注意三点: 一是确定资料的内容。快速浏览标题。一般标题会表明研究的主题是什么, 可粗略判断与要做的研究有没有联系。二是看文献中是否有研究者感兴趣的东西。首先是读摘要, 摘要是对文章的思路、观点、内容的概述。当然有的摘要概述得不好, 就需要跳读, 这看一点, 那看一点, 了解作者究竟做了哪些方面的研究。三是对于一些长篇文献, 如研究报告、学位论文, 重点看摘要、研究设计的核心 (目标、内容、思路)、研究成果和结论部分。

快速浏览后就可以搞清楚文献的大致内容和创新点, 可以判定是否需要进入第二步精读阶段了。同时通过浏览, 对文献做进一步的整理。可再次确认重要文献标识, 还可在文件名中用简短词汇概述文献最有价值的地方 (如以 "001 原则+文献名" 标明)。同时, 对浏览中捕捉到的有用信息, 或者自己印象深刻、感兴趣的内容 (如独特观点、研究思路、理论分析等), 可以用不同的颜色或者加粗等方式进行标注。

面对一个完全陌生的课题领域, 可以先查找一下是否有相关的文献综述。综述是了解该领域最快的途径。综述的信息量大, 论述精辟, 读后可以帮助我们快速掌握已有研究的重点内容, 掌握研究领域的大方向和框架。如研究 "校长角色", 我们就可以在搜索文献过程中以 "……文献综述" 进行搜索, 因为这些文献综述是别人对已有的研究进行的概括, 这样就省去我们很多时间和精力。如果没有, 可以查阅硕博学位论文的文献综述部分内容。但这类综述也存在着一定的不足, 其一, 已有的文献综述可能是围绕一个点进行的, 并不一定全面; 其二, 该文献综述的时限性受到限制, 如搜索到的文献综述是 2018 年写的, 这就意味着该文献研究的是 2018 年之前的文献, 这就需要再对 2018 年以后的文献进行搜索和综述。

2. 第二步: 精读做笔记

首先, 要用心思考, 一边读, 一边问自己, 文献内容与本研究有哪些关系? 可以如何利用该文献? 对有用部分, 要反复研读, 反复思考, 弄清楚作者观点。其次, 要做好摘记, 在读到一些较有价值的文献, 或者读到一些对主要观点和总体研究思路很有启发的资料时, 可采用读书摘记的方式, 建一个文档, 摘录其中的重要观点和论述。同时, 在文档中要记录文献信息的来源和自己的点滴思考。这样便于再查看时, 根据需要对文献进行泛读和跳读。

最好集中时间看文献。看过总会遗忘, 看文献的时间越分散, 浪费的时间越多。集中时间看容易联系起来，形成整体印象。对于自己感兴趣的文章，可能需要多读几遍。因为好文章可能每读一遍就有不同的收获。有时不仅要看原文，还要看它的参考文献，多追踪几篇文章。

（五）利用文献

文献研究贯穿于课题研究的全程。在课题研究不同阶段，如选题、论证设计、研究过程和提炼研究成果等都可以通过研究、利用文献，发挥其独特的重要作用。

1. 选题阶段

中小学教师科研选题的主要途径是教育教学实践中的真实问题，但有的老师刚开始做课题，可能对选题感到困惑、迷茫，不知道可以做什么课题。借助文献研究，可以发现一些研究领域，进而确定研究问题。

（1）用教育理论观照教育现实

阅读中最为关键的是要结合自己的工作进行有针对性的思考，尝试用先进的教育理论和理念审视工作，对相关问题或经验进行解读和分析。如受生活教育理论的启示，教学要联系生活，回归生活，要利用好本土课程资源和学生的生活经验。这里面就有许多问题值得研究。如结合学科开展"教学生活化途径及方法研究""教学内容生活化研究""教学过程生活化研究"等。

（2）了解学科领域近期关注点

可以进入"中国知网"等专业搜索平台，了解学科教学近几年的研究热点。如输入"初中历史"，并设置发表文献的时限，平台会呈现对应时间段的研究文献条目。浏览这些文献题目，就能大致把握近些年学科教研的关注点。

（3）利用文献确定研究问题

研究刚开始只是聚焦到了某个领域，有大致的研究方向，而一个领域可以分化出多个具体的研究问题。因此需要进一步聚焦，确定出具体的研究问题。而通过阅读分析文献，可以发现该领域已有研究的薄弱点、研究的趋势，找到研究切入点，确立自己既感兴趣又有研究价值的研究课题。

（4）借助文献，提高选题的创新性

教育科研也要关注研究的"创新性"。这就需要查阅文献，尽可能全面掌握该领域中的研究动态，了解哪些问题已经解决，哪些问题需要寻求新的突破，这样才能在已有研究基础上进行新的研究，从而使我们的研究具有创新性。

2. 论证设计

选题确定后，需要进行研究论证设计工作。课题论证设计从逻辑上包括"研究什么""为什么研究""怎么研究"几大板块，每个版块都离不开文献研究工作。换言之，没有必要的文献分析，论证设计中很多内容，如问题的提出、文献综述、关键词界定、研究思路的确定等都很难表述清楚。

如果说选题过程需要"海选"，广泛查阅文献的话，那么论证设计则需要在"海选"基础上，集中检索、分析与研究工作密切相关的三个方面文献：与理论构思和研究假设相关的理论文献；在本研究领域的已有相关研究资料；与研究对象相关的事实资料方面的文献。只有查阅了这些文献资料，研究设计才有可能达到同类研究中较高的水平。

3. 研究过程

（1）研究启示

进入实质性研究工作后，进一步查阅文献可以为课题的研究思路、研究策略等方面提供启示。如当理论思考出现障碍，研究工作进展不顺；如没有明确的研究思路；或有多个研究思路无法抉择；或出现一些新情况，常常需要有针对性地查阅文献，尤其是相关领域中的最新进展。通过查阅文献，我们能找到很多同伴，看看他们是沿着什么样的研究路径前进的？是怎么解决问题的？取得哪些研究成果？能否借鉴？如果能，我们又如何结合实际，创造性地运用别人的研究成果，来解决我们的具体问题？

（2）规范运用研究方法

很多中小学教师不能规范运用研究方法。这个问题的最好解决途径是"学中做，做中学"，即在学习中借鉴别人的研究路径，揣摩别人的论证设计、领悟研究方法的操作要领，并尝试在研究中加以运用，以此逐步提升研究能力。如要使用问卷调查法，但不知道如何规范操作，可以采用理论+案例的学习方式，先查阅问卷调查法的使用介绍，再看几个高质量的问卷、调查报告实例。

4. 提炼研究成果

研究后期，需要对从事的研究工作总结，梳理、提炼研究成果，形成论文和研究报告。这些成果既是衡量是否完成研究任务、能否结题的依据，又是衡量研究成果的创新性、价值的重要依据。中小学教师在成果提炼环节容易出现以下三大问题。

一是把工作总结与经验总结相混淆。工作报告一般只是简单地回顾"做了什么""怎么做的"，这对改进工作的指导意义不大。经验总结要在工作总结的基础上，基于理论分析和条件分析，进一步分析回答"为什么"的问题。"为什么要这么做？是怎么思考的？"和"这样做有什么结果，为什么会有这样的结果？"对事物发展结果的原因、机制进行阐述，获得某一方面的系统认识。这种认识对优化工作才具有指导借鉴意义。

二是研究成果理论性不高。为此要多学习教育学、心理学等方面理论，尝试用科学的理论诠释、分析教育问题和现象。可以选摘理论观点，作为研究的理论支持；也可以借用某些学者的论述来佐证自己的观点。用理论来解读经验的科学性、可靠性和体现经验的深度。如何寻求到这样的理论及名人名言，以恰如其分地证明自己的观点，这就需要查阅相关文献，掌握更多的有关理论和研究资料。

三是文本写作的规范性不到位，具体表现为没有遵从文本结构布局和学术论文的基本规范。这个问题的解决比较简单，多借鉴一些高质量期刊的论文、学术报告。多"仿写"，揣摩文献的写作逻辑；多套用文本的写作版式，如表达方式、文本排版、参考文献的格式等。

四、文献综述

文献综述是根据课题的需要，将文献资料搜集起来，经过分析加工后，用自己的语言对某一问题的研究状况进行综合叙述，写出的一份综合性材料。文献综述的格式多样，但一般包含以下四部分：引言、正文、总结和参考文献。

（一）引言

该部分的写作目的是让读者对整个综述内容有一个初步的轮廓印象。写作的关键点是对研究的目的、综述的范围和出处等进行总体性的介绍，简要说明有关主题的研究现状等有关信息。当然，引言部分并不是都要一一列举出这些关键点，根据需要有所强调即可。我们通过两个范例，进一步理解与把握这一部分撰写的要求。

范文1："观评课"文献综述的前言。

观评课是教研活动的基本形式之一。随着新课程改革的深入，观评课日益受到学校、教师、研究者的关注。在应用这一教研模式过程中，很多问题凸显出来。关于观评课的讨论也日益激烈起来（提出研究的需要）。为了使观评课更好地为教育教学服务，我们对国内现有的有关观评课的文献进行了阅读、筛选、分析、归纳，试图从观评课的概念、操作模式、争议、研究动向等方面将有代表性的观点

进行梳理，综述如下……（提出综述的范围）

这个文献前言部分主要概括了"研究意义、综述范围"。

范文 2："学习困难学生转化策略研究"文献综述的前言。

"转化学习困难学生"这一研究主题在国内外都开展了比较充分、系统的研究，尤其是对学习困难学生的界定、类型、特点、形成原因、矫治的理论和对策都有较详尽的论述……

这篇文献综述的前言虽然简短，但扼要说明了研究现状及焦点问题。

从以上两个写作案例可以看出，前言部分撰写的内容主要依据研究的实际需要，凸显"研究的目的、综述的范围，扼要说明主题的研究现状或争论焦点"等。

（二）正文

文献综述的正文包括某一研究的历史 （揭示研究的发展脉络）、现状 （寻求当前研究的方向、研究成果和应用效果等），已解决的问题、尚存的问题和发展趋势，这样便于他人了解该主题研究的起点和本研究的切入点。

这部分的撰写要求在充分理解已有的研究观点基础上，以研究问题为主线，用合理的逻辑将它们准确地表述出来。避免出现"综"而不"述"，即仅仅是简单罗列和堆砌文献，没有对这些文献进行分类、归纳和提炼，没有以研究问题为主线将这些观点联系起来，综述的内容显得十分杂乱，缺乏逻辑和针对性。

正文一般可以按以下几种逻辑关系来陈述已有研究。可以按年代顺序综述，也可按主题的不同方面进行综述，还可按不同的观点进行比较综述。对于时间跨度较大、研究背景资料丰富的文献综述常常采用"纵横联写"方式。在阐述时，一般是"纵写"历史背景，"横写"目前研究状况。通过"纵""横"联写，既能系统全面地反映研究对象的历史、现状和趋势，又能反映研究内容的各个方面。

1. 按年代顺序（发展阶段）综述

"纵式写法"指围绕主题按时间先后顺序或主题本身发展阶段，对各个阶段的发展动态作简要描述，如已解决哪些问题，取得哪些成果，还存在哪些问题，今后发展趋向如何等。

范文："寄宿制学校心理健康教育途径与方法的实验研究"课题国内外研究现状述评。

……1998 年国际心理卫生协会强调"健康的定义……"

心理健康运动的发起人是美国的 C.比尔斯……马斯洛的人本主义强调"自我实现"；费勒姆提出了"新人型理论"；奥尔特提出了"成熟者的理论"……

美国是最早开设心理辅导的国家，……将"心理辅导"定为学校教育的一部分……，苏联教育部 1984 年颁布"苏联普通学校心理辅导条例"；日本也积极从美国引进心理辅导……

我国心理健康教育起步较晚，20 世纪 80 年代在个别地区、个别学校起步了……，中小学真正起步是在 90 年代初到 90 年代中期。……

1988 年中共中央发布了《关于改革和加强中小学德育工作的通知》。…… 1993 年全国教育工作会议明确提出"通过多种方式对不同年龄层次的学生进行心理健康教育指导……"1997 年 10 月国家教委关于《积极推进中小学实施素质教育的若干意见》的通知中再一次强调了对中小学生进行"心理健康教育"。应该说自 20 世纪 90 年代初期到中期，上海中小学的心理健康教育走在了全国前列，1994 年上海教委出台了有关……文件，并出版了有关教材。与此同时不少的学校开始启动学校心理健康工作，但没有对不同的学生群体进行探索。寄宿制学校的学生与非寄宿制学生在生活、学习等条件上都存在着较大差异，在心理健康发展特点、需求等方面有较大不同，但鲜有寄宿制学校的心理教育途径与方法的成型经验。因此寄宿制学校心理教育的途径与方法是值得研究的问题。

从范文看出，课题组成员翻阅了大量资料，体现了文献综述的纵式写法。但该文献综述也存在一个典型的不足：即文献综述不是资料库，要紧紧围绕课题研究的"问题"，确保所述的已有研究成果与本课题研究直接相关。该文献综述对"心理健康教育途径和方法"的文献综述不多，对寄宿制学生与非寄宿制学生心理健康差异的分析也不多。这样对后面的研究设计帮助作用不大。

2. 按不同主题（问题）进行综述

"横式写法"主要基于对文献中的研究内容分析。研究文献的内容分析一般采用"总—分"的形式，即先总结当前研究所包含的主要方面，然后分别对其进行阐述和说明。分析时，研究者要总结出已有研究中具有代表性的核心观点，如果这些研究的角度和方法值得借鉴，也可以一并指出。

范文："问题—探索—交流"小学数学教学模式研究。

……我们在网上浏览了数百种教学模式，下载了两百余篇有关教学模式的文章，研读了五十余篇。概括起来，我国的课堂教学模式可分三类。

① 传统教学模式——"教师中心论"。这类教学模式的主要理论根据是行为主义学习理论，是我国长期以来学校教学的主流模式。它的优点是……，它的缺陷是……

②现代教学模式——"学生中心论"。这类教学模式的主要理论依据是建构主义学习理论，主张从教学思想、教学设计、教学方法以及教学管理等方面均以学生为中心，20世纪90年代以来，随着信息技术在教学中的应用，得到迅速发展。它的优点是……，它的缺陷是……

③优势互补教学模式——"主导—主体论"。这类教学模式是以教师为主导，以学生为主体，兼取行为主义和建构主义学习理论之长并弃其短，是对"教师中心论"和"学生中心论"的扬弃。"主导—主体论"教学模式体现了辩证唯物主义认识论，但在教学实践中还没有行之有效的可以操作的教学方法和模式。

当今较为先进的小学数学教学模式可表述为"创设情境，提出问题—讨论问题，提出方案—交流方案，解决问题—模拟练习，运用问题—归纳总结，完善认识"。这种教学模式力求重视教师的主导作用和学生的主体作用，为广大教师所接受，并在教学实践中加以运用。但这种教学模式将学生的学习局限于课堂，学习方式是为数学而数学，没有把数学和生活结合起来，没有把学生学习数学置于广阔的生活时空中去，学生多角度、多途径运用数学知识解决问题的能力受到限制，尤其是学生运用数学知识创造性地解决生活中的数学问题的能力发展受到限制，不利于培养学生的创新精神和实践能力。为此，我们提出"'问题—探索—交流'小学数学教学模式研究"课题。

范文中，研究者对有关研究领域的情况有全面、系统的认识和了解，从整体上把握研究发展历史与现状、已取得的主要研究成果、存在争议的地方，对相关文献作了批判性的分析与评论。

3. 按不同的观点进行比较综述

首先概述出一类研究的观点，随后进行评述，肯定其合理性和进步的地方，指出其矛盾与不足。然后再论述其他代表性的观点，以此类推。以这样的方式来布局谋篇和建立自己的观点。

（1）使用连接词

在文献综述中，通过使用简单的连接词，避免简单地一一罗列文献观点。

串联观点相似的词语，如：也是、另外、再者、同样地……

范文："区域学校自主评价的行动研究"课题文献综述中的"学校自主评价的内涵讨论"。

关于学校自主评价的内涵，学术界从不同侧面作出了阐释。国外对自主评价的表述有多种。一种较为突出的观点，即将学校自主评价与行动研究联系起来，认为学校自主评价的过程就是行动研究的过程。如：卡瑞和吉米斯（Carr&Kemmis）

将行动研究定义为……而学校自主评价就是根据这样一种理念建立起来的。戴林·哈蒙德（Darling Hammond）也有相似的观点，他将学校自主评价视为一种行动研究的过程……

分析："国外对自主评价的表述有多种，一种较为突出的观点"，这是一种写作手法，有关主题研究的观点可能很多，不能把所有观点都罗列出来，可以把较为突出的观点写出来进行分析即可；"戴林·哈蒙德（Darling Hammond）也有相似的观点"这是一种承上启下的连接句，可以看出文中很自然地用了"也"连接词。

（2）串联不同观点的词语

如，然而，相反地，从另一方面来说，虽然如此……

范文："校外教育"研究。

"校外教育"的内涵界定多种多样。多数学者认为："校外教育"就是在学校以外发生和进行的教育活动，是在国家的教育目标和教育方针的基础上，利用业余时间，学生在体育、艺术、自然科学、社会科学等方面所进行的有组织、有指导的教育娱乐活动。然而沈明德在他主编的《校外教育学》中却认为，"'校外教育'是社会主义教育事业的重要组成部分，是基础教育的组成部分，是现代教育的一种重要形式"……

分析："多数学者认为……"是对多数相同观点的内容进行概括；"然而……"表示转折，突出了另一种不同的观点或声音。

（3）作者本人观点的表述

本人观点就是对所综述的主题最好能提出自己的见解，要用自己的语言对文献进行总结、评述。个人观点可以贯穿在文献的主题部分，在叙述每个问题或观点之后，随时发表自己的看法。也可以在概述已有研究概况之后，提出自己的见解。

范文"农村中学学生自学方法研究"。

国外的研究现状：

国外的自学方法有很多。美国心理学家斯金纳提出程序学习法……程序学习使学习变得相对容易，有利于学生自学。美国心理学家桑代克所创设的试误学习法……它主要解决学习中的问题。还有超级学习法，查、问、读、记、复习法、暗示法等。

国内的研究现状：

我国古代就非常重视自学方法的研究，有"温故而知新"，"学而时习之"……我国现代教育家叶圣陶先生主张培养学生的自学能力……中国科学院心理研究所卢仲衡同志首先提出"自学辅导教学法"……这种方法的主要优点在于……魏书生的语文教学主张通过提高学生学习的自觉性来提高学习效率……以上国内外的研究经验为我们的课题研究提供了宝贵的经验。

从文献综述范文看，该课题综述列举了国内外有代表性的专家、学者关于自学方法方面的论述和做法，并对部分内容的优点进行了概述。但是，文献综述对每位专家、学者所持理论和做法的优点与不足所进行的分析与评论不够，特别是缺少对国内外研究现状的综合提炼与分析。综合提炼与分析的写法例如：

……综合及比较以上各种界定，笔者认为"校外教育"从以下几方面可以达成共识：（1）"校外教育"是在学校教学计划之外，在课余时间开展的教育活动。（2）"校外教育"的对象是少年儿童。（3）"校外教育"对中小学学生的成长都具有极其重要的作用与影响。

正文是文献综述的主干，不管采用什么样的撰写格式，这一部分关键是要阐明有关研究的历史发展、现状综述和发展方向预测三方面的内容，以及对这些研究的简单评述。

（三）总结

文献综述的结尾应在考察研究现状的基础上，总结该领域当前国内外的主要研究成果及其意义、价值，肯定前人为该领域研究打下的研究基础；同时要说清前人研究的不足，从而提出自己新的研究设想等。

1. 指出目前研究中的不足

"目前研究中的不足"这一部分易为研究者所忽略，而又是文献综述极其重要的部分。目前研究的不足之处可以从研究对象、研究方法、研究内容的深度、研究的现实性等多方面进行分析。

范文："对中小学内部管理制度建设模式的研究"的综述内容。

综观上述研究，国内外教育管理学界在教育行政管理体制、校长负责制、教育政策法规等方面所进行的大量研究，为本课题提供了一定的研究基础（肯定已有的研究）。但是关于学校内部管理制度建设方面的专门研究还相对较少，主要局限于以下几个方面的研究或讨论……令人遗憾的是，这些研究的理论深度相对不够，没有在制度建设的基本理论方面进行较为深入、系统的论述，比如：制度到底是如何产生的、影响制度执行效果的因素有哪些……（点出研究的不足）

范文："校外教育研究"文献综述。

……以上观点无论是在理论上还是在实践上，对"校外教育"的建设及发展都具有很好的导向作用（肯定已有研究）。但是他们的思考都较偏向于"校外"这个活动区域，没有联系到学校教育来考虑"校外教育"（点出研究的不足）。笔者认为要更好地开展"校外教育"，必须还要依靠学校教育。尽管两者在本质上具有不同的特质，但是两者在对学生教育这个前提下，是相辅相成，缺一不可的……（提出进一步研究方向）

点评：作者不但作出评判性总结（既肯定又点出不足），还提出了自己的观点。

2. 述评结合：述与评的关系的处理

文献综述既要"述"也要"评"。按照一定逻辑顺序将已有研究的核心内容呈现出来，而不是简单罗列，做到逻辑清晰地"述"，并且在述的基础上对研究进行反思，找到创新点，做到论据充分地"评"。

"述"和"评"要保持适当的比例。重点在于"述"，即主要是梳理相关领域的研究现状及动态，阐述和分析前人观点，为后续的研究提供参考。在"述"的时候，应注意回顾已有成果要有重点，内容要紧扣主题。可适当引用过去的文献内容，但要尽量避免大量引用原文，要用自己的语言把作者的观点说清楚。

但也要适当"评"，要有个人观点。如果是"述"而不"评"，"述"的内容再有系统性，也只是陈述了他人的观点，没有通过分析、评说，发现未来发展方向和要进一步解决的问题，也达不到找到研究切入点的目的。但"评"不能占主体。有的对研究现状的梳理和介绍只是一笔带过，用大量的篇幅进行评述，进而提出自己的研究设想，结果将文献综述写成了评论或研究计划。

"评"还要注意把握评述的分寸。对已有研究的评价，要尊重科学，实事求是。对本课题的预期价值的陈述要恰如其分。最好不要使用"填补了研究空白""有很高的学术价值"或"本研究处于国内外领先水平"等不适当的自我评语。

（四）参考文献

参考文献部分是文献综述不可缺少的一部分。一方面为读者了解或进行类似的研究提供线索，另一方面为自己后续研究或者查询内容提供方便。

参考文献罗列的要点包括：按研究成果与本课题的相关程度进行罗列；最权威的已有研究成果必须罗列；课题直接引用的研究成果必须罗列。

参考文献的编排应条目清楚，查找方便，内容准确，格式规范。

文献研究法主要涉及的收集和处理信息的能力，对教育科研具有重要意义。中小学教师要在研究中重视教育文献资料的搜集整理，并善于利用文献资料进行研究，提高课题研究的实效性。

第二节 问卷调查法

一、概述

(一) 定义

问卷调查法是研究者将调查项目和内容编制成问卷，通过书面语言与被调查者进行交流，请被调查者作答，然后收回问卷进行分析整理，收集、研究关于某个教育问题或教育现象的信息和资料的一种研究方法。

(二) 优势与局限

1. 优势

① 调查范围广泛，可以大规模开展调查。

② 材料的收集比较快捷，可利用一些功能强大的在线问卷调查平台，如问卷星，实施调查方便易行，对调查结果统计处理与分析非常方便。

③ 获取的信息比较真实、客观。问卷不记名，答卷人更加开放，能真实反映自己的观点和态度。

2. 局限

① 调查问卷设计要求比较高、难。

② 调查过程不能灵活深入，导致调查结果广而不深入，不能很好解释教育内部各因素的因果关系。

二、基本程序

问卷调查法的一般包括六个基本环节：明确调查维度、设计调查问卷 、发放回收问卷、统计问卷结果、分析调查数据和撰写调查报告。

(一) 明确调查维度

调查目的是调查者希望通过调查获取有关问题的信息、资料。它是调查研究的灵魂和主线。调查维度是调查目的的分解，是对调查想要获取信息、资料的大体分类。它是整个问卷的隐形逻辑框架，只有确定了相对科学、系统的调查维度，才能设计出好的问卷，保证调查的全面性和针对性，避免问卷设计时，想到什么就列出什么，造成问题设计不系统，设计了不相关的问题（即问卷中出现一些看似相关而实际并非研究需要的问题），甚至遗漏重要的问题（即本应是调查的重要内容而没有设计相关的问题）。

调查维度的划分要基于对核心概念内涵的把握、调查问题本质的明确和核心参考文献的占有。

1. 界定核心概念

核心概念关系到调查方向和基本内容。核心概念的内涵如果不能清晰界定，则无法明确调查研究的内容范围。核心概念的界定需要把握两个维度，即概念的内涵和外延。内涵就是要界定清楚核心概念是什么，描述出核心概念的本质特点。外延就是要界定清楚核心概念所包含的范围，明确核心概念不是什么。

比如，"对某区校本课程建设现状的调查"，就必须明确"校本课程"是什么，其本质特点是什么？校本课程有哪些类型和形式？哪些不属于校本课程的范畴？有时还需要根据研究目的和对象对核心概念下操作定义，以确定调查的内容与范围，便于将调查的维度转化为具体易于操作的问题设计。

比如调查某班学生学习态度情况，就可以从了解该班学生的到校率、迟到早退次数、上课听讲状况、作业完成状况等情况入手。了解这些，可以间接了解他们的学习态度。也就是说，对学习态度的调查经过转换和具体化，变得可以操作。

2. 明确调查主题

对调查主题给予明确的陈述，以达到将最初头脑中比较含糊的想法变成清楚明确的研究主题。如"对某区校本课程建设现状的调查"，需要明确"校本课程建设"具体包含哪些方面？站在课程论的视域，校本课程建设至少应该包括校本课程的开发、实施、管理、评价等环节。

3. 查阅相关文献

问卷设计者要对于自己所研究的主题、领域比较熟悉，包括实践经验和理论储备，尽可能成为所研究主题的内行。譬如，在设计校本课程建设现状调查问卷之前，需要查阅校本课程建设相关文献，包括校本课程的开发（原则、程序、课程的基本要素、课程开发的影响因素等）、实施（学校课程的管理、具体实施方式）、评价（对课程的评价、对教师教的评价、对学生学的评价）等内容都需要了解，甚至还可以了解其他研究者对校本课程建设现状的梳理。

总之，调查者设计问卷题目前，必须清晰调查维度，做到了然于心。问卷设计时围绕调研目的，根据列出的调查维度，对每一维度拟定几个题目加以考察，进而获取信息。在这个环节，需要确保调查维度划分的全面性。只有分解的调查维度全面，调查的信息才能全面，才能确保调查目的实现。如果研究主题的内涵比较丰富，可以划分多级调查维度。如，"某地校本课程建设现状调查研究"的一级维度可以包括以下几方面：学校校本课程建设的基本情况、校本课程开发、校本课程实施、校本课程的管理、校本课程评价。在一级维度"校本课程开发"下还可以分化二级维度，如校本课程开发主体、程序、课程资源的来源等。

（二）设计调查问卷

问卷是用来收集资料的一种工具，需要精心设计。问卷设计需要完成以下一些主要工作：确定问卷中的问题题型；编制具体的调查问题；完善问卷的构成要件；试测修订问卷（问卷大致成型后，要检查问卷中项目、内容、问题表述的方式能否被受试者所理解。必要时，可以找少量的被调查者进行小范围试测）。

（三）发放回收问卷

问卷形式主要包括纸质问卷、电子问卷、电话问卷等。

问卷的发放形式可以是现场发放、邮寄发放、网络发放。

问卷作答方式包括团体作答和分散作答两种。团体回答，即将调查对象集中在一起，先由调查者对调查加以说明，然后让调查对象回答问卷。这种调查方式，问卷的回收率高、效度高。

中小学教师从事教育调查的问卷发放数量视情况而定，小型问卷调查不能少于 30 人，一般问卷调查量为 100~200 人，较规范的问卷调查量在 300 人左右。如果调查对象总量不大，可以全部实施调查。如果调查总量很大，要进行抽样调查，即从被调查的总体中抽取部分作为样本进行调查。抽取样本要注意涵盖调查对象中的所有类型。

问卷回收环节需要做好两件事：一是判定有效问卷；二是计算回收率及有效问卷率。对回收的问卷，首先要辨析其有效性，剔除废卷。可以从以下几方面来判定问卷的有效性。① 先查明这份调查问卷作答是否完全，有无残缺、漏答；② 判断作答方式是否与指导语的提示相符合，如本是选择排序题，结果被看作是选择题作答；③ 通过检验性问题测查回答者对问题的回答是否具有一致性。④ 所填是否符合常理、符合实际情况。

回收率=问卷回收数/问卷发放数。有效回收率=回收的有效问卷数/发放问卷数=（发放问卷数-无效问卷数）/发放问卷数。一般回收率不应低于 70%，如果回收率低于 70%，表明调查结果缺少足够的可靠性。当回收率达到 70%以上时，才可作为结论的依据。回收率和有效回收率越高则表明调查结果越具有可靠性，得到的调查结论越客观。

（四）统计问卷结果

需要利用一些软件，如 SPSS、Excel 等，对问卷作答情况进行录入，形成调查的原始数据。SPSS 是一款专业的数据统计与分析软件，它具有自动统计绘图、数据的深入分析、功能齐全等特点，但需要使用者对统计学有着深入的了解、专门学习该软件的使用。而 Excel 的数据统计功能同样很强大，且中小学教师对 Excel 软件的使用比较熟悉，因此可以选择使用它来做问卷统计。

问卷星是一个专业的在线问卷调查平台，可以完成在线设计问卷、采集数据、自定义报表、调查结果分析等系列服务。它具有快捷、易用、低成本等明显优势，渐渐成为教师广泛运用的软件。

（五）分析调查数据

对调查的数据结果，应当加以分析和讨论。中小学教师在这个环节容易出现以下问题：一是忽视这个环节，只有调查数据，没有基于数据做必要的分析；二是分析极其简单，调查数据浪费严重；三是没有从数据结果，推导出事实、现象之间的关系，得出一些结论，发现一些问题。

问卷结果分析方法分为两种：定量分析和定性分析。

第一，定量分析。定量分析主要是对问卷结果进行一些简单的数据呈现，比如平均数、百分比、频数等。

第二，定性分析。定性分析具有探索性的特点。对收集到的一系列数据进行质的分析，对问题的本质、现象及其背后的原因，现象之间的关系等有深入的认识和理解。

（六）撰写调查报告

在整理、分析调查数据的基础上得出结论，提出建议。最后要形成一个调查报告。

三、问卷的体例

如果说调查维度是一份问卷的内在结构，而问卷体例则是一份问卷的外在结构。问卷体例通常有这样几个部分：标题、封面信、指导语、问卷正文、结束语。问卷的设计前必须先了解问卷的体例，至少做到形式完备。

（一）标题

问卷标题的作用在于向被调查者揭示调查内容。标题有两个写作要求，一是简明概括；二是采用中性标题。即有时为避免引起问卷作答者产生不良的心理反应，如抵制、排斥问卷作答，干扰回答的真实性，可采用中性标题，隐藏研究目的。如调查目的是了解学生的厌学情况，可转化为中性标题"学生学习现状的调查"。

（二）封面信

写给被调查者的，希望被调查者在问卷作答前阅读的一段话。它篇幅短小，100~200字左右，语言简明，但在调查中有着特殊的作用。即引起被调查者的重视和兴趣，争取他们的合作和支持，能接受调查并认真地填写问卷。封面性的内容主要是说明和解释有关调查的一些情况。在封面信中，应该说明四方面内容。

首先，要说明调查者的身份，即说明"我是谁"；

其次，要说明调查的大致内容，即"调查什么"；

接着，说明调查的主要目的，即"为什么要进行这项调查"；

最后，为争取回答者如实回答问题，要说明调查的匿名和保密原则。即"不会损害被调查者的利益"。

封面信的语气要谦虚、诚恳，文字要简明、通俗、有可读性。

（三）指导语

指导语是用来指导被调查者填答问卷的解释和说明，其目的是指导被调查者正确地填写问卷。有些问卷填答方法比较简单，指导语很少，只在封面信中用一两句话说明即可。有些指导语则集中在封面信之后，并标有"填写说明"的标题，其作用是对填答的方法、要求、注意事项等作一个总的说明。

总体填写说明示例：

每题有若干选项，请在符合您情况的选项前"□"内打"√"。

没有特别说明，每题只能选择一个答案。

第18~20题为自由回答题，请您用文字简要写出您的看法。

个别填写说明，即有时根据需要在具体问题项中呈现"填写说明"，如对条款的进一步诠释；有限定回答的范围；指导回答的方法等。

个别填写说明示例：

如果您是留守儿童，请继续回答 15~20 题；

如果您不是留守儿童，请跳过 15~17 题，继续回答后面的问题。

（四）问卷的正文

正文是问卷的主体，也是问卷设计的主要内容。

一般把问卷的主体又分为两部分，一是被调查者的背景资料，即关于个人的性别、年龄、婚姻状况、收入等问题。

1. 调查对象的自然状况

示例：

您的基本情况：

您教的是：中学、小学

您的学校所在地：城区、乡镇

您的性别：男、女

您的教龄：5 年以下、5~10 年、11~20 年、20 年以上

要考虑清楚想要了解被调查者的哪些基本情况。这些基本情况有可能会与研究假设、研究结果的分析相关。设计时，宁愿适度多设计，也不能漏掉信息。

2. 调查的基本问题

每个问题应有序号、问题、备选答案等。

在呈现时可以把这两部分分开，也可以合在一起。

（五）结束语

在结尾处，要对回答者的配合再次予以感谢。同时要完善署名（表明调查单位）、调查时间。

四、问卷设计技巧

问卷是调查的重要工具。问卷设计是整个调查过程中的关键环节，也是一项技术性较强的工作。问卷质量直接影响到调查资料的真实性、适用性，进而影响到整个调查的成败。

（一）问题的设计与排序

问题的分类有若干标准。

1. 标准一：问题的呈现方式

问卷中的问题按呈现方式可分为开放式与封闭式两类。开放式问题，即只提出问题，但不提供具体答案选项，由回答者根据自己的情况自由填答的问题。而封闭式问题则是在提出问题的同时，还给出若干个答案选项，要求回答者根据实际情况进行选择。

（1）开放式问题

问题的答案是不限定的，需要被调查者自由回答问题。这类问题，常常是研究者希望通过被调查者的描述性作答，获得更深层次的信息。

例：你最想对班主任老师说的话是什么？你对学校的社团建设有什么建议？

开放式问题的优点是可以进一步从被调查者处了解到更多的信息；缺点是不易于统计。一般情况下，一个问卷里设计的开放式问题不宜过多。

（2）封闭式问题

封闭式问题可根据实际需要选择不同的形式。

① 填空式：在问题的后面画括弧或一短线，让被问者将答案直接填写在此处。常用于既容易回答，又方便填写的问题。如，你每天平均上几节课？（   ）填空的内容不能产生多种理解。如某事件发生在（   ）可改为：某事件发生的时间是（   ），地点是（   ）。

② 选择式：对问题给出两个及以上答案供选择。

是否式选择题：

例：你每天走向教室是否脚步轻快？

    1. 是（   ）   2. 否（   ）

多选一选择题：

例：爸爸妈妈出门上街不带上你，你表现出：

    □ A. 闹着要出去

    □ B. 嘴上不闹，心里不高兴

    □ C. 不吵闹，听大人的话在家里

③ 排序式：被调查者对问卷中提出的选项进行排序。排序式问题有一般排序问题和选择排序题两种。

一般排序题：

例：请您对下列方式中对您改进教学最有帮助的活动排序

☐ A. 区县级教研单位组织的教研活动

☐ B. 学校组织的教研活动

☐ C. 同事之间的相互研讨

☐ D. 自我反思

选择排序题：

例：您认为一个好老师应该具有哪些个性品质？选择你认为最应具有的 4 个品质，并依据你认为的重要程度，依次写在空格处。（请填代号）

A. 直率　　　B. 平易近人　　　C. 热情　　　D. 幽默　　　E. 乐观

F. 诚恳　　　G. 善解人意　　　H. 宽容　　　I. 严肃　　　J. 正直

你的排序是_____

④等级式：即提出问题，让调查对象回答其程度。

例：语文课上你的注意力状况（　　　）

1. 不集中　　2. 不太集中　　　3. 一般　　　4. 较集中　　　5. 非常集中

（3）半封闭式问题

兼有前两者特点，既列出答案又留有被调查者自由回答的余地。一般在以下情况下使用：

①有些问题答案调查者难以全部想到；

②列出全部答案太烦琐；

③需进一步了解调查对象的动机、愿望或理由。

例：您对某地教育及教育主管部门还有什么意见和建议？

A. 投入不足，办学条件较差；

B. 优质教育资源不足，不能满足群众需求；

C. 违规招生，违规办学；

D. 教育观念陈旧，教学效率不高；

E. 乱收费，乱办班，乱发资料；

F. 师德师风不正，体罚侮辱学生；

G. 以教谋私，教师从事有偿家教；

其他：_____。

2. 标准二：问题的性质

背景性问题主要指向被调查者个人的基本情况。

客观性问题指向已经发生和正在发生的各种事实和行为。如，"学校学生中留守儿童的比例"；"四年级上学期末语文考试的优生率"。

主观性问题指向人们的思想、感情、态度等一切主观世界状况方面。如，"你对学校校园广播建设满意吗？""你喜欢语文课吗？""你对学校的社团建设有什么建议？"

检验性问题是为检验回答是否真实、客观而设计的问题。如：您对子女就读学校教师的职业道德是否满意？您子女就读学校教师是否有要求您的子女参与有偿补课的行为？您子女就读学校教师是否有向您或其他家长索要钱物、有价卡券及其他商品、服务等行为？

（二）问题设计原则及表述

1. 问题设计原则

客观性原则，即设计的问题必须符合客观实际情况。

必要性原则，即问卷中所有问题都应与调查目的相符，围绕同一主题。

问题设计得随意和不完整不利于分析。

可能性原则，即问题要符合被调查者回答问题的能力。问题应该是被调查者能够回答的。要为被调查者考虑，如果问题超越被调查者阅读能力、理解能力、记忆能力等，则不应提出。如果被调查者无从回答，可能放弃作答或随意作答，从而影响问卷的回收率，影响调查质量。如果被调查者为幼儿，可以采用图画形式发问，回答者只需选择其中合适的图进行作答。

自愿性原则，即考虑被调查者是否自愿真实回答问题。对一些敏感性问题不能正面直接询问。敏感问题主要是一些涉及个人隐私的问题，或被调查者有顾虑，不愿公开陈述的问题。对于敏感性问题，如果直接提问，被调查者往往会拒绝回答或回答不真实。

2. 敏感性问题的处理方式

对敏感性问题，要注意提问的技巧，最好采取迂回或间接提问方式。

消疑法：在问题前面写一段消除疑虑的功能性文字。

如，你有没有考试作弊？这样的问题容易引起回答者的焦虑。因为同学们都知道考试作弊是不对的。这个问题可以这样问：

很多同学都有考试作弊的经历，你的情况是什么？

A. 有　　　　B. 没有

假定法：即用一个假设作为问题的前提，然后再询问被调查者的看法。

如要了解学生学习数学的兴趣，可以这样提问："如果缺了一节数学课，你会感到遗憾吗？"

转移法：即把问题转移到别人身上，然后再请被调查者对别人的问题做出评价。

如：有同学早恋，请问你认为是什么原因呢？（　　）

    A. 赶潮流，满足虚荣心　　　　　B. 好奇（学校生活无聊）

    C. 叛逆，跟家长老师对着干　　　D. 压力太大，寻求寄托或安慰

    E. 真心喜欢他（她）　　　　　　F. 其他

影射法：将问题范围扩大，借以影射被调查者。

不能直接问："你是否曾经逃漏税？"而应该问："你认为大部分的人都逃漏税吗？"

模糊法：即对某些敏感问题设计出一些比较模糊的答案，以便被调查者做出真实的回答。

如，个人收入是一个比较敏感的问题，许多人不愿作出具体回答，也不好做出具体的回答。但是，如果这样设计：

如，您个人的年收入是____？

    A. 1 万元以下　　　　　　　　　B. 1 万元~2 万元（含 1 万元）

    C. 2 万元~5 万元（含 2 万元）　D. 5 万元~10 万元（含 5 万元）

    E. 10 万元~20 万元（含 10 万元）　F. 20 万元及以上

这样，被调查者就有可能做出比较符合实际的回答了。

3. 问题的表述

确定"问什么"后，还要关注"怎么问"。问题的表述要遵循以下原则。

清晰，即语言要准确，不要使用模棱两可或容易产生歧义的语言。

具体，即提问要具体，不要提抽象、笼统的问题。问题笼统是调查中存在的较多的问题。

如：你所在学校的校本课程建设情况（　　　　）

    A. 差　　　　　　B. 比较差　　　　C. 一般

    D. 比较好　　　　E. 好

校本课程建设情况好或不好，应该有一些评价维度，需要根据这些评价维度设计多个问题进行综合测量。

简洁，问题的表述语言要尽量简单，不要使用让被调查者感到陌生的语言，尤其不要使用过于专业化的术语。如果不能避免，则要对专业化术语进行解释说明。

如，您家属于以下哪种类型：（　　　　）

    A. 核心家庭　　　　B. 单亲家庭　　　C. 联合家庭

    D. 主干家庭　　　　E. 其他

核心家庭：和父母生活在一起；

单亲家庭：和离异后的父亲或母亲生活在一起；

主干家庭：和祖父母（外祖父母）、父母生活在一起；

联合家庭：和祖父母、父母亲（已婚的）的兄弟姐妹、父母生活在一起。

简明性原则，表述尽可能简单明确，不要冗长和啰唆。问题的陈述越长，越容易含糊不清，回答者的理解就越有可能不一致。

问题要有单一性，避免带有双重或多重含义。单一性，即问题的内容要单一，不要把两个或两个以上的问题合在一起。如，"您的父母退休了吗"就是一个带有双重含义的问题，实际上同时询问了"您的父亲退休了吗"和"您的母亲退休了吗"两件事情。由于一题两问，就使得那些父母中只有一个退休的被调查者无法回答。

不能带有倾向性。即问题的表述不能对回答者产生某种诱导性。

如：及时复习很重要，你认为有进行及时复习的必要吗？这样的问题是不应该出现在问卷中的。

不要用否定形式提问。生活中，人们习惯于肯定形式的提问，而不习惯于否定形式的提问。否定形式提问时，容易漏掉问题中的"不"字，可能造成答案与真实情况相反。

问题的表述要在确保问题含义清楚、具体、单一、不带倾向性的同时，尽量使用通俗的语言，简短的语句。因此要反复斟酌，也可以征求他人的意见。

4. 问题的排序

问卷中的问题不应是杂乱排列的，应该有一定的顺序。问题的前后顺序及相互间的联系，会影响被调查者的回答，甚至影响到调查的顺利进行。那么如何安排问卷中问题的次序呢？一般应考虑以下几方面：

先易后难。把被调查者熟悉的、简单易答的问题放在前面，比较复杂难答的问题放在后面。这样容易得到被调查者的配合。

先客观后主观。先问事实性问题，再问态度（意见和看法）类问题。

先兴趣后顾虑。把能引起被调查者兴趣的问题放在前面，把容易引起他们紧张和产生顾虑的问题放在后面。

有意识集中。把回答方式相同的问题放在一起；把同一维度的问题集中在一起，使同一内容或内容相近的问题相对集中。

有意识分散。若连续几道题都是划分水平程度的，这些问题之间要随机处理答案顺序，以免被调查者产生定势而不认真作答。

若有开放式问题，则应放在问卷的最后。

5. 问题的数量

一份问卷应该包括多少个问题？这没有固定的标准。这主要由调查的内容来决定，但一般来说，问题太多，回答者可能厌倦、疲劳，影响填答的质量和回收率；问题太少，又难以获得足够的信息。通常以回答者在 20 分钟以内完成为最好，最多也不要超过 30 分钟。通过控制问题数量来控制被调查者的作答时间。

（三）答案的设计

很多问卷都有封闭式问题，因此答案选项也是问卷的重要组成部分。答案的设计要注意以下几个方面。

1. 相关性原则

问题与答案要呼应，协调一致。如询问"教师应该具有哪些能力？"其答案就应该列举与教师工作相关的教学能力、研究能力、组织能力、沟通能力等。

2. 穷尽性原则

设计的答案应包括所有可能的情况，不能有所遗漏。对于任何一个被调查者来说，总有一个答案选项是符合情况的。如果某个回答者的情况不包括在所列的答案选项中，那么这一问题的答案就有所遗漏。如询问"您所在学校的类型是？"如果答案只设计小学、初中和高中，就违背了完整性原则。如果改为小学、单设初中、单设高中、九年制学校、高完中，就符合完整性原则了。当答案过多时，可以只设计几种主要答案，然后加一个"其他"，这样就达到了完整性要求。

3. 互斥性原则

设计的答案必须是互相排斥的。"您的专业技术职称是什么？"如果设计的答案是初级、中级、副高、高级，就不符合互斥性原则了，因为"高级"与"副高"不是互斥的，而是兼容的，高级包括副高和正高。只有调整为初级、中级、高级或者调整为初级、中级、副高、正高才符合互斥性原则。

预调查：问卷设计往往需要多次修改。必要时，在正式发放问卷前可以在小范围实行预调查，以便发现问题，及时修改。如检查问题是否表述适当、清晰；被调查者对哪些问题容易产生误解、对哪些问题有特殊反应（如反感、拒绝回答等）；调查内容能否满足调查目的、是否要增减问题；平均完成一份问卷所需要的时间是否恰当等。

五、结果统计与分析

纸质问卷回收以后，需要对问卷结果做整理、统计，为分析资料、形成相应的结论奠定基础。Excel 软件作为数据表格软件，有一定统计功能，且具有简单绘图、数据分析功能，中小学教师也有使用基础，易于操作。下面简单介绍如何使用 Excel 做问卷调查数据的统计。

（一）调查数据的录入

第一步，录入问题选项。把问卷中所有问题的选项录入到 Excel 表格中，但是需要注意的是，对每一份问卷做好编号，其问题的选项改成数字表述，最后将录入好的表格的第一格做冻结处理。

第二步，统计单选题、多选题。单选题统计，使用 COUNTIF 函数，在单元格中输入=COUNTIF，点击需要统计的项，进行筛选，多选题统计，同样也是使用 COUNTIF 函数进行操作，但是有一个需要注意的是多选题的答案有多个。

第三步，统计数据转换为百分数。所有的数据都统计完之后，需要把单元格格式转换成以百分比的形式显示，这样的显示更为直观。最后将需要的有用的数据复制到一个新的表格中，如表 4-1 所示。

表 4-1 统计数据

人员	性别	教龄	学校类别	学校所在地	问题 1			问题 2			问题 3		
					A	B	C	A	B	C	A	B	C
1	男	5 年以下	小学	城区	1				1			1	
2	男	11~20 年	中学	乡镇		1				1	1		
3	女	5~10 年	中学	城区		1			1				1
4	男	20 年以上	小学	城区		1			1			1	
5	女	5 年以下	小学	乡镇	1					1		1	
6	男	11~20 年	小学			1		1			1		
7	女	5 年以下	中学				1		1			1	
8	男	11~20 年				1			1			1	
9	女	5~10 年					1		1			1	
10	男	11~20 年					1		1				1
11	女	5 年以下				1		1	1			1	
12	男	11~20 年				1			1			1	
13	男	5 年以下					1		1			1	
	计数				2	7	4	2	7	5	2	7	4
	百分比				0.15	0.54	0.31	0.15	0.54	0.38	0.15	0.54	0.31

排序题答案录入相对较复杂，如问题 5 是一个排序题，可以先在 Excel 中把每个人的排序情况进行录入，如表 4-2 所示。再利用 COUNTIF 函数，对各类选项进行占比统计，如表 4-3 所示。

表 4-2　排序题的结果录入

编号	问题 5				
	1	2	3	4	5
1	A	C	D	E	F
2	B	A	C	F	E
3	A	B	D	E	C
4	A	C	E	E	F
5	A	C	D	E	F

表 4-3　排序题的占比统计

排序	1		2		
选项	A	B	A	B	C
数量	4	1	1	1	3
占比	0.8	0.2	0.2	0.2	0.6

开放式问题的作答结果处理分两种情况。一是转换分析：尽可能按照含义相似的答案进行编码，转换成为封闭式选项进行分析。二是定性分析：如果答案内容较为丰富、不容易归类，应对这类问题直接做定性分析。

（二）调查数据的分析

调查结论是否科学合理，取决于两个关键环节，一是问卷设计是否科学，二是数据资料的分析讨论是否科学有据、推理严密。犹如蜜蜂采蜜后，还需要进行消化和加工，才能酿出蜂蜜。整理出数据结果后，还需要在资料的分析和讨论中付出艰辛的努力，才能形成较科学的调查结论，达成调查目的。调查数据的分析可以从两方面入手：

1. 调查维度分析

问卷是按一定维度设计的，结构比较清晰，可以将同一维度相关具体问题数据集中在一起，以便后期对同一维度的内容进行分析。

反复比较同一维度的原始数据，拟出数据背后反映的内容，能够得出初步的结论。比较时，也可以写备忘录，记录自己的发现、想法和初步结论。

2. 基于研究假设分析

基于研究假设的分析，主要围绕以下问题思考：第一，调查前的假设有哪些？哪些假设可以有数据支撑，加以证明，哪些不能？第二，得出的调查结论有哪些？理由是什么？第三，所得到的结论可以在多大范围内适用，理由是什么？

在对调查数据进行分析时，要灵活巧妙运用 Excel 中的统计图表。这样的统计图表，尤其是带有一定分析维度的图表，置入调查报告中，能让读者对调查结果形成直观印象，更能增强分析报告的说服力。下面介绍几种常见的统计图表。

（1）柱形图

柱形图是利用柱的长短或高低表现统计数据大小及变化的统计图。

操作步骤：选中需要使用图表数据范围，在工具栏里选择"图表向导"，按照"图表向导"步骤提示，完成图表的制作。生成柱形图的数据范围是可以变化的，数据范围既可以是整个问卷结果，也可以根据需要选择部分的数据。

某题作答数据柱形图如图 4-1 所示。

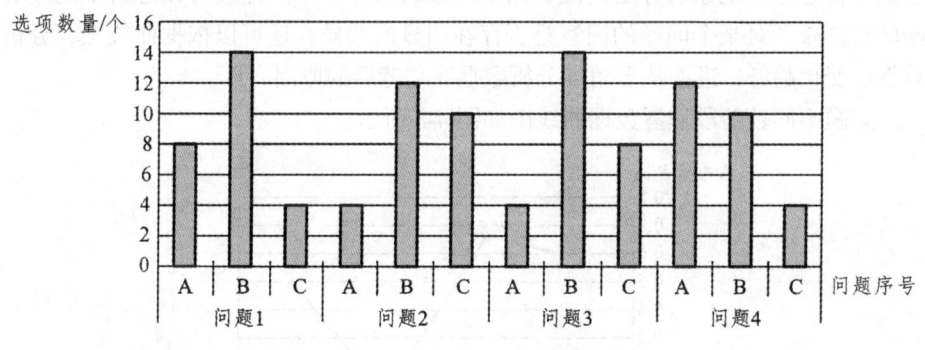

图 4-1　某题作答数据柱形图

（2）饼形图

圆面积代表被研究对象的总体，各扇形面积代表各构成部分占总体比重大小。频数分析的结果宜用饼图表示。

操作步骤：选择数据系列格式，设置数据标志，填写类别名称、百分比。

标题格式：图形选项—标题—标题格式。

饼形图可以反映所有被调查者对某一问题的作答情况（整体认知），也可以根据研究假设处理数据，如是否因为调查者的某种属性如性别、年段等，调查数据存在明显差异呢？

① 使用筛选的功能，分别统计男、女教师作答整体情况；

② 通过饼形图，反映男、女教师对某一个问题的认知情况；

③ 饼形图并列，比较分析男女教师对问题的回答是否存在明显的性别差异。

某一问题作答数据饼形图如图 4-2 所示。

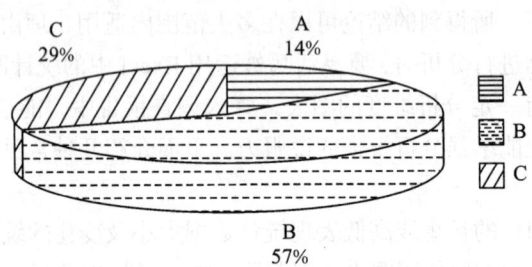

图 4-2　女教师第二题答案选项分布饼形图

（3）曲线图

曲线图是用线段的升降来说明数据变动情况的一种统计图，表示现象在时间上的变化趋势、现象的分配情况和两个现象的依存关系。即既可以分析不同教龄段的被调查者对某个问题的回答是否存在明显的差异，还可以依据曲线图，分析数据的变化趋势，进而从多角度分析数据变化背后的原因。

某题不同教龄段作答数据曲线图如图 4-3 所示。

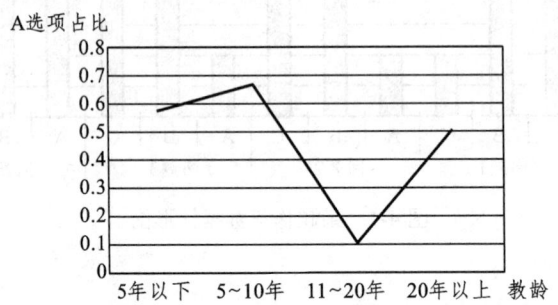

图 4-3　某题不同教龄段的 A 选项作答数据曲线图

以上主要是对采用传统纸质问卷调查后的数据进行统计和分析处理的方式。随着网络普及和信息技术的更新，很多教师开始尝试采用网络问卷调查的形式。其中，问卷星作为一个专业的在线问卷平台，能实现数据的收集和统计、调查结果的初步分析等的自动生成。推荐中小学教师采用问卷星，一是可以免去调查数据统计这一烦琐的任务，同时也有成本低、容易量化、覆盖面广、数据准确性高、保密性好等优势。

六、调查报告的撰写

调查报告是调查后应该形成的研究成果。事实上，如果调查顺利，对调查数据进行了统计、分析，那么撰写调查报告的工作也就水到渠成。调查报告写法基本相同，其写作结构通常包括标题、导语、主体、结论几部分。

（一）标题

标题主要反映调查研究的问题，即表明调查的对象、内容。一般有两种写法：一是规范化的标题，基本格式为"关于××的调查报告"如《城市重点学校高三学生考试心理状况的调查报告》，标题直接表明了调查内容是考试心理的状况，调查范围是城市重点中学高三学生。二是自由式标题，包括陈述式、提问式和正副标题结合使用三种。如《负担为何越减越重——某校小学生学业负担情况的调查报告》。

（二）导语

导语是全文的引子，为后面的正文做铺垫。它主要是对调查的设计，如调查研究的目的、问卷设计的调查维度；调查的基本情况，如对调查时间、地点、对象、范围、抽样方式、问卷的回收情况等进行简单的介绍。读者通过这些内容，可以大体判断问卷设计的科学性、调查实施的合理性、调查结果的可靠程度。

（三）主体

它是调查报告最主要的部分，这部分详述调查研究结果和从中得出的各种具体认识、观点和基本结论。为较好地完成这部分内容的撰写，可以采用逐条分析+综合分析+讨论分析的形式展开。

1. 逐条分析

整理每一题的调查统计结果，并根据统计数据作简要的分析，得出一定的认识。

2. 综合分析

在逐条分析的基础上，根据调查维度（即问卷题间的逻辑关系），进一步深入分析，从不同角度来说明问题，形成一些基本结论、建议等。

3. 讨论分析

向有关方面提出应用建议及具体措施。该部分是调查报告比较关键的内容，直接反映该调查统计分析结果的应用价值，也是最能反映研究者的理论素养和创造性的内容。

（四）结论

该部分是报告正文的最后一部分，结尾部分主要是对分析问题和解决问题的总结性概括，提出对问题的看法和建议。

结尾的写法也比较多，这些内容可以融合，但并不一定全面。可提出解决问题的方法、对策或下一步改进工作的建议；可总结全文的主要观点，进一步深化主题；可提出问题，引发人们的进一步思考；可展望前景，发出鼓舞和号召。

最后，列出参考文献可以为读者进一步探讨研究提供资料文献线索，同时也反映了研究者对引文原作者的尊重和对本调查研究的现状与结论把握的程度。

第三节　教育访谈法

一、概述

（一）定义

访谈法是由访谈者根据调查目的，设计访谈提纲，与受访者进行沟通、交流，有计划地收集资料的一种调查方法。

访谈法是一种收集资料的方法，是通过访谈形式，即访谈者与受访者之间的沟通、交流实现资料的收集。

（二）类型

1. 访谈途径：面对面访谈、电话访谈

一般尽可能面对面地访谈，可以更好地互动，更好地观察、回应对方，获取多维度的信息，包括访谈对象的言语信息、非言语信息。有时因访谈双方距离太远或访谈问题特殊等限制，也可以采用电话访谈、视频访谈等方式。

2. 参与访谈的人数：个人访谈、集体访谈

个人访谈："一对一访谈"即一名访谈者与一名受访者就研究问题单独交谈。这种访谈方式的优势在于受访者所获得的关注更集中，双方互动更直接，有利于深度挖掘信息。

集体访谈：一般以 6~8 名受访者为宜，受访者就某问题分别发表看法并相互交流，甚至引发争论。这种方式的优势在于受访者能相互启发，思维相互碰撞，可能获得更丰富的信息，同时相对节约访谈者的时间和精力。但这种集体访谈方式也有一些不足：一是有的受访者性格内向，可能在访谈过程中保持缄默，成为旁观者。二是有的问题可能涉及隐私，不能在多人面前深入挖掘。三是有的问题虽非隐私问题，但比较敏感，如询问被访谈者与学校领导的关系？因为有多人在场，受访者会有顾虑，不敢表态，不敢畅所欲言，不敢暴露内心真实的想法。四是受访者较多，记录有难度。

总之，个人访谈与集体访谈，二者各有利弊，可根据实际选择一种方式，也可两种方式联合使用。

（三）优势与局限

1. 优势

（1）有利于双方深入探讨研究问题，挖掘更深层次的内容

教育学属于社会科学，社会科学研究离不开对于人的调查，包括人的行为、行为结果及行为背后的动机、看法、观点等。问卷调查法更多的是基于人的行为的调查，问卷调查中设计的问题多是封闭性问题，获取的信息都是关于事实方面的，或者对问题的基本观点，但深层次的动机、原因，很难通过问卷调查获得。

访谈可以通过对话进入受访者的内心，了解他们的心理活动和思想观念。访谈法中提问的更多是开放性的问题，不仅能获悉访谈对象对某一现象或问题的基本观点，还可以比较深入地了解行为背后的观点、看法、评价、行为动机等；不仅能获悉受访者的生活经历等具体的行为事件，还可以了解其曾发生过的思想改变等深层次问题。

（2）灵活地、有针对性地收集资料

问卷调查中，问卷作为一种研究工具，被调查者只能基于对问卷中问题的理解来反馈信息。研究者一般不与调查者直接接触。访谈中访谈者本身就是研究工具，可以当面直接询问受访者，受访者可以用自己的语言自由表达观点和对问题的看法。在研究关系和访谈情境的许可下，还可以探讨一些敏感性话题。

（3）保证资料有较高的可靠性

由于是自己访谈自己整理的资料，所以资料收集具有可靠性和完整性的特点。

（4）适用范围广

既可以是事实调查；也可以是意见征询；还可以是个性的、个别化的研究。

2. 局限

第一，深度访谈，比较费时费力，访谈人数有限。

第二，对研究者的素质要求高，需要把握好访谈的互动性和开放性；同样的访谈提纲、访谈对象，不同的访谈者，得到的访谈结果可能有很大不同。

第三，缺乏隐秘性。访谈要求受访者当面作答，这会使他感觉到缺乏隐秘性而产生顾虑，尤其对一些敏感的问题，被访者可能回避或不作真实的回答。

第四，访谈资料的整理难以量化。是否适用访谈法要由研究问题决定。基于不同的研究需要，访谈法既可以单独使用，也可与问卷调查法配合使用，互为补充。

二、基本程序

访谈实施前需要对访谈的必要性和可行性进行分析。首先，需要明确访谈的目的。访谈目的是通过访谈获取研究问题某些方面的信息资料。它是整个访谈行动的核心、方向。通过访谈获取的资料要有利于研究问题的解决。换言之，不访谈就不能有效获取资料，就不能促进问题的有效解决。其次，这些资料是能够通过访谈获得的。这主要取决于两个因素：一是访谈者是否具备访谈的知识、经验、技巧等；二是能否找到访谈对象，且对方同意接受访谈。

作为一种研究方法，访谈法的实施需要遵循一定程序和方法要求。

（一）准备工作

准备工作主要包括设计访谈提纲、确定访谈的具体对象等。

1. 设计访谈提纲

访谈前一般要设计一个访谈提纲。访谈提纲作为访谈的主要工具，对整个访谈有重要的指导作用，可以确保带着问题有目的地访谈，还可以起到提示要点、避免问题遗漏的作用。在形式上，访谈提纲是围绕研究主题的一组问题。访谈提纲可以是粗线条的，列出研究者认为应该了解的主要问题和应该覆盖的内容范围。在设计访谈提纲时，可以进一步梳理访谈思路，规划访谈内容。在设计访谈提纲过程中需要做好几项工作。

第一，确定访谈项目。访谈提纲中问题的设置，一般先确定访谈项目，就是围绕访谈目的规划好提问的几个大维度，然后在各维度下设置系列问题。为拟定访谈提纲，需要提前做好一些工作：一是通过调查、走访他人，掌握被访谈者的基本信息；二是围绕访谈的主题做好相应的知识储备。

第二，访谈问题多是开放性问题。问题应尽量保持开放，给受访者留有选择谈话方向和内容的机会。如，"你目前与学校领导的关系是有矛盾还是很协调？"这个问题可以改为"请你谈谈你目前与学校领导的关系"。访谈对象就可以根据自己的想法，用自己的语言来作出回答。

第三，确定访谈问题的表述，包括每个访谈问题的表述形式、引申意义以及附加情景。例如，在"农村寄宿制学校发展现状调查研究"中，访谈提纲中有这样一个问题，"教育行政部门在寄宿制学校管理方面有哪些支持性措施？"这一问题中的"支持性措施"，可以是行政性的政策支持，经济上的财政拨款，对寄宿制学校管理的指导方案等。也就是说，访谈时不仅要明确访谈提纲中的相关问题，还要明确通过该问题需要得到哪些有效信息。

第四，确定访谈问题的顺序。首先，访谈提纲中的问题应该有一条主线。这条主线就是访谈目的，访谈提纲是由这条主线连起来的一个一个问题。这些问题不是杂乱放在一起的，编制时要考虑问题之间的逻辑性。其次，把属于同一维度的问题放在一起。同时问题之间的衔接应大体上自然、流畅。

访谈问题一般应该由浅入深、由简入繁。访谈开始时，可以先问一些开放的、简单的、对方容易理解的问题，然后随着访谈深入再逐步加大问题的难度和复杂性。这里的难度和复杂性不一定指的是内容上的艰深或语句上的复杂，更多指的是对受访者来说比较难以启口的事情，比如个人的隐私、敏感性话题、有违社会规范的行为和想法。如果访谈一开始就问这类问题，受访者在心理上没有接受访谈者，会感到唐突甚至反感。

第五，访谈提纲尽可能周详。有时只能对某个访谈对象进行一次访谈，那么访谈提纲应尽可能周详。如果访谈后发现还需要在某些方面提问，有时可能没有补救机会。

第六，修订访谈提纲。有时访谈者并不知道什么问题比较适合受访者的实际情况，只是根据自己的经验进行猜测。访谈提纲列好后，可以请他人帮忙审阅，还可以找一两个对象试着访谈一下，看看提问顺序是否合理，提问是否清楚，有没有含糊不清、容易引起困惑的地方，是否需要加入提示语。这些都可以在正式访谈前作改进和完善。访谈开始后，访谈提纲也可以进行修改，对前一个访谈对象的访谈结果可以为下一次的访谈提供根据。

2. 确定访谈对象

选择访谈对象应考虑那些信息丰富者，即围绕研究者的研究目的，选择能够最大限度回答研究问题的人作为访谈对象。有时，希望获得的信息与多个群体相关。如，想了解农村新入职幼儿教师的专业发展需求，受访群体就应该有农村新入职的幼儿教师、农村幼儿园的管理者、新入职幼儿教师的搭班教师等。

为确保访谈结果的信度和效度，访谈对象的选择还要兼顾到群体内的各种不同观点和态度。例如，某校教师实施了探究式教学改进研究。实施效果如何？一类邀请访谈对象是教师，包括教研员、名优骨干教师、一般教师；另一类邀请对象是学生。请哪些学生参与访谈？要选择能够代表不同层次的学生（包括不同学习基础、学习能力、学习风格的学生）参加访谈，各层次学生 5~6 人。

又如调查"某区中小学校思想政治教育现状"，访谈对象应包括不同的群体：学校分管德育的校长、德育主任；小学大队辅导员、中学的团委书记；班主任、学生等。总之，访谈对象的选择要与研究问题的范围一致或相关。当然还要考虑不同层次的学校，如城市中的名优学校、一般学校；城乡接合部的学校、农村乡镇学校、村完校等。

3. 确定访谈时间、地点

访谈前，与受访者协商访谈时间和地点。

访谈具体安排在什么时间？分几次进行？每次访谈预计多长时间？访谈地点安排在哪里？最好在一个相对独立、安静的场所开展访谈，尽量避免访谈过程中接听电话或临时来访等外界干扰。

邀请访谈，应事先征得对方同意。要主动说明、解释访谈资料的用途。访谈的时间、地点，尽量以对方的方便为主。这既是对对方的尊重，也是为了让对方在自己选择的时间、地点感到轻松、安全，可以自如地表现自己。

（二）实施访谈

1. 建立互相信任的关系

访谈是一个双方交往、互动的过程。这一过程进行得是否顺畅，受访者能够敞开心扉是衡量访谈成功的一个重要标志。如果一次访谈中受访者的回答总是很简单，总是说"挺好的""就那样吧""没意见"，可以说这次访谈是失败和无效的。因为访谈没能深入，没有挖掘出对研究有用的深层次资料。

要让对方畅所欲言，说出内心的真实想法与感受，首先需要在访谈者的引导下让双方建立互相信任的良好关系。生活经验告诉我们，有些问题看似敏感，不宜打听，但因为某些原因又想要打听，这就需要基于对双方关系的拿捏、判断。如果双方关系到位，问与答都不会很为难，获取的信息也很真实；如果双方关系不到位，不仅不能如愿得到信息，反而容易引起对方不满。

（1）开场白

为建立良好关系，要注意访谈前的开场白，尤其是访谈对象是相对陌生的人，如学生家长。刚开始，双方都有距离感，受访者可能会有戒备心理，会有不自然的情绪，这很正常。这个时候不能急于切入正题，可以先与受访者聊聊天。如聊聊受访者关心的问题，如孩子的成长经历情况、家庭背景和家长的生活工作情况等。目的是引发对方的交谈兴趣，等到对方的紧张感有所消除时，再正式开始访问。但要注意时间的把握，不能漫无目的地离题太远、耽误太多时间。

在正式访问前，向访谈对象再次说明访谈目的、访谈资料的用途，承诺为受访者身份保密，尽量争取对方的同意，对谈话内容进行录音。

（2）营造好的访谈氛围

访谈者要把控好访谈氛围，尽快让对方感受到宽松、舒适、无威胁。尤其当受访者是学生时，教师在访谈全程都要态度诚恳、语气温和，尽量降低学生的焦虑感。其次，访谈互动语言尽量地通俗化、口语化，语气委婉、缓和，使被访者感到舒适，能畅所欲言。

此外，为营造好的氛围，还需要关注访谈中的提问、倾听和回应等技巧。

2. 提问

（1）多用开放性问题，少用封闭性问题

访谈目的是了解受访者看待问题的方式和想法，要鼓励受访者用自己的语言表达自己的想法，因此提问要灵活、宽松，尽量多用开放性问题，少用封闭性问题。封闭性问题限制了回答者的选择，使其无法自由表达自己的想法。以两个提问为例，"这学期的合作学习对你的学习有多大帮助？""你觉得现在实施的合作学习怎么样？"第一种问法，严格限制了受访者的回答方式和内容，对方只能回答合作学习在多大程度上促进了自己的学习。如有"一些帮助""很有帮助"等。如果不继续追问，所获得的信息量无异于做口头问卷，失去了面对面访谈的优势。同时第一种问法还隐含了一个假设：合作学习必然对学生学习有帮助，这就容易暗示和误导学生。相比之下，第二种问法更加开放，使学生获得了更多表达空间，他需要对自己的感受做出更为丰富的描述和解释，由此真正激发出两者之间的对话。

当然，提问的时候还要考虑到受访者的个人特点。譬如受访者年龄较小，受教育程度较低，他们不习惯过于开放的访谈结构，我们可以适当地问一些封闭性的问题。如问一位小学生："你对学校有什么感觉？"他也许会很懵，很疑惑。改变提问的方式，问她："你喜欢上学吗？"他可能会回答："喜欢。"然后，我们再进行追问："为什么喜欢？""学校里什么事情你最喜欢？""能多告诉我一些你们学校的事情吗？"这样才可能和这位小学生较好地互动起来。

（2）多用具体性问题，少用抽象性问题

具体性问题指的是询问具体事件（特别是事情的细节）的问题，昨天在你们教室里发生了什么事情？具体什么时间？当时都有谁在场？事情发生前，同学们在做什么？事情是怎么发生的？在场的人都说了什么？做了什么？……这样具体性的问题可以帮助受访者回到事件发生时的情境氛围中，对事情的细节进行回忆，在对故事、细节描述时，受访者的情绪情感也能较自然地表露出来。

抽象性问题，是对一类现象进行概括和总结，对事件进行比较笼统的描述。

为了获得真实、生动的访谈内容，了解受访者对有关问题的看法和行为方式，应尽量使用具体性问题。如访谈学校教师，与其问"学校的校本课程实施情况如何？"不如仔细询问对方在教学中的具体做法和考虑。课时怎么安排？场地怎样规划？学校为校本课程的实施提供了哪些支持？学校采取了哪些督导措施？遇到哪些困难和问题？是怎样应对的？还有什么问题？有什么应对的思路？这样才能深入了解学校的日常行为和老师内心的真实思想。

为了解受访者的真实态度，可以询问受访者周围的人对该问题的看法和行为方式。通过观察他们谈论他人时所用的语气和词语来了解其真实态度。比如，我们可以问，学校其他老师是如何教学的？教研组其他老师呢？他们使用的是什么教学方法？他们为什么会这么做？你对他们的做法有什么看法？你认为他们的教学方法对学生的学习有什么作用？

（3）一个问题应保持单一含义

如"你印象最深刻，对你学习帮助最大的教学环节是什么？"这一问题就隐含了意义叠加，究竟是让学生谈自己印象深刻的教学环节，还是谈对学习帮助大的教学环节？这容易导致受访者理解混乱，影响其回答。应该在此明确提问的核心目的，对问题进行拆解。

（4）多用通俗化的口语

让受访者听懂所问的问题是访谈得以进行的基本前提。访谈和我们日常谈话类似，不能用艰深的书面语和专业语。通俗化的口语更贴近对方的日常生活，也更符合当地的风俗习惯。如直接询问学生家长，"你认为学校的校本课程实施情况如何？"这里的"校本课程"就不恰当，应转化为学生家长能听懂的语言。

（5）提问表达顺畅，简洁明了

如访谈时问学生，"如果你是我们班的老师，你会如何组织合作学习"可以简化为"你对合作学习有什么建议？"或"你觉得目前的合作学习有什么地方需要改进？"后面两种问法更简明。

（6）谨慎举例

访谈者提问之后不要立刻举例。立刻举例往往会诱导受访者，甚至会阻碍新维度、新要点的生成。因此，每提出一个问题后，访谈者要停顿，给予受访者思考的时间。

（7）把握提问时机

受访者发言时，不要急于提问，也不要因为时间限制或者认为对方"跑题"而强硬地扭转话题。打断别人的谈话是不礼貌的，容易引起反感。受访者发言时，我们要认真倾听，做好记录，可以先把问题记录下来，等他说完再问。如果被访者实在啰唆、离题太远、答非所问时，可以使用一个过渡性问题，使访谈在一个较流畅的氛围中进行。

如，一位母亲正在谈她的孩子如何调皮，而访谈者希望问有关她工作的问题时，可以这样问：你的孩子这么顽皮，对你的工作有什么影响吗？如有时候很难找到过渡问题，可以稍微铺垫一下，为转换话题作准备。如你说的这些很有意思，可是因为时间的原因，我还想问你另外一个问题，不知道行不行？

（8）提问的顺序

一般情况下，按照访谈提纲中的问题顺序进行提问。这样做的好处一是便于把握访谈方向，得到的信息比较系统，能够避免出现问题遗漏；二是不容易冷场，访谈者可以从容地按照既定的问题一个接一个地提问，特别适合访谈经验不足的新手。

有时，访谈时也可以不按事先准备好提问顺序进行，可以根据具体情况有所调整。拟定的提问顺序与访谈的话题走向不一致时，如果我们顽固地坚守自己事先设计好的访谈提纲，不管对方说什么，都按部就班地把问题一个一个地抛出去。这样的提问方式，会显得十分生硬，不利于双方的互动。这就要求访谈前，提前熟悉调研的问题，访谈中要保持对受访者话语的敏感性，抓住受访者的思路，根据对方的心理，聊到相应问题，很自然地提问，灵活调整访谈提纲中提问的内容或顺序。

3. 追问

追问是访谈中最常用的回应方式。访谈者应有意识地对对方所说的疑点、没有充分阐明的内容或提及的特殊概念或词汇、观点和事件等进行追问。

（1）追问的作用

一方面，追问帮助我们进一步充分了解受访者的观点、思想，深挖事情发生的根源以及发展的过程。简言之，挖掘更丰富的潜在信息。另一方面，追问可以使访谈顺着对方的思路展开，双方能真正互动起来，访谈可以更加深入。

（2）追问的类型

详尽式追问：还有什么吗？如"你认为不成功之处，还有什么？"

说明式追问：为什么这样认为？对访谈对象的理念、认知的追问。如"你为什么认为这样处理不对？"

系统追问：受访者说："我听他们这样说的。"访谈者追问："他们是谁？""他们怎么说的？"

假设追问："如果你是校长，将如何处理这一问题？""如果重新再上一次课，你将如何处理这一问题？"

情感反应性追问："你对这事的态度如何？"

正面追问：感到对方回答不真实时进行的追问。如比较发现对方在前后不同时段的陈述不一致；或受访者的陈述与你提前了解到的信息不一致。

（3）追问的要求

一是反应敏锐。追问实施有难度，需要访谈者反应敏锐，随时发现对方陈述中的疑点。受访者提到新信息时，要敏锐判断其与研究问题是否相关，如果相关，即使与预设的提问内容或顺序不符，也要抓住契机及时追问。譬如，对一节录像课的教学设计与实施，访谈了授课教师，受访者在访谈开始时随意提到："那节课也不是很成功，我觉得。"访谈者当时忽略了这句话，之后才意识道，这句话所提供的信息与访谈主题联系紧密，反映了授课教师对这节录像课的自我评价。访谈时完全可以调整思路，顺势而问，请受访者先谈谈他认为的不成功之处具体指哪些方面。这也说明即便有访谈提纲，访谈时也应灵活使用。

二是要用受访者自己的语言来询问他们表达过的看法和行为。如倾听了一位教师对自己教学经验的介绍以后，发现对方提到的"体验性学习"这一个概念很有意思，希望进一步了解。于是问："你刚才使用了'体验性学习'这个词，请问这个词是什么意思？"在教师对这个词进行了解释后，也许我们还想了解这位教师是如何针对自己学生的情况进行体验性教学的，因此继续追问："你刚才解释了

'体验性学习'这个概念，请问你自己在教学中是如何做的？"

三是要把握好追问的时机。一般不在访谈刚开始时频繁进行追问。访谈初期是双方建立关系的重要阶段，应尽量给对方自由表达思想的机会。即使对方想说的这些事情与我们所希望知道的不太相干，我们也要给他们机会表现自己。随后在他们所谈内容的基础上进行适时追问。这样既不伤害受访者的感情，也可以将他所说的事情与我们感兴趣的研究问题自然地联系在一起。当然，如果我们对一些具体的细节不太清楚，希望对方进行补充或澄清，也可以及时追问。如果希望追问的内容涉及重大的概念、观点或理论问题，如深度学习、为人师表等，我们应该将这些问题先记下来，在访谈后期再追问。这样访谈更为自然、顺畅，可以按照受访者的自由联想进行下去。

四是追问要适度。追问不仅要注意适时，还要讲究适度。在追问时要考虑到对方的情感、与受访者的关系以及访谈问题的敏感程度。如果问题比较尖锐，要采取迂回的办法，从侧面进行追问。例如，如学生谈到有的老师对学生施行体罚时表现出质疑，我们应该避免正面追问，等与对方建立了信任关系以后再委婉地询问详情。

4. 倾听

（1）倾听的意义

倾听是保证访谈顺利进行的重要基础，也是访谈法收集资料的主要形式。访谈中的"问"是访谈者最主要的有形工作，而"听"是访谈者最主要的无形工作。由于访谈是一种特殊的互动，从某种意义上说，"听"比"问"更加重要，因为它决定了"问"的方向和内容。"听"既是一门技术，也是一门艺术，不仅需要我们有意识地学会听的技能，而且要用自己的心去体会对方的心。

（2）倾听的要求

在态度上，访谈者应该积极关注地听，不能消极地听。通过目光、神情、倾听的姿态向对方传递这样一个信息：你所说的一切都是十分有意义的，我非常希望了解你所说的一切。这样，受访者能感受到一种尊重，受访者在鼓励下可能对自己从未想过的一些问题进行思考，更加深入地探索自己的内心世界。而访谈者消极地听，只是做出一种听的姿态，并没有将对方的话听进去，或者在走神，心不在焉，受访者是能够感受到的，会感到自己不受重视，失去聊的兴致。

在情感上，访谈者要有感情地听，共情地听，不能无动于衷地听。访谈者要调动自己的情感去感受对方，积极主动地、有感情地与对方共情。

在认知层面，要将对方的信息迅速地纳入自己的认知结构加以理解，必要时还要与对方进行对话，与对方进行交流，共同建构新的认识和意义。倾听时，既要听到对方发出的声音和语句，而且要设法体察对方没有说出来的意思。所谓听话要听音，不能只是被动地听、机械地记录，要积极地进行思维理解。

倾听还意味着不要轻易打断对方。受访者在说话的时候通常有自己的动机和逻辑，有时虽然我们认为已经跑题，但是他们有话要说，应该满足其需要。

倾听时还要能够容忍访谈中出现的沉默。访谈者在提问之后也应有意识地停顿，给予对方思考的时间。面对访谈中的沉默，访谈者应该耐心等待，不要为了打破沉默而立刻发话。受访者沉默的原因很多，如无话可说；不好意思、有意拒绝回答问题；思想开小差；在思考问题；正在考虑用什么样的方式表达自己的想法。

总之，当对方沉默时，如果不能确定对方长时间沉默是否在进行思考，访谈者可以试探性地询问对方："请问你在想什么？"

如果对方沉默是因为害羞或害怕，访谈者应该采取措施，先使对方放松下来，如讲一个笑话，或闲聊一下，然后再进行访谈。

如果对方表示了明显的敌意，不愿意继续合作，访谈者可以尝试转换话题。

5. 回应

访谈中，访谈者除了提问、认真倾听，还要适当地做出回应，将自己的态度、想法及时传递给对方。回应的方式有很多，可以起到接受、理解、询问和共情的作用。

（1）认可

通过语言或行为传达出认可，可以鼓励对方多说话。如语言表示"嗯、对、是的、很好、真棒"；行为方式，如点头、微笑、鼓励的目光等。

（2）重复、重组和总结

重复就是把对方所说的事情重复说一遍，目的是引导对方就具体细节进行陈述，同时检验自己的理解是否准确。

重组，就是将对方的话换一种方式说出来。在这种回应中，我们可以检验自己的理解是否正确，邀请对方即时纠正，而且希望与对方共情。

总结，就是将对方所说的一番话用一两句话概括地说出来，目的是帮助对方清理思想，鼓励对方继续谈话，同时检验自己的理解。

（3）自我暴露

访谈者在访谈过程中并不总是一言不发，点头微笑，在适当的时候也应该以适当的方式暴露自己。自我暴露，就是访谈者对受访者所谈的内容就自己有关的经历或经验做出回应。如：我也有过这样的经历。自我暴露的作用：一是使受访者相信我们能够理解他。二是可以拉近距离，让访谈关系变得比较轻松和平等。但自我暴露要适当，如果自我暴露过多，可能喧宾夺主。

6. 记录

（1）记录要求

记录是访谈工作的重要组成部分，是后期访谈结果的整理的基础。记录要求主要体现在三个方面：一是尽可能详尽地记录；二是围绕访谈内容进行记录；三是不仅要记录语言信息，也要记录非语言信息。

（2）记录技巧

访谈记录应将机器记录与手工记录两种方式相结合。

争取现场录音。录音有助于后期分析资料和撰写访谈报告。大多数访谈者没有接受过速记训练，很难将访谈内容完整地记录下来，如果单纯靠笔记和访谈后的补记会遗漏很多信息。另一方面，录音可以减轻记笔记的负担，访谈者可以更好地倾听，更好地观察受访者的非言语信息，更集中精力进行提问。

访谈时的笔记技巧主要有以下几点：一是为加快记录速度，不记提问，只记录回答。提问有提纲，有的追问，可以根据回答回忆起来。二是记录回答的要点，尽量不用整句记录，可采用关键词、关键句记录。三是边记录边记疑点，可以采用划线、圈点等方式记录疑点，以便继续进行提问。四是不能因为记录速度慢而打断谈话。

以尽可能轻松自然的方式结束访谈。访谈时间不宜过长。单次访谈时间过长，会使双方都感到疲劳，甚至让对方厌倦。如果有了负面情绪，则不利于访谈继续。访谈者可以给一些暗示，如"你还有什么想说的吗？""你对今天的访谈有什么看法？"如果必要的话，还可以做出准备结束访谈的姿势。如开始收拾笔记本，或说"你今天还有什么活动安排？"

（三）访谈后期工作

1. 访谈结果的整理

第一，及时性：访谈结束后，要尽快整理访谈记录。每完成一次访谈，就要及时完成资料的整理。一是要根据记录的要点，回忆当时的情景、当时的对话，最大限度地补齐记录。二是及时整理、把握资料，使下一次资料收集更具有方向性和目的性。

第二，完整性：整理录音资料，应严格按照访谈时的原话进行整理，而不能任意进行省略。因为整理时，一些看似不重要的东西可能在分析时会非常有价值，如果不记录下来，可能就被遗漏了。整理时把访谈对象的语气变化、节奏变化、动作、表情等以括号等形式加以标注。

2. 访谈结果的分析

第一，再整理：如果有多个访谈对象，需要在初步整理基础上进行再整理，形成便于深入分析的材料。访谈提纲是按一定维度设计的，结构比较清晰。在资料归档时，可以将不同访谈对象关于同一维度的观点集中在一起，以便后期对同一维度的内容进行分析。

第二，反复仔细阅读原始记录材料或归档后的资料，熟悉资料的文本内容。阅读时，也可以写备忘录。记录自己的发现、想法和初步结论。

第三，分维度对资料片段进行比较和归纳。设定不同的类，把相同性质的资料归入一类。同时进一步考察这些同类或不同类属资料之间的关系。

访谈记录分析时，还要关注访谈内容与访谈前的假设之间的关系，如访谈对象的表述哪些是可信的，理由是什么；访谈对象的陈述哪些方面可以证明访谈之前的理论假设，哪些方面不能证明这些理论假设；访谈所得到的结论可以在多大范围内适用，理由是什么。

（四）访谈报告的撰写

访谈报告是访谈工作结束后整理出的研究成果。报告通常包括标题、导语、主体、结尾几个部分。

1. 标题

它主要反映所研究的问题，即表明访谈的对象和内容。如《城市重点中学高三学生考试心理状况的访谈报告》，该标题表明了本研究的访谈对象是城市重点中学的高三学生，访谈内容是学生的考试心理状况。

2. 导语（引言或前言）

它是报告的引子，为后面的正文做铺垫。主要包括以下三方面内容：第一，简要说明调查目的，即简要说明访谈目的、必要性和可行性；第二，简要介绍访谈的基本情况，包括访谈时间、地点、对象、访谈项目；第三，简要介绍访谈的过程、记录方法，访谈资料的整理、分析等。这些方面不一定要齐全，可根据具体情况作介绍。这些说明，可以增强访谈结果的可靠性。

3. 主体

这是报告最核心的部分。重点在于详细分析访谈结果，陈述访谈得出的认识、观点和基本结论。

一般先对访谈结果进行逐条分析，再综合分析得出结论。逐条分析即整理每一个访谈问题的访谈结果，并作简要分析，得出一定的认识。综合分析即在逐条分析的基础上，根据访谈问题之间的关系，尤其是几个大的访谈维度，进一步深入分析，形成一些基本结论、建议等。

4. 结尾

结尾的写法也比较多，这些内容可以融合，但并不一定全面。可提出解决问题的方法、对策或下一步改进工作的建议；可总结全文的主要观点，进一步深化主题；可提出问题，引发人们的进一步思考；可展望前景，发出鼓舞和号召。

第四节　教育观察法

一、概述

（一）定义

教育观察法是研究者用自己的感官或借助于辅助工具，在一定时间内有目的、有计划地考察和描述客观对象并收集研究资料的一种方法。教育观察是一种科学观察，是有目的、有计划、有严格记录要求的观察，所获得的信息具有客观性、可靠性、系统性。

（二）特点

1. 目的性

教育观察是有目的、有意识的资料收集活动。

2. 计划性

观察研究之前，研究者应根据需要有意识地制定研究计划，对观察对象要有确定的范围、明确的指标，以求全面地把握观察对象的各种属性，即对观察的时间、对象、范围、仪器、记录方法、过程、注意事项、变通方法等都有事先的计划、安排，保证观察有计划地进行。

3. 选择性

在观察活动中，研究者必须根据观察需要去选择典型的观察对象，才能获得符合观察需要的有针对性的观察材料。

4. 自然性

观察是在自然发生的条件下，在对观察对象不加任何干预和控制的状态下进行的，这使得研究者能够考察对象在日常现实生活、学习等活动中的真实的、典型的和一般的心理与行为表现。观察中，研究者应努力避免妨碍事件自然发生的一切因素。

5. 客观性

在"自然状态下"的观察所获得的事实材料，实质上是研究者对教育现象或过程的一种反映和描述。观察资料的客观真实性直接影响观察分析的正确性。

（三）优势与局限

1. 优势

① 观察的资料比较真实。观察行为发生在自然环境中，被观察者的行为比较自然、真实。

② 简便易行。

③ 比较灵活、机动。在充足的时间、自然的环境中进行连贯性的分析，使事情前因后果得以突显。

2. 局限

① 适用于研究外在行为，不能直接观察到事物的本质和人们的思想意识。

② 观察本身可能影响观察结果。不同的观察者由于其习惯、兴趣、经历、个性等的差异，对同一内容的观察可能会有不同的观察记录。

③ 不适合大规模的调查，具有偶然性和片面性。

二、分类

观察法的类型根据不同的划分角度可以有不同的分类。如根据是否借助仪器可分成直接观察与间接观察；直接观察即依据感官进行观察。间接观察通过仪器来进行观察，通常在实验室观察中运用。这里介绍几种实际运用较多的观察方法。

（一）观察情境设置是否有人为因素：自然观察和实验观察

自然观察法指在对观察环境不加改变和控制的状态下进行的观察。观察环境自然，观察对象不被控制，研究者只是观察和记录自然而然发生的事情。

实验观察法指观察者对观察环境预先进行精心设计与布置，观察过程中对现场有关因素进行调控的观察。如故意放一些贵重或孩子喜欢的东西在他经常出没的地方，暗中观察他的行为反应。

（二）观察者是否直接参与所研究的活动：参与观察和非参与观察

参与观察是观察者直接参与被观察者的活动，作为活动成员从内部进行观察。这是一种"融入"式观察。根据参与程度的不同，又可将参与观察分为完全参与观察和不完全参与观察。根据需要，观察者可以公开自己的真实研究身份，也可以隐藏自己的研究身份。

非参与观察是观察者不直接参与被观察者的活动，而完全以局外人或旁观者的身份进行观察，故又称为局外观察。观察者以局外人的身份进行客观的观察记录。

（三）观察内容是否有统一设计的观察项目和要求：结构式观察和非结构式观察

结构式观察是指按照一定的程序、采用明确的观察提纲或观察记录表格对观察对象进行观察。这是一种系统的可控的观察。结构观察通常采用局外观察的方式进行。

非结构式观察是没有统一的观察内容，没有固定不变的观察提纲或观察记录表格，完全依据现象发生、发展和变化的过程所进行的观察。非结构式观察一般采用参与观察的方式进行，所得的资料只能进行定性分析。

（四）观察内容是否连续完整以及观察记录方式：定量观察与定性观察

定量观察是指按事先制定好的一套定量的、结构化的记录方式进行资料的收集，如课堂某个方面的观察，以数字化的方式来呈现观察对象的行为、记录和分析行为的变化。

定性观察主要是以非数字化的形式收集资料的一种观察，包括叙述观察、取样观察、评价观察。

叙述观察指详细观察和记录事件或行为发生、发展的过程而获得资料的方法，如日记描述法、轶事记录法和样本描述法等。

取样观察指依据一定的标准选取被观察对象的某些行为表现进行观察或选择在特定的时间内进行观察记录来收集研究资料的一种方法。依据预先确定的标准，选取行为的若干方面作为样本，进行观察。该观察法背后的理论假设是这些有代表性的行为是可以代表观察对象的一般行为的。取样观察法还可以细分为两类：事件取样观察、时间取样观察。

评价观察指按照事先制定好的评价量表对被观察对象的行为表现进行观察并作出评价判断来收集研究资料的一种方法，如数字等级法、图表等级法等。

需要说明的是由于教育现象稍纵即逝，在观察时有时仅凭眼睛和耳朵等感官，难以全面、准确地获取信息，因此可以借助录音、摄像等辅助设备进行观察。

三、基本步骤

（一）观察准备

做好观察前的准备工作是进行科学观察的基础。准备工作包括三项内容。

1. 明确观察目的

观察目的是根据课题研究任务和观察对象的特点而确定的。为了明确观察目的，可以在正式观察前，做一些粗略的调查和试探性观察。目的不在于系统收集科研材料，而是掌握一些基本情况，如了解观察对象的特点，以便确定通过观察需要获得什么材料、弄清楚什么问题，进而确定观察范围，选定观察重点。如，想了解一些学校取消讲台的措施是否有利于师生互动，那就要通过课堂观察了解情况。进入课堂前，确定相关观察项目：课堂气氛怎样，学生回答问题的积极性，教师是否经常在学生间走动等，通过对这些项目的观察进行分析。

2. 选定观察对象

教育研究中的观察对象，有时是个人或团体，有时是事件或现象，有时是实物或环境。观察对象应当具有典型性，必须与研究的问题、研究的目的相吻合。

3. 制订观察计划

观察计划中要明确观察的内容、对象、范围，即打算观察什么？对什么人进行观察？对什么现象观察，通过这些观察可以回答什么问题？

确定观察的时间和地点，即选择什么时间什么场所进行观察？观察多长时间？进行几次观察？选择这个场所对自己的研究起到什么作用？

明确观察方式、手段，即观察用公开式还是隐蔽式？是否使用录音、录像设施？这样做的利弊如何？

预先考虑观察中可能出现哪些影响效度的因素和问题，怎样处理和解决这些问题。

列出观察提纲。如果是参与式观察，虽然这种方法比较开放、灵活，但为使观察内容进一步具体化，需要设计观察提纲，列出需要通过观察获得材料的要目，为观察提供方向。观察提纲一般涉及 6 个方面的问题。

谁？（有谁在场？他们是什么人？他们的角色、地位和身份是什么？有多少人在场？这是一个什么样的群体？在场的这些人在群体中各自扮演的是什么角色？谁是群体的负责人？谁是追随者？）

什么？（发生了什么事情？在场的人有什么行为表现？他们说/做了什么？他们说话/做事时使用了什么样的语调和形体动作？他们之间的互动是怎么开始的？哪些行为是日常生活中的常规？哪些是特殊表现？不同参与者在行为上有什么差异？他们行动的类型、性质、细节、产生与发展的过程是什么？在观察期间他们的行为是否有所变化？）

何时？（有关的行为或事件是什么时候发生的？这些行为或事件持续了多久？事件和行为出现的频率有多高？）

何地？（这个行为或事件是在哪里发生的？这个地点有什么特色？其他地方是否也发生过类似的行为或事件？这个行为或事件与其他地方发生的行为或事件有什么不同？）

如何？（这件事是如何发生的？事情的各个方面互相之间存在什么样的关系？有什么明显的规范或规则？这个事件是否与其他事件有所不同？）

为什么？（为什么这些事情会发生？促使这些事情发生的原因是什么？对于发生的事情人们有什么不同的看法？人们行为的目的、动机和态度是什么？）

如，想要通过观察了解中学课堂的师生互动状况，那么该观察计划可以如下设计。

首先，确立观察对象为初中二年级的学生，通过观察他们在师生交往中的行为和态度，主要以学生回答问题时的行为举止和在课堂上的活动（尤其是违纪行为）为观察目标，来研究师生之间的关系，并了解学生文化。

其次，确定观察地点为某班的教室。选择不同科目的上课时间进行观察。之所以选择课堂作为观察的主要地点，是因为课堂是体现学生言行和师生交往的主要场所，对课堂教学过程中的事件的把握有助于了解学生文化的状况。

最后，采用参与式观察，在使该班学生逐渐熟悉研究者并且不会感到好奇和生疏后进行。这样可以较为真实、自然地了解到学生的言行，不会使学生将注意力集中到研究者身上，而影响了正常上课。但是只要有旁观者在场，学生会不会有故意表现或紧张的心理状态，教师是否由于观察者的存在而和平时表现不一样，这些是否会使观察的准确性受到限制，需要研究者仔细思考。

（二）进行实际观察

1. 观察的要求

尽量按计划进行，不要轻易更换观察的重点、超出原定的范围，致使离开了原定的观察目的。如果原定计划确实不妥，或观察现象有所变更，则应按计划中的应变措施或实际的变化情况随机应变，但目的只有一个，即力求妥善地完成原定任务，尽可能取得最好的成果。

2. 教育观察的一般途径

上课。教师给学生上课是观察学生最普遍、最方便、最理想的途径。教师与学生面对面地交流，面对面地观察，获取信息的准确性、丰富性是其他途径不能比的。

观课。这是最经常、最基本的一种教育观察形式。听课的目的是观察课堂教学中教师教的情况与学生学的情况，了解教师课堂教学的表现、教师的教学思想和技能；还可以了解学生的学习活动和心理特征。研究者深入课堂中，可以借助记录、表格、录像等，获得大量一手资料，对研究具有重要意义。

参加活动，包括各种内容、形式、层次的集体活动，这是最丰富、最广阔的观察形式。如参加学校的各种集体活动，"身临其境"地考察师生在活动中的表现，了解校风、学风的情况。

实地考察。这是常用的观察形式。观察学校的自然环境、校舍建设、设备仪器和清洁卫生、纪律制度、校风教风等，并观察学校教学、生活和管理的各环节运转情况。列席学校各种会议或召开座谈会，倾听各层面人员的发言；查看反映学校运转情况的各种资料，如计划、教案、作业、档案等，可以了解学校办学思路、办学水平、教改情况等。这也是教育督导人员经常采用的途径。

结合个别谈话、召开座谈会等形式进行观察。

3. 观察时注意事项

选择最佳观察位置。既要力争处在观察的最佳视野，又要保证不影响被观察者的常态。

善于辨别重要的和无关的因素。把注意力集中到能获得有价值材料的重要因素上去，不为无关的、次要的因素所纠缠，提高观察效率。

善于抓住引起各种现象的原因。每一种现象的出现，尽可能找到引起现象出现的原因，使获得的观察材料具有科研价值。

善于抓住观察对象偶然的或特殊的反应。相对而言，一贯性的东西更能反映问题的本质，偶然的或特殊的东西，也有利于全面地了解研究问题。

（三）观察材料的记录和整理

做观察记录，应符合准确性、完整性和有序性的要求。

1. 记录方法

（1）评等法

观察者对观察对象评定等级，如在观察记录学生在某一集体活动中的表现时，可以分十分活跃、活跃、一般、不活跃、很不活跃五级。记录的方法可以在预先印好的表格上按等级画圈。

（2）频率法

观察者事先将规定好要观察的对象和观察项目印成表格，一旦出现某一现象，就在表格的相应框格内打上记号。

（3）连续记录法

观察时，在现场用文字快速记录，也可以借助录音、摄像设备先将现场录下来，回去后再转记到笔记本上。记录要体现客观性，一是记录内容要回应六个内容：谁：行为者与行为对象；什么地方：行为或事件发生的场景、地点；什么时候：日期和具体时间；什么事：哪种行为或事件；怎样：行为或事件的具体表现及过程；为什么：判断思考行为、事件的原因等。二是采用客观记录，而非主观记录。如："明明看见妈妈来了，很高兴。"（主观记录）"明明看见妈妈来了，跳起来，笑着。"（客观记录）

2. 整理观察记录

观察结束后，要尽快对观察记录进行整理，以免时间久了因记忆模糊而造成资料混乱。如有遗漏，及时补充。整理时，对大量分散材料利用统计技术进行汇总加工，对典型材料进行分析，对反映特殊情况的材料另作处理。

3. 分析观察资料

对于观察获得的资料，要分门别类，认真分析，详细说明要解释的内容，归纳出结论。以结构观察方式获得的资料，一般要做定量分析；以无结构方式获得的资料，一般采用定性分析的方式。

4. 撰写观察报告

在对观察资料分析研究的基础上，进行理论论证，最终完成观察报告。

四、基本操作技术

（一）日记描述法

它是一种记录连续变化、新的发展或新的行为的观察法。主要用于对儿童成长和发展所做的传记式记录。我国儿童心理学家陈鹤琴的著作《儿童心理发展之研究》，就采用该方法以日记的形式记录他的孩子在婴儿期的发展表现。这种方法既可以记录儿童的一般发展状况，但更侧重观察记录儿童发展的某个方面，如语言的发生发展。教育研究中一般较少采用这种观察法，因为样本太小，观察时间长，比较费时费力。

（二）轶事记录法

轶事记录法是观察者在观察过程中，以记事为主，对被观察对象在自然状态下发生的一些典型行为或事件进行客观记录的一种方法。这是教师常用的观察记录方法，主要记录观察者感兴趣的且认为典型的、有价值的行为或事件。一般应以单一行为或事件的简短描述为主。记录的行为可以有主题，也可没有主题；可以是典型的行为，也可是异常行为。无主题的记录，如幼儿教师常常以"学习故事"的形式，发现儿童的"哇时刻"。有主题的聚焦于典型行为的观察记录，如幼儿交往能力的发展、评价幼儿主动性的发展等。

采用轶事记录法进行观察，可以帮助教师了解儿童的真实表现，为全面地分析和评价学生奠定基础；帮助教师分析儿童的成长和发展，了解学生的发展需要，为其提供更适宜的帮助与指导；也能促进教师自我反思在典型事件中采取的教育策略、措施的针对性、有效性。

（三）实况记录法

实况记录法是指在一段时间内（如一小时或半天内）在某处场景下持续地、

尽可能详尽地记录被观察对象所有的表现，包括行为动作、言谈表现，其与环境及他人的相互作用和交往等情况的一种观察方法。如，对某班主任的工作进行全天的跟踪记录。

采用实况记录法进行观察，需要根据观察的目的，确定观察场景和观察时间，同时要求把与观察对象相关的一切行为、事件和环境都描述记录下来，再进行反复的观看和分析。这种观察记录法的优点是能提供详尽丰富的有关研究对象的行为及其发生环境背景等资料，这些资料可用于多种目的的分析。但需较多的时间与人力记录和处理资料；需要大量实录资料才能获得有关某些行为代表性的样本。

以上三种观察记录法都是叙事性观察，或称为非结构式观察。这类观察法的特点是观察并详细描述记录行为，保留行为或事件等原始资料。观察前不需要做大量准备工作。

与叙述性观察（非结构式观察）相对的是取样观察法（结构式观察）。结构式观察指有明确的观察目标、对象和范围，有详细的观察计划、步骤和观察工具，并在实际观察活动中严格按照设计的步骤进行的可控性观察。具体形式有两种：时间取样法和事件取样法。这类观察法与叙述性观察相比，主要有三个特点，一是观察前要做大量的准备工作，包括对取样、操作定义，设计观察记录表格；二是可以对较多的被试进行观察；三是选择样本行为进行观察，在较短时间获取大量资料，便于统计整理。

（四）时间取样法

1. 定义

时间取样观察法指观察者事先确定所要观察的维度，然后有选择地在某些时间段内观察某一特定行为或发生的事情，并把所观察到的结果记录到事先拟定的编码记录表上。把被试在某一时间段的行为看成是他们自身行为的一个样本，以时间作为选择标准，重在记录行为出现与否，发生的次数。

这类观察法适用于经常发生的行为和观察外显行为。换言之，观察行为是经常发生的；观察行为是外显的、容易被观察到的。

2. 运用

① 确定观察目的、观察的范围和被试数量。

② 确定总的观察时间与时间段。可随机选取时间，也可选择发生典型行为或事件相对集中的时间。

③ 将行为进行分类，预先规定所要观察行为的详细操作定义，以及系统的行为记录表单。

④ 熟记操作定义和行为分类标准，以及各种行为的代号，以便迅速有效地对观察的行为进行判断和记录。

3. 优缺点

优点：

① 因为在实施前完成了一定的准备工作，观察记录比较简便易行；

② 能在较短时间内收集较多有代表性的资料；

③ 能够确定行为发生的频率，便于后期进行定量的统计分析。

缺点：

① 只适用于经常发生的行为或事件；

② 对观察行为简单化分类，并将观察限定在特定时间间隔内，不便于深入分析事物的性质、特点。

（五）事件取样法

1. 定义

事件取样法即以事件为选择标准，观察并记录某些特定行为或事件的完整过程——发生、变化与终结。事件取样法对所要观察的行为要先界定清楚。如要观察幼儿的合作行为发展情况，在观察前要界定何谓"合作"，观察时要随时等待，观察者一经判断幼儿发生了合作行为，即开始记录，一直到行为结束为止。

2. 运用

① 观察前确定所要观察的行为或事件；

② 了解这类行为或事件的一般状况；

③ 确定需记录的资料种类与记录形式；

④ 预定行为或事件一发生就立即记录全程。

3. 优缺点

优点：

① 既获得有关行为或事件"是什么"的资料，又得到"为什么"的线索，有助于分析可能存在的因果关系；

② 收集资料的时间利用率高；

③ 可研究比较广泛的行为或事件。

缺点：

① 需要被动等待特定事件发生；

② 注重观察特定事件本身，对导致事件发生的条件和环境等信息不能充分了解；

③ 注重收集定性资料，不便进行定量的统计分析。

事件取样法与时间取样法两者都是系统的观察，观察前都需要作充分的准备。但两者存在诸多不同：一是前者测量单位是行为事件本身，后者测量单位是行为或事件发生的时间间隔。二是有不同的重点：前者注重行为事件的特点、性质，后者注重行为事件的存在。三是与时间的关系不同：前者也涉及时间，但以事件过程的长短为标准，无法控制；后者的观察时间是确定好了的。

事件取样观察与轶事观察记录法两者都是对事件的观察记录，但事件取样观察是正式观察活动时采用的，只记录预先确定的行为表现或事件过程，而轶事记录法是日常观察时采用的，事先并不确定哪些要记录，哪些不记录。

（六）评价观察法

1. 定义

评价观察法指观察者根据预定标准，不仅要观察行为，同时要对观察的行为全面客观地给予评定相应等级并作记录的方法。

2. 运用

评定之前应预先规定各种等级的具体标准指标，标准界限要明晰，以便观察过程中对观察行为或事件客观评定其等级。记录方式可以用等级（优、良、中、差）；字母和数字（A、B、C、D或1、2、3、4）；也可以用词语描述（完全达到、基本达到、不合格等）。

不足：易带主观偏见；易造成评定等级误差；很难分析行为的原因。

3. 运用要求

一是要正确理解等级评定表中每个等级所赋予的内涵；

二是防止成见，评分过高或过低；

三是防止都打平均分；

四是采用评分者信度和再测信度以保证评定的可靠性。

五、观察记录表的设计

采用结构性观察，包括时间取样法、事件取样法、评价观察法，都需要在进入观察前完成观察记录表的设计。观察记录表格设计要简明、科学、结构化、易于操作。设计的关键，就是要根据观察的目的，对估计可能出现的行为内容条理化、结构化，形成一个层次不同的纲目，制成表格，如表4-4、4-5所示。

表4-4　一次20分钟的语文字词抄写观察记录表（时间取样法）

时间	行为
0~5分钟	认真，无声响
5分钟后	3人开始有小动作
5~10分钟	7人开始有小动作
10分钟后	20人开始有小动作
13分钟时	6人完成作业
20分钟时	20人完成作业
延续5分钟	30人完成作业

分析：完成此类作业的最佳时间为10~15分钟。

表4-5　师生课堂问答行为观察记录表（事件取样法）

学校教师_____　　　　班级_____

观察者_____　　　　观察时间_____

互动行为	出现次数	持续时间	出现次数	持续时间	出现次数	持续时间
启发式问答						
引导与练习						
是非式问答						
识记式问答						
角色扮演						

第五节 课堂观察法

一、概述

（一）定义

课堂观察法是教育观察法在课堂情景中的运用。课堂观察法是研究者或观察者带着明确的目的，凭借自身感官（眼、耳等）及有关辅助工具（观察表、录音录像设备等），从课堂情景中收集资料，并依据资料作相应研究的一种教育科学研究方法。

（二）基本特点

1. 目的性

观察目的指课堂观察要以主题为中心，要指向一定的教育现象或某些特定的教育问题。观察目的是课堂观察的出发点与归宿。它决定着整个课堂观察的过程，避免课堂观察的盲目性。

2. 系统性

课堂观察是一项系统性工作，观察者要根据研究目的对观察的整个过程作出系统的规划，包括观察内容的确定、观察对象的选择、观察方法的选择、观察量表的选用或设计、观察者的分工与合作等。

3. 理论性

课堂观察法的实施离不开理论的指导。一是课堂观察方法自身有一些基本理念和操作范式；二是观察者需要围绕观察研究的教育现象或教育问题展开理论学习。

4. 客观性

观察者一般直接在教育现场进行观察，即使使用录像，也完全保持教育过程的原貌。观察所获得的信息资料，比较原始客观。在观察中，要尊重客观现象，将观察到的情况详细记录下来。一般情况下，不对观察对象进行干预和控制，不改变教育现场的活动，最大限度地保持所获信息的客观性。

5. 选择性

作为研究方法的课堂观察，不是面面俱到地进行观察，而是有意识、有目的地对与研究问题有关的方面进行观察。观察点的选择有典型性，把握住典型使观察过程相对简化、易化。如选择的观察点是教师的提问，则观察的重心在于教师的提问，而不是教师的情景创设。

（三）意义

1. 对教师个人专业成长有重要意义

课堂是教书育人的主阵地，也是教师专业发展的基础和生命。课堂观察法是最适合研究课堂情景的研究方法，对教师专业成长有重要的意义。课堂观察可以促进教师反思和研究自己的教育教学。课堂教学是一门永无止境的艺术。每位老师的课堂教学都或多或少地存在一些问题。有些问题在课后能够被察觉到，也有些问题一直没有被意识到，所谓当局者迷，旁观者清。如有教师对同事的课堂进行观察，观察点选择"教师上课的行走路线"。课后讨论时，指出该教师教学中行走的路线存在着集中在教室右侧的现象，导致教师对左右两边学生关注度的差异明显，学生回答问题的概率也因座位受到限制。尽管师生互动的总次数很充足，但学生的普及面不够。授课教师表示，从未觉察到自己的课堂存在这样的问题。通过课堂观察，能够帮助教师改善教学中的不良行为，加强有效行为。

2. 为教科研的融合提供契机

通过课堂观察法可以把课题研究和学科教研活动进行整合，更好地研究教学，服务教学。一是课堂观察法具有研究主题。以往很多学校的学科教研缺少方向，要么没有教研主题，要么临时起意，不成序列。指向课堂教学的教育科研课题，为课堂观察的实施提供了一个研究主题。在运用课堂观察法时，可以把研究的主题进行细化，把一个大问题的研究分解为若干小问题。一次集中力量研究一个小问题，解决了一个小问题，就可以得到一些收获；一个小问题解决后，再转入下一个小问题的研究。这样推动课堂观察或学科教研活动逐步走向序列式研究。

二是课堂观察法能更好地凸显研究的特点。课堂观察包括观课前的准备工作、课中对观察点的细致观察、课后"合作"式研讨剖析等三个环节。观课前要明确观察的目的，即为什么要观课，不是为观课而观课；要明确具体的观察内容，不是整体感知、面面俱到地观察。观课后的研讨交流，即观课教师和授课教师围绕研究点，立足具体的、真实的教学场景，展开平等的交流研讨。研讨的目的在于对某一教学问题达成共识，形成相应的操作法则，进而引领教学实践。在研讨中，没有身份之别，没有评价者与被评价者之分，没有研究者与被研究者之分，所有的参与者都是研究者，平等交流思想，碰撞思维的火花。一方面，可以提高教研活动的实效性，为优化课堂教学找到科学的支撑；另一方面，也使观课活动有了学术导向，有助于孕育出教科研的新思维、新认知。

（四）课堂观察法分类

依据不同的分类标准，课堂观察可划分为不同的类别。

1. 实验观察与自然观察

从观察的情景和对象是否经过严格控制的角度，可以分为实验观察与自然观察。课堂观察通常是一种自然观察，因为课堂作为一种自然的情景很难进行严格的控制。但有些情况下，也可以运用实验观察。实验观察要求有明确的实验目的和相应的实验设计。可以说，这是一种运用了课堂观察手段的实验研究法。

2. 直接观察和间接观察

按照观察时观察者是否借助于仪器设备，可分为直接观察和间接观察。直接观察是观察者亲临现场，凭借自身的眼睛、耳朵等感觉器官直接感知和考察研究对象的方法；间接观察则是指观察者借助录音机、摄像机等工具进行观察活动的方法。

3. 参与观察和非参与观察

按照观察时研究者是否参与研究对象的活动，可以将课常观察分为参与观察和非参与观察。在参与观察中，观察者要参与到观察对象活动中去，在相互接触中倾听和观察研究对象的言行。这种观察有助于深入了解观察对象内部的真实情况。但也有局限性，即观察者与被观察者之间容易互相影响，观察结论带有主观性。非参与观察指研究者不介入被观察者的活动，只是作为一个旁观者置身于所研究的课堂情景之外所进行的观察。它适用于观察时间较短、内容较简单的情况。这种观察方法观察的结果比较客观、公允，但是观察带有表面性，不易深入。

4. 定量观察和定性观察

按照观察方式的结构化程度，可以将课堂观察分为定量观察和定性观察。定量观察是指以结构化的方式收集资料，并且以数字化（等级、频率、百分比等）的方式呈现资料的课堂观察；而定性观察是指以质化的方式收集资料，并且以非数字化（文字描述情景）的形式呈现资料的课堂观察。

5. 自我观察和非自我观察

自我观察：通过观察教学录像观察自己的课堂教学行为；

非自我观察：现场或通过录像观察他人的课堂教学行为。

以上是从科学角度对课堂观察进行的人为的划分，在实践中，应根据观察目的、观察对象以及观察条件，选择适当的观察类型和方法，有时也可以结合使用。

二、基本步骤

课堂观察法是一个系统，有自己的操作步骤和基本技术、技巧。它主要包括课堂观察前的准备、课中观察与课后分析研讨三个阶段。每个阶段各有一些基本任务。

（一）课堂观察前的准备

1. 确定观察目的

确定观察目的是解决为什么观察的问题。如"初中数学概念教学策略研究"课题组需要基于数学概念教学的规律，从概念教学的基本流程（引入概念，明确概念，巩固概念三个基本环节）入手，探究总结各基本环节教师具体的教学策略，从而为概念教学实践提供指导。

2. 确定观察内容框架

确定观察内容框架是解决观察什么的问题。观察内容是有层次的，由大到小或者说由宏观到微观，可以用观察主题、观察维度、观察视角、观察点来呈现。如课题"初中数学概念教学策略研究"，观察主题是"概念教学三个基本环节中教师的教学策略"；观察维度：教师的教和学生的学。从教师的教这个维度可以设计一些观察视角，如教学结构是怎样的？在每个基本环节中采取哪些教学策略？每一种教学策略的操作要点有哪些？需要哪些条件？

观察内容框架设计科学，才能保证观察及观察结果的有效。这些观察内容框架从何而来？一是借鉴参考课堂观察研究先行者的研究成果，如华东师大崔允漷教授研究团队研制的课堂观察框架（4个维度，20个视角，68个观察点）。其专著《课堂观察：走向专业的听评课》集中呈现了该研究成果。但崔教授团队研制的课堂观察框架是基于共性的一般意义上的课堂教学总结提炼、研制的。而"专题"性课堂观察，不能停留在这里，还要依赖研究团队共同设计观察内容框架。一方面要学习与研究主题相关的核心文献，对研究问题的本质有较为深刻的认识和理解。另一方面可以采取先合作，后分工，再合作的策略。研究团队先基于研究主题的学习和研讨，明确观察主题、观察维度、观察视角；然后分工由1~2个教师承担1个观察视角的进一步分解，形成相应的、细化的观察点；最后研究团队再一同讨论、修订观察点，完成整体观察内容框架的设计。

3. 设计观察提纲或观察记录表

围绕观察点设计相应的观察工具，如果是质性的观察，就需要设计观察提纲，将观察内容进一步具体化，选取那些可以观察、与观察目的密切相关、具有实质意义的事件。如，观察教师的课堂教学指令，可以将观察内容具体化为：简练、容易理解的语言；发出指令的时间；解释活动配以演示；指令与相应活动之间的间隔时间；对于同类活动是否运用相同的指令等。又如观察合作学习，可以观察内容具体化为：老师有没有培养小组合作？小组讨论的话题是伪问题还是真问题？教师有没有提供支架？讨论中，教师有没有真正地巡视，适度地个别指导？对小组合作有没有评价单？

如果是量的观察，就需要设计观察记录量表。现在网络上有一些课堂观察量表，有的比较完善，可以借鉴。但基于研究主题可能没有完全适合的观察量表，需要对现有的进行修订，或自行开发设计观察量表。

4. 准备观察课例

"课例"为研究探讨、交流互动提供了载体。从课的性质来分，观察课例更多是常态课，是原生态的课，这样的课更能反映现实的教学实践；也可以是教学改进课，即采纳、检验新教学策略有效性的课例。从授课教师身份来看，既可以是名优教师的优质课例，也可以是身边教师的平常课；从形式上来说，既可以是现场课，也可以是录像课、网络课；从课的完整性来看，可以是一节完整的课，也可以是教学片段。无论采用哪种课例，必须要有一个共同的特征，即课例要反映研究主题，要能提供与研究主题匹配的课堂教学情景。如，研究主题是大单元教学，那课例要反映这个主题，具备大单元教学的要素、特征，至少是朝着这个方向去努力的课例。

5. 观察人员的培训与分工

观课前要召开专门的会议，对教师进行观察分工。一个观察视角一般有两个及以上的具体观察点。所谓分工，即观课教师要选择从不同的观察点来观察和记录，或指定某人或某两个人负责某一个或几个观察点的观察。建议刚开始做课堂观察时，所有观课者聚焦在一或两个核心观察点，等观课技术掌握得比较好时，再适度增加观察点。

观课前，要对观课教师进行简单的培训。培训内容主要包括两个方面：观察内容框架和观察记录方式的说明。通过培训，所有观课者达成共识，便于观察数据的收集。

（二）课堂观察

1. 观察

在尽量不影响被观察者常态的情况下，选择最佳观察位置。要基于观察内容确定课堂观察位置，确保在观察位置能比较清楚地观察到观察对象的言行。观察点是学生的学习状态，如课前准备、上下课仪式、听课专注程度、应答活跃程度等，观察位置可以选择在教室前面的左或右侧位置，方便观察到学生的神情。如观察点"合作学习"，小组合作环节时，观察者可以移步到不同学习小组，观察学生的表现究竟怎么样，小组合作的效率如何。

2. 记录

记录在观察中十分重要，是观察中一个必不可少的工作。记录的整体要求是及时、准确、有序、详尽地将所要研究的问题的有关内容记录下来。如果是量的观察，要求记录格式清楚、有条理，便于日后分析研究。如果是质的观察，记录的语言要尽可能客观、具体。在实际观察时，还要看、听、思、记相结合，以达到最佳效果。

进入观察前，就应根据不同的观察类型选择适当的记录方法。总的来说，记录方式可分为定性和定量两种。实践中，两种记录方式可以相互补充使用，使所获得的数据、信息尽可能地反映真实的教学环境和课堂活动。

定量的记录方式主要有等级量表和分类体系两种。

（1）评等法

根据观察目的编制等级量表。课堂观察中，观察者依据对象的行为表现在预先印好的等级量表上评出相应的等级。等级量表比较容易编制，使用较为灵活，操作简单，可在较短时间迅速作出判断，也易于进行量化分析。但主观性较高，等级的评定是评定者个人作出的判断，容易受观察者主观因素的影响。学生学习状态等级观察量表如表4-6所示。

表4-6　学生学习状态等级观察量表

序号	观察内容	等级赋值				
		10	8	6	4	2
1	课前准备					
2	上课仪式规范					
3	听课专注					
4	应答活跃					
5	提问主动					
6	练习认真					
7	互动积极					
8	思考深度					
9	下课仪式规范					

（2）记录出现频率法

利用分类体系对观察项目预先加以类化，列出可能出现的行为或要观察的目标行为，观察时只需要画记号或者计时即可。教师提问观察表如表4-7所示。

表4-7　教师提问观察表

问题序号	问题内容	问题来源			问题类型				提问方式				提问的认知要求				学生（教师）反映					
		预设问题	生成问题	随机提问	是何	为何	如何	若何	师问师答	师问生答	生问生答	生问师答	机械	记忆	解释	推理	探究	沉默不语	答非所问	答不完整	结结巴巴	插嘴抢答	简洁明了

定性的记录方式是以非数字化的形式（如文字、影像、照片等）呈现观察的内容。

（3）描述法

预先将所要观察的目标进行分类，观察时对各类目标行为进行非数字化的、开放性的定性描述。预先设计好记录的格式，设计好描述与评论的空白栏。在观察过程中，记录好行为或经验的发生，同时利用评论栏，将观察时产生的即时想法写下来。讨论式教学技能的观察如表 4-8 所示。

表 4-8　讨论式教学技能的观察

观察点	描述	评论
选择讨论内容	讨论题目是教师给的，不是学生提出的	忽视了学生的兴趣和需要
合理分组	4 人一组或同桌一组	分组不科学，忽略了学生的差异和讨论的方式
讨论形式	只围绕一个讨论主题	限制了学生的思维
交流反馈	提问 3 个学生，各有一个答案	未明确是否代表小组，课堂教学失控
概括总结	只有教师总结	限制了学生的思维能力

（4）图示记录法

图示记录是一种直观的记录工具，即用位置、环境图等形式直接呈现相关信息。如，在对班级进行"学生回答问题情况"的实地观察前，可以先画一张观察现场图。一个方框代表一个学生，↑代表自愿回答，↓代表被动回答。下图第一排第四列学生回答了 2 个问题，第 1 个问题是被动回答的，第 4 个问题是主动回答的。这节课教师提了 10 个问题。回答的学生的位置基本集中在教室中部，10 个问题中有 7 个是教师要求学生回答的，而 3 个是学生自愿回答的。图示记录法如图4-4 所示。

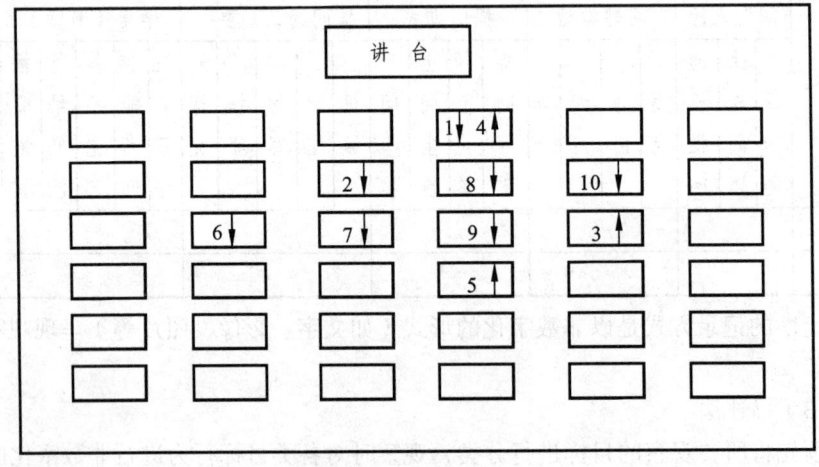

图 4-4　图示记录法

（5）叙述体系

这种方式没有预先设置的行为分类，而是对观察到的事件和行为（通常是一个教学事件的片段），做详细真实的文字记录，可以加入分析、评价。观察者对独特的、有重要研究价值的行为或事件进行完整详细的描述。也就是教学叙事，它有日记描述的特点，要求将行为或事件发生的过程客观、准确、具体、完整地记录下来，并加以分析。

（三）观察后的分析、研讨

观察的最后阶段是整理和分析观察记录，得出结论。

1. 整理记录

观课结束后，观课者应该在观察情境尚未完全遗忘的情况下，及时整理记录资料。审查初步整理过的资料，看所需的观察资料是否都收集到了，是否都有效，需要说明、解释的内容是否做了标记。

其次，观课教师要对收集到的数据资料进行分析，为研讨交流中做简要的、有针对性的观察结果汇报做准备。"学生回答的类型"和"教师提问后的停顿"统计结果如表4-9所示。

表4-9 "学生回答的类型"和"教师提问后的停顿"统计结果

行为类别	频次	百分比
学生回答的类型		
1. 无回答	2	1.9
2. 机械判断"是、否"	39	37.1
3. 认知记忆性回答	45	42.9
4. 理解性回答	18	17.1
5. 创造评价性回答	1	1.0
停顿		
1. 提问后，没有停顿或不足3秒	91	86.7
2. 提问后，停顿过长	5	4.8
3. 提问后，适当停顿3~5秒	8	7.6
4. 学生答不出来，耐心等待几秒	1	1.0
5. 对待有特殊需要的学生，适当多等几秒	0	0

从表格中，学生回答的类型中"理解性回答和创造性评价回答"分别出现的频次和所占的百分比来看，这节课教师的提问在理解和创造层次不高。再看"教师提问后的停顿"，"提问后没有停顿，或不足3秒"，频次是91次，占了86.7%。结论：教师在提出问题时没有给学生足够的思考时间。从中反映出要么教师的问题没有很大的思考价值，要么就是教师以个别学生的思考代替了其余学生的思考，大部分学生在接受着他人的答案。提问以后有停顿，如果教师的提问是一个很好的问题，提问以后的停顿起码要超过三秒，给学生思考的时间。当然停顿太长也不行，提问后的停顿要根据问题的难度、宽窄度，设置真正让学生思考的时间。同时，教师的提问要有思考价值。

2. 研讨

（1）被观察者课后反思

课后研讨中，授课教师会讲讲自己的课后反思，谈谈自己上完课的感受。教师的课后反思可以从以下几个方面来交流。

① 学习目标是否达成？预设的学习目标是什么？学生是否达到了？哪些地方达成度比较高，哪些地方达成还有问题？

② 学习内容处理有无问题？这节课有哪些学习任务？它们一环一环之间的关系什么？学习内容作了哪些处理，哪些处理效果好，哪些处理可能还存在问题？

③ 让学生学会学习做得如何？新课改后的学习，学生不仅要获得知识，提升技能，更重要的是学会学习。也就是说学生在获得知识、技能的同时，是否学到了获得知识的方法。

④ 学生的兴趣是不是都被调动起来了？

（2）观察者报告观察结果

观课后，观察者要基于个人的观察，简要报告观察结果。

① 要抓住核心问题说明几个主要看法。

② 要有证据与分析。要以观察到的课堂事实为证据，交流自己的看法、分析。

③ 要有比较具体的建议。基于自己的观察点，发现了哪些教学的优点，哪些教学问题，乃至于教学错误。针对教学问题或教学错误，提出具体的建议。

④ 要防止光环效应，拒绝假话、套话，反对话语霸权。

观课后的研讨分析，有助于每一个活动参与者将一些研讨中形成的新观念、新探索纳入自身的经验系统，通过与自身原有知识经验的交融，重新建构意义，形成新认识、新经验。

3. 撰写课堂观察报告

课堂观察活动不局限于一两次活动，有时基于同一个观察点，也可能经历几次循环观察研究。一次课例观察后，课题组基于对观察的信息或数据进行定性或定量研讨分析，拟定并实施新的行动方案，即形成解决问题的思路和策略。这是一个不断修改或调整问题解决方案并付诸行动在课堂教学中去验证、去实践的过程。几次循环观察研究后，不仅可以改进教学行为，还可以形成课堂观察报告。它是课堂观察研究的成果表现形式。

课堂观察报告主要包括标题、观察研究背景、观察基本情况、观察结果分析、讨论或建议等几大板块。

标题：简明扼要，能反映观察的对象和观察内容。如"学生课堂行为观察研究报告"。

观察研究背景：主要说明为什么要对该问题进行观察研究，在怎样的情况或条件下进行的研究，本观察研究所要达到的目的，预期研究结果可能带来的哪些认识上的突破或实践上的指导作用。

观察基本情况：主要用于介绍观察研究的整个过程，包括：观察内容框架的设计、观察使用的工具、观察对象的选取、观察的时间、地点、观察活动的程序等。

观察结果分析：观察的结果主要是对观察记录进行统计分析后得出的事实。在撰写时，要客观地呈现在观察中所收集到的实证资料；包括作者自己的倾向和观点。

讨论或建议：把研究结果放在更为宽广的范围中，阐述研究结果的意义。

第六节　个案研究法

一、概述

（一）定义

个案研究法就是对单一的研究对象进行深入而具体研究的一种教育科研方法。个案研究的对象可以是个人，也可以是个别团体或机构。可以是对一个或少数几个学生、教师、校长等进行个案分析，也可以是对某先进班级、学校进行个案研究。个案研究是对研究对象的一些典型特征作全面、深入的考察和分析，其过程与解剖麻雀相似，因此，人们还将个案研究法称为"解剖麻雀法"。

（二）特点

1. 研究对象的个别性与典型性

个别性：个案研究的首要目的是把握个案的具体情况，解决个案的问题，指导和促进个案的发展。因此，个案研究的对象是个别的。但个案并非孤立的个别而是某个整体中的个别，是能代表群体，具有与群体中其他个体大致相同的环境、共性特征的。个案的代表性使个案研究具有更大意义：立足个案，探寻普遍性。即通过对个别的研究，总结出规律性的东西，去指导普遍性的工作；使个案研究的结论能推广、借鉴到其代表的群体。

例如，初中生英语口语发展个案研究。在选择研究对象时，发现一名学生英语口语水平非常好，通过调查发现该学生小时候有随父母在美国生活的经历，这名学生则不适合成为个案研究的对象，因为他不具有代表性，并不是所有的孩子都有他这样的经历。而如果一名学生的英语口语好是因为定期参加英语口语角、利用一切可以同他人进行英语对话的机会练习口语或观看英语电影等，这名学生就可以成为个案研究的对象，通过对他的研究可以为提高其他学生英语口语水平提供有益的借鉴。

典型性：作为个案研究的对象，应具有一些典型特征。一般来说，应具有以下三个显著特征：一是在某方面是否有显著的行为表现；二是相关的测量评价指标是否与众不同；三是教师、家长等主要关系人是否都有类似的印象和评价。

例如，某一学生创造能力发展的个案研究，可以看他是否经常有一些小发明、小制作等；在创造能力测验中的得分是否突出；教师与家长对该生的创造行为是否有较深的印象；能否举出一些反映该生头脑灵活、思维敏捷等方面的事例。在此基础上可以确定为个案研究的对象。

2. 研究内容的深入性和全面性

由于个案研究的对象不多，所以研究者有较为充裕的时间，进行透彻深入、全面系统的分析与研究。个案研究既可以研究个案的现在，也可以研究个案的过去，还可以追踪个案今后的发展；既可以做静态的分析诊断，也可以做动态的调查或跟踪。例如，对一个学习后进生的研究，需要从多方面加以考察，如学生学习的智力因素和非智力因素，原有的知识基础和学习方法，以及教师的教学和家长的辅导情况等。这样就可以对该生进行比较全面而深入的了解和认识。

3. 研究方法的多样性和综合性

个案研究有自己的研究方法，如追踪法、追因法、临床法和产品分析法等。但是个案研究又不是完全独立的研究方法。为从多角度把握研究对象的发展变化，必须结合教育观察、教育调查、教育测量等多种研究方法。如，要以一个智力超常的儿童为研究工作对象进行个案研究，首先需要使用教育测量的方法对其进行智力测验，检验其智商是否超常。其次，要采用观察法对该儿童作系统观察，验证其各种智力操作是否比正常儿童突出。此外，要借助调查法了解其成长环境。

（三）类型

个案研究法可以依据研究对象、研究内容与目的进行分类。

1. 依据研究对象分类

以个体为单位的个案研究，即单人的个案。如针对个别学生学业不良问题展开个案研究。

以社会机构为单位的个案研究，即一个班级、一所学校、一个机关等的个案。如某中学积极大胆进行课程改革，取得一定成果，研究者综合采用观察法、成品分析、行动研究等方法进行学校个案研究。

以社会团体为单位的个案研究，即学术团体、群众组织等的个案。如，某名师工作室创新培训、研修方式，不断推出年轻骨干教师的个案研究。

个案研究对象不限于"不良问题"，也可以对成功经验进行挖掘。

2. 依据研究内容、目的分类

诊断性个案研究。这类研究主要考察行为异常或有某种生理缺陷、心理障碍的特殊儿童，目的是对研究对象的问题现状作出诊断，寻求研究对策。

指导性个案研究。这类研究广泛用于教育领域，如尝试新的教学方法或教育方案，然后将研究成果推广到普遍的教育实践中。如近几年深度学习研究取得丰硕成果，某学校强力推进深度学习教学改进项目。

探索性个案研究。这类研究常用于大型研究的准备阶段。如某区县为缓解城乡教育的不均衡，进行办学模式改革。在较大范围实施改革前，采取分模式试点先行的探索性个案研究，为后期大规模改革规划奠定基础。

（四）优势与局限

优势：首先，个案研究是因材施教的基础，具有实践意义。在对个案全貌研究和了解的基础上，提出针对性的教育措施，才能真正做到因材施教。其次，研究条件方便，一般是在没有控制的自然状态中进行的，研究对象少，方便沟通交流，收集研究资料。最后，简便易于操作，个案研究主要采用质的研究方法，如访谈法、观察法。

局限：因为个案研究取样较少，研究结果不一定具有普遍性，研究的结论在可靠性、准确性和概括性方面有些欠缺。

二、基本程序

个案研究法需要遵循一定程序进行研究，一般包括以下几个步骤。

（一）界定研究问题、确定研究对象

首先要明确要研究的问题是什么，研究的目的是什么，要追踪研究的对象应该具有什么样的典型特征。如"初中生英语口语水平发展的个案研究"，其研究问题：怎样提高初中生英语口语水平？研究目的：通过典型的个案（英语口语好的学生）研究，揭示出学生提高英语口语水平一般规律，总结出可以借鉴或推广的方式、方法。

（二）制定研究计划

在确定个案研究对象后，要制定个案研究计划。个案研究计划一般包括：研究的对象与问题、研究的目标与研究内容、研究方法与步骤、研究预期成果等。当然，研究计划并不是一成不变的，在实施中可以不断进行调整。

（三）搜集个案资料

1. 资料收集的要求

个案研究的资料收集要求：全面性、系统性、可靠性，尽量全面地搜集个案研究资料，有助于研究者对个案的历史与现状有比较完整、客观的认识。应准确、完整地记录个案的有关信息和资料，并分类存入档案袋，保证信息的系统性和可靠性。搜集前，要预设资料收集来源或者说维度，为后续的分析资料奠基。以学生个案资料的收集为例，资料的来源大致有三种，第一种为个案本身的资料，第二种为学校方面的记录，第三种为家庭和社会背景。

个人的基本情况：姓名、性别、年龄、健康状况、兴趣爱好等。

有关学校的记录：学校、年级、出勤情况、奖惩情况、操行评语、过去和现在学习成绩、课外活动状况、教师的评定、学生的判断等。

家庭和社会背景资料：父母的职业，受教育的程度，家庭的经济状况，家庭的氛围，父母的管教方式，被研究者的家庭地位，与兄弟姐妹关系，居住地的文化状况，与亲戚、邻居、朋友的交往等。

资料的收集应力求达到一定的深度和广度，不能遗漏重要信息，同时要确保资料的真实性。

2. 资料收集的方法

个案资料的收集方法多样，如观察、测验、调查、文本分析、投射技术等，根据研究的需要和条件，通常采用多种方法共用的方式收集个案资料。以学生个案研究为例，教师可以采用多种方式来收集学生个案的多方面资料。

观察：指观察其在课堂学习中的表现，与父母亲、同伴的相处或面谈时观察了解其情绪情感、思考状态、认知能力等。

测验：指运用各类心理与教育测验来了解个案的能力与心理状态。常见的有智力测验、人格测验、性向测验（测潜在能力，即一个人的学习能力或从事某种活动成功的可能性）或态度测验等。

调查：设计一些调查表或访谈提纲，对家长、学生等有关人员进行调查或访谈。也可以直接与个案谈话，获得所需的资料。

文件分析：指通过收集个案的日记、周记、作文、照片、档案或教师的轶事记录等了解个案的情况。

游戏技术：适用于幼儿，通常利用游戏或玩具等来了解儿童的想法。

投射技术：指利用绘画或相关投射测验来了解儿童。投射法：向受测试者提供意义比较含糊的刺激情境，让其自由发挥，分析其反应，然后推断其人格特征。该技术是心理学领域里的专业诊断、治疗技术。

生理检查：如怀疑个案的行为症状与生理有关，则应先就诊，以排除生理因素的影响。

（四）整理、分析个案资料

在广泛占有资料之后，最为重要的工作是做好资料加工，将资料信息系统化、清晰化，为进一步研究奠定基础。

搜集到的资料往往是混乱的，有些是无用的，研究者通过多次阅读，整理搜集到的资料，剔除无用的资料，归类有用的资料。

搜集到的原始资料是粗糙的，不能直接说明问题。要把这些原始资料转化为能说明问题的信息，需要对资料进行思维的加工，以便理清问题发展的脉络，进而做出正确判断。

以下是论文《绘画投射技术在攻击性儿童心理分析中的运用及其效果》的片段内容。

儿童画可以反映儿童的内心世界，可以描绘各种各样的情感，表达与心理状态相关的信息，并体现出其人际交往风格。攻击性儿童对其自画像的描述是："我撇嘴，因为我不开心呗!""因为人家会打我，我就不开心!""他觉得我坏，他就打我。""因为他不听我的道理，他觉得我坏。"从中可以看出，他的不快乐来自他与其他小朋友之间的冲突。他的绘画作品与讲述都显示"与小朋友之间的交往问题"是他内在的忧虑和困扰。从他认为的小朋友打他的原因（"他觉得我坏"）可知，有攻击倾向的儿童会选择性地输入具有敌意的信息，他们对他人行为的解释存在着归因偏见。

分析与综合是思维过程的基本环节，也是分析资料的基本方法。以阅读一篇课文为例，既要经过分析，理解词义和段落大意，也要经过综合，获得对文章的整体认识。分析与综合是辩证统一的，对事物只有分析而没有综合，只能形成片面的、支离破碎的认识；只有综合没有分析，只能形成表面的认识。只有把两者有机结合，才能找出个案的本质特征，从而使事实材料成为富有意义的东西，并由此得出科学合理的结论。

对收集到的资料要分维度进行全方位的深入分析，从而找出个案在现象间存在的因果关系。以学生个案研究为例，分析维度主要包括学校、家庭、社区环境及个人因素等，并根据所搜集的资料提出假设。一是从主观上分析了解学生内在的动机，如世界观、人生观、价值观与其行为及行为结果的联系；二是从客观上分析了解学生的教育背景、社会环境、家庭教育等与学生的生理、心理特点以及学生的成长、发展存在哪些适应或不相适应的地方。

从主客观两方面对导致个案行为结果的现象进行分析。如论文《他为什么不去幼儿园当教师?——对一名学前教育系男性毕业生的个案研究》，既从主观上探讨动机、情感、价值观等对这名学生的影响，也从客观角度考察高校、幼儿园、社会以及个体差异等因素对该名学生的影响。

（五）个案发展指导和个案追踪指导

指导阶段的主要任务是在分析诊断基础上，设计一套可行方案并加以实施，行动中对方案进行验证，边行动，边研究。一套指导方案的内容一般有：确定指导所要达到的目标；具体操作要求及措施；结果分析和追踪处理情况。

指导可以从学生发展的内因与外因两方面入手。第一，尽可能改变其外部条件，使之适应儿童发展的需要。主要考虑学校教育措施、家庭的气氛与影响、父母对子女的教育态度和方法等因素。第二，对学生的内在因素进行适应性训练与矫治，使其与学校、社会环境的要求相适应。例如，对听障儿童进行听说训练。教师在进行矫正指导中，一方面需要得到有关专家的帮助，另一方面要加强教育学、心理学等基本理论的学习，掌握指导个案的技巧。

个案研究对象的问题矫正与指导是一个复杂的工作，一次分析诊断不一定准确。某些教育措施的实施要在一段时间以后才能较全面地看到效果。因此，有时需要较长时间的追踪观察与研究，以检查矫正补偿是否有效。如果有效，研究工作告一段落；如问题还没有解决，需要重新诊断和再次矫正，则要继续研究下去。

（六）撰写个案研究报告

个案研究报告一般包括以下几部分：

研究的问题和意义。描述主要问题及其特定的背景环境。需要呼应这些问题：选择的个案是什么（即客观描述研究对象的基本情况和背景）；为什么要对个案进行研究，研究个案是为了达到什么样的目的。这部分的陈述必须简洁明快，使人一目了然。

阐述个案研究的过程。即如何搜集和分析资料（即获得资料的方法、对获得的资料分类描述）、对各类资料的分析（即诊断分析问题的背景、症结、影响因素）、如何寻找研究个案的指导策略、跟踪了解实施结果或分析提炼具有借鉴意义的成功经验等。这部分的陈述要足够详细，使读者能通过报告透彻地了解研究过程。

表述研究结论及解释。从个案研究的结果推论出具有普遍意义的结论，并对结论的有效性和真实性作出解释。也可以"思考与讨论"形式，提出建议，供读者或其他感兴趣的研究者、相关部门借鉴参考。

列出参考文献及附录。附录位于文章的最后，主要包括一些无法全部呈现于文章主体部分的资料。

三、具体方法

个案研究有许多自己独特的研究方法，可以根据研究目的、对象、内容的不同，采用追踪法、追因法、临床法和产品分析法等方法。

（一）追踪法

1. 定义

个案追踪法就是在一个较长时间内连续跟踪研究个案，收集各种资料，揭示其发展变化的情况和趋势的研究方法。追踪研究短则数月，长则几年或更长的时间。如我国著名的教育家和心理学家陈鹤琴对他的长子进行了长达三年的追踪研究。又如对一些单亲家庭的儿童、留守儿童进行追踪研究，了解父母离异、留守状况对儿童发展带来的影响。

2. 特点

个案追踪能获得研究对象发展变化的第一手资料，能深入了解个案的发展情况。它对于研究复杂教育现象的发展变化，某一教育理论的验证，某一教育措施的实施，某一新方法的探索等都具有重大意义。但追踪法也有局限。首先，耗时费力，要求研究者有时间、有毅力、持续不断地进行研究，否则很难得出科学的结论。其次，过程中可能会出现一些变量，而这些变量是研究者很难控制的，有时甚至会因为研究对象的流失，中断研究的进行。

3. 个案追踪研究的实施步骤

确定研究课题。研究者首先要明确追踪研究的对象是什么，目的是什么，要追踪研究对象的哪些方面。

实施追踪研究。追踪研究要紧紧围绕课题确立的内容进行，要运用规定的手段收集有关的资料，不能遗漏重要信息，也不能被表面现象迷惑。追踪研究需要较长时间，研究者一定要持之以恒，不能半途而废。

整理和分析收集到的各种资料。对收集到的各种个案资料，要进行细心的整理和分析，作出合理判断，揭示出个案发展变化的特征和规律。

提出改进个案的建议。研究者要根据对个案追踪研究的结果，进一步提出改进个案的建议，指导和促进个案的发展，实施因材施教。

(二) 追因法

追因，顾名思义就是追寻和探究现象的原因。追因法是先见结果，然后根据结果去追究其发生的原因。如某学生的学习成绩突然下降，研究追寻成绩下降的原因。

个案追因研究的实施步骤：

确定结果和研究的问题。如某学习后进生最近有较大变化，学业成绩提高很快，这是已形成的事实，把探究这种结果的原因确立为研究的问题。

假设导致这一结果的可能原因。这些原因是最初假设的，还没有经过验证。但这一步骤对于后面工作的进展具有决定意义。

设置比较对象。为了追寻导致结果的原因，研究者可以采取两种途径设置比较对象。一种是设置结果相同的若干比较对象，从中找出共同的因素，即前面假设的原因。另一种设置结果相反的若干比较对象，找出相反的因素，从反面找出真正的原因。例如，研究学生品德问题形成的原因，可以找出若干个有品德问题的学生，从中找出他们品德问题形成的共同因素；也可以找出几个品德优良学生与品德问题学生对比，探究两者成长过程中的不同之处，从而找到学生品德问题形成的真实原因。

查阅资料进行对比。从研究对象的有关资料中看是否具有前面假设的原因。这一步骤需要做得特别细致，因为教育现象是复杂的，导致某项结果的原因往往是多方面的。

检验。找出的原因尚有待于进一步检验。最好的检验办法是看有同样原因存在的其他许多事例中是否有同样的结果发生。如果没有的话，这个假定仍然不能成立。如果有的话，二者因果关系的信度就大了。

（三）临床法

临床法往往通过谈话的形式进行，故又称临床谈话法。临床谈话法的方式可以是口头谈话，即面对面的交谈；也可以是书面谈话，即问卷谈话。研究者根据具体情况确定采用何种谈话方式。如对一个严重厌学的学生的临床研究，既可以采取面对面的谈话，也可以采用问卷的形式谈话，由此可以了解学生厌学的具体情况，对该生的厌学原因作出初步判断。

这一方法既适用于问题儿童的研究，也可用于正常儿童的研究。前者的目的是分析诊断个案，帮助解决问题。通过观察、面谈、收集资料等方法，分析诊断陷入困境的特殊个体，帮助他们解决面临的实际问题，使个体得到帮助，走出困境；后者目的是由特殊个案发现儿童发展的一般规律。

1. 诊断式谈话法的实施步骤

确定需要帮助的问题。由教师、父母或学生本人提出具体需要帮助的问题。

收集相关的资料。如个案研究对象是学生，则需要搜集学生的学习成绩、教育测量情况、同伴评价，以及孩子在各种环境中的表现，明确当前情况，了解过去历史。

形成可能的假设，设计处理方案。

实施方案，跟踪过程，描述初步处理结果，进一步判断、修正假设和方案，继续跟踪指导。

2. 注意事项

教师在口头谈话时，一定要首先解除学生的紧张、焦虑、防御、冷淡的心理，要创造轻松自如的谈话气氛。教师要以民主、平等作风参与谈话，而不能盛气凌人，使谈话变成审问，以免谈话失败。在谈话过程中，师生都应当是问题的发出者，也都应当是问题的回答者，而不应只是单向的信息沟通。

书面谈话一般按问卷要求的程序进行，教师要向学生交代清楚做问卷的具体要求和注意事项。对问卷的评分要严格按照标准，做到公正、客观。

（四）产品分析法

产品分析法是个案研究中的一种重要方法。教育领域主要涉及以下三类产品：

① 反映一个地区或一所学校的教育工作情况的材料，如各种政策、工作计划、工作报告、报表、总结、会议记录、统计材料、规章制度、日志、信件等。

② 反映教师教育、教学工作情况的材料，如教师工作计划、教案、班主任日志、日记、教学工作总结、教研组会议记录、听课笔记、班会记录等。

③ 反映学生的学习情况、知识水平、思想状况、心理状态等的材料，如日记、作文、书信、绘画、工艺作品、各种作业、实验报告、试题试卷等。

通过分析研究产品材料，可以了解到许多情况。如分析学生的作业，可以了解教师的工作方法和工作体系，看教师是否正确贯彻了量力性、系统性、巩固性等教学原则，教师的教学是否达成教学目标等；也可以了解学生的能力、倾向、技能、熟练程度、情感态度和知识范围等。如研究儿童的作文，通过作品了解学生在认知、情感和技能等方面的发展水平。

根据需要，产品分析法可以和实验法结合使用，设置对照组；可以观察创造产品的实际过程，以获得更加科学的结论；可以借助专业支持，使分析更有信服力，如确定作文、绘画等产品的分析要素、分析维度等。

（五）教育会诊法

教育会诊法是教师集体通过讨论，就某一学生的行为作出鉴定，形成比较客观公正的结论的方法。不仅适应于在个性方面有问题的学生，而且也适应于一般学生。会诊主要针对思想品质及学习方面的问题。

研究证明，教育会诊所得的结论与其他研究方法所得的结论基本一致。因此可以说，教育会诊是现阶段比较合理有效的个案研究方法。会诊不仅可以提供有关学生行为方面的比较客观的信息，而且会诊也是提高教师素质的过程。

教育会诊的实施步骤：

第一步，明确会诊目的；第二步，确定会诊参加者；第三步，由班主任和任课教师详细说明对某一学生的看法，并列举理由；第四步，组织集体讨论，交换意见；第五步，为该生作出鉴定，提出有针对性的教育措施；第六步，根据学生的鉴定材料，教师对集体或个人的教育工作进行自我分析，加强自身修养，提高教育教学水平。

四、个案研究注意事项

（一）整理分析资料要基于事实

首先，广泛收集各项资料。通过访谈、观察、测验等方法，全面、准确地反映研究对象的基本概况。

其次，整理资料要尊重事实真相，尽量保持客观中立，不要带着某种期待和偏见进行个案资料分析。研究者都有自己的价值体系，对事件都有自己的看法，但个案研究强调对事件本身的分析，是在事实基础上进行的符合实际的分析。

最后，研究报告中的分析包括诊断情况分析和矫正指导结果的分析。一是分析要根据事实真相、客观材料；二是要运用教育学、心理学有关原理、技术和方法进行深入分析，客观推论。

（二）遵守道德准则，保护个案的隐私

如果个案研究对象是行为异常的学生，这些异常行为常常是由家庭问题、生理缺陷、心理障碍等方面的原因造成的，这类学生一般不愿意让别人知道，所以，研究者要对这些个人资料绝对保密，对研究中出现的人名和地名等均使用化名，保护研究对象的隐私权。

（三）积极寻求专家的帮助

开展个案研究需要借助于专业教育人员的理论和方法指导，以增加研究的科学性、规范性和理论性。如在确定研究问题时，可请校外专家分析问题的意义和价值；在诊断问题时，可请校外专家协助分析问题的成因；在采取行动时，可以请校外专家协助制定行动指导方案，并指导具体的行动。另外，当遇到一些心理问题较为严重的个体时，可寻求心理专家的帮助，不可擅自处理。当然，当中小学教师对理论和方法的掌握达到了一定的水平时，就可以减少对专家的依赖。

第七节　教育实验法

一、概述

（一）定义

教育实验法是研究者按照研究目的，控制或创设一定条件以影响改变研究对象，通过观测研究对象变化、发展状况，从而验证假设、探讨教育现象因果关系，揭示教育规律的一种研究方法。

实验法的基本原理：首先以一个理论假设为起点，这个假设是一种因果关系的陈述，它假定某些自变量会导致某些因变量的变化。简言之，教育实验法是一种先想后做的研究方法。"想"即"假设"：从已有的理论和经验出发，形成某种教育构想；"做"即"行动"：就是将形成的假设在积极主动、有计划、有控制的教育实践中加以验证。通过对实验对象变化、发展状况的观察，确立自变量与因变量之间的因果关系，有效地验证和完善假设。

（二）三个变量

变量，也叫因子或因素，是教育实验中发生了变化的因素。在教育实验中，有三个变量，即自变量、因变量、无关变量。

1. 自变量

自变量就是通常所说的实验变量，它是指研究者操作的假定的原因变量，是对被试施加的实验影响，它是所期望的现象产生变化的条件或原因。自变量应具有可操作性和可变性，也就是说，自变量要能用操作定义加以描述，并且至少要求两个水平。例如：适用几种不同的教学模式，考察它们对学生的学习影响有没有显著差异。在这里，教学模式就是实验自变量。自变量可以处在不同的变化状态中，如教学模式有甲、乙、丙等不同种类。我们要解决的问题是采取哪种教学模式才能更有效地促进学生的深度学习。所以，一个实验因子至少要有两种水平才能进行比较，否则其本身就不能构成实验因子。

2. 因变量

因变量是一种假定的结果变量，它是自变量作用于实验对象之后所出现的效果变量，即自变量作用于实验对象后出现的教育结果，是研究者观察和记录的内容。因此，因变量应有以下特点：

① 与自变量的时间顺序性。因变量的变化必须在自变量变化发生之后或同时。

② 可测性。因变量的变化必须是可测的，否则实验的结果就说不清楚。

③ 客观性。因变量必须具有一定的可测性。因变量最好是一些客观指标，如测验分数、身高、体重、肺活量、阅读速度等。主观指标只能作参考。如教师反映课堂气氛活跃，感到学生的学习积极性有了提高等只能作为参考。

3. 无关变量

无关变量是指自变量与因变量之外的一切变量，也就是实验的干扰变量。例如在几种教学方法的实验中，教学时间、学生原有基础、家庭辅导、学习时间等都是无关变量。这些无关变量也是可能影响教学效果的因素。因此，为增加实验的科学性，在实验中必须加强对无关变量的控制。

（三）特点

第一，主动变革性（主动创设实验情境）。观察法与调查法都是在不干预研究对象的前提下去认识研究对象，发现其中的问题。而实验法要求主动操纵实验条件，人为地改变对象的存在方式、变化过程，使它服从于科学认识的需要。

第二，控制性（有目的地控制变量）。实验法要求根据研究的需要，借助各种方法技术，减少或消除各种可能影响科学性的无关因素的干扰，在简化、纯化的状态下认识研究对象。

第三，因果性（能够揭示变量之间的因果关系）。实验以发现、确认事物之间的因果联系为直接宗旨和主要任务，它是揭示事物之间的因果联系的有效工具和必要途径。

（四）优点及局限

1. 优点

（1）有目的控制变量

有目的地控制变量是实验法的最本质的特点，可以人为地创设一定情境，通过操纵自变量，控制无关变量，以观察因变量的变化，这样能够客观分析变量与变量之间的关系。实验法对控制无关变量的效果最好，这样能使研究不受外在因素的干扰，结果较为客观。

（2）能够揭示变量之间的因果关系

实验法是在理论假设的指导下，提出实验的条件，通过变化这些条件，观测被试的反应，通过分析这些反应，概括出被试为什么有这样的反应，这些反应是怎么产生的，这些反应与实验条件有什么关系等，由此概括出条件与反应的因果关系。

（3）能主动创设实验情境

研究者不是被动地等待所要研究的被试心理、行为现象的发生，而是创设一定的实验情境主动引起被试的反应，由此考察被试的反应与条件的关系，探讨事物的本质联系。这样可以使研究者对在自然教育情境中难以观察到的实验现象进行研究。另外，还可以确定某种特定变量的效果。

（4）有严格的实验设计和确定的实验程序

实验法设计更为严格，它对选择被试、确定实验变量、选择实验材料、设计实验程序都有具体要求，特别是对无关变量的控制有明确的规定，使结果更具科学性。

（5）能够重复验证

实验法可以有目的控制实验变量，为重复验证提供了可能。

2. 局限

第一，科学研究中的许多变量是无法操纵、控制的，不能通过实验法去研究。许多原因往往不能直接观察到，而需在事物的深层结构和内在机制上加以理解性解释。

第二，实验控制有时使实验情境与实际生活情境存在一些差距，从实验情景中获得的结论并不完全适用于实际生活情景，它还需要通过广泛的实践作进一步的检验。

第三，实验过程本身离不开理论假设的引导，离不开对研究对象的观测，从某种意义上来说，实验是观察调查与理性思辨的综合运用。

二、教育实验的分类

按照不同的分类标准，教育实验可以分为不同的类型。

（一）自然实验和实验室实验

按教育实验进行的场所，教育实验分为自然实验和实验室实验，中小学开展的教育实验多是自然实验。

自然实验指实验是在教育教学的现实情境中进行的，由于是在自然情景中进行的，其结果便于推广。

实验室实验指在实验室环境中，在严格控制条件下进行的实验。例如，儿童听力测验要在听力实验室中进行，以控制外部噪声对儿童听力的影响。由于实验室实验是在实验室进行的，其具体条件与自然情景相差较远，其结果的推广受到一定的限制。

（二）前实验、准实验和真实验

根据不同的实验设计，对自变量的操作程度，教育实验分为前实验、准实验和真实验。

前实验对无关变量的控制不够充分，是一种不理想的实验。

真实验能比较满意地控制无关变量的影响，可以获得比较准确的实验结果。

准实验（"准"就是类似的意思）的特点是不能随机分配被试，只能按现存班级或群组进行实验；无法完全控制无关因素，只能尽量减小误差，实验效度较真实验低，因此，作结论时需慎重。这是中小学教师进行教育实验的主要方式。

（三）单组实验、等组实验和轮组实验

按照实验中分配被试的方式，教育实验分为单组实验、等组实验、轮组实验。

1. 单组实验

（1）定义

即向一个或一组实验对象施加某一个或多个实验因子，然后测量其发生的一种或数种变化，以确定实验因子的效果。

（2）实验程序设计

第一种程序：前测—实验变量—后测。

比较方法：后测—前测。

第二种程序：前测—实验变量甲—后测1—实验变量乙—后测2。

比较方法：（后测2—后测1）—（后测1与前测）。

如实验在班级管理中，班委干部的产生由学生民主选举更好还是教师任命更好。以一班学生为对象，每一次以半年为期，先学生民主选举产生班委干部，后实验教师任命产生班委干部，然后比较两个实验因素所产生的结果，以求出哪一种方式比较好一些。

（3）优缺点

优点：第一，简单易行，只要有一个被试组就能进行实验。第二，由于整个实验都是在一个被试组内完成的，教师、组内气氛、学生家庭条件等因素都相同，对实验效果影响比较一致，可以通过前后对比消除。

缺点：第一，前一实验容易对后一实验产生影响。第二，很难克服"时序效应"。第三，前后两次测验的难度不能完全相同，以免影响实验结果的可靠性。

（4）单组实验法的条件

第一，后一实验因子在实验对象中产生的变化必须不受前实验因子的影响。

第二，由于其他额外因子产生的影响，在实验的前一阶段与后一阶段是一样的或无关紧要的。

第三，测验必须准确。

2. 等组实验

（1）定义

即以不同的自变量分别施行于两个或两个以上情况基本相同或相等的研究对象，然后比较其所发生的变化。等组实验法实际上就是指通过对被试的平衡处理，使得参与实验的各组被试在最重要的条件上几乎相等，在此基础上进行实验处理，从而求得实验因子所操纵的效果。

（2）实验程序

第一种程序：

实验组：前测 1—实验变量—后测 1。

控制组：前测 2—实验变量—后测 2。

比较方法：（后测 1—前测 1）（纵向比较）—（后测 2—前测 2）（横向比较）。

第二种程序：

实验组 1：前测 1—实验变量甲—后测 1。

实验组 2：前测 2—实验变量乙—后测 2。

比较方法：（后测 1—前测 1）—（后测 2—前测 2）。

如，探讨互动教学法对学生学习兴趣、学习成绩等方面的影响。选取同一年级整体情况相似的两个班级为实验对象进行实验，一个班级采用互动教学法，另一个班级则继续采用传统的讲授教学法，进行对比研究。

（3）等组实验法的条件

最重要的条件是各组必须尽量均等。均等的含义是指各组除了实验因子外，所有能影响实验的其他因素，特别是实验对象的原有水平基本相同或相等。

怎样平衡被试，使得各组条件相等？主要有以下几种处理方法。

随机控制是指随机分配被试到各组，这是平衡被试的常用方法。由于随机处理不只对单一因素，而且对所有因素都同时进行了控制。如果说各组里有什么差异的话，那是因机会造成而不是固定因素造成的。

测量控制是通过对被试测验，按测验量分数从大到小排序，然后把对象均匀搭配到各组。为使搭配均匀，可采取以下方式分配（数字代表分数排列的顺序位置）

A式：

甲组　1 4 5 8 9……

乙组　2 3 6 7 10……

B式：

甲组　1 6 7 12……

乙组　2 5 8 11……

丙组　3 4 9 10……

上述 A 式是分两个等组的方法，B 式是分三个等组的方法。组数增多，可按以上方法类推。按这种方式分组可使几组趋向于均衡。使用测量控制时，进行分组所使用的测量内容一定要与因变量相关。如实验两种计算教学法时，测量内容应是能测出儿童已有计算知识和计算能力的。否则其测量就未起到作用，未控制到无关变量对实验结果的影响。使用测量控制，其前测可能对后测产生影响。不过，前测和后测内容只要不是同一的，而是等质的，就可在一定程度上避免这一弊病。

配对控制：也称匹配控制，是指实验因子外，对影响实验结果的几个主要因素进行测试或观察，然后把相同条件的被试每两个（或三个）配成对子，把成对的被试分别分到不同的组里。

例如，采用两种教学方法教给儿童数学概念的实验研究，被试等组的分配就可采用配对法。在实验前，对密切影响幼儿数概念的两个主要因素：儿童已有的数概念知识、智力水平进行测验，把测验分数几乎相等的幼儿配成对子，然后把每一对儿童随机分配到实验组与控制组。

配对控制使用的条件是要找准影响实验效果（除实验因子外）的主要因子，配成对的对子在这些主要条件上都要相等。在教育实验中，常用该方法分组，这样可在不打散原班级的情况下进行实验。只是在进行统计处理时，把配不上对的被试除掉，不列入计算。

配对控制的主要缺点是：有些影响实验结果的主要因子由于研究者未加考虑，会对实验的效果产生极大的影响。但如果用配对法加随机法进行分组，可在较大程度上弥补这一不足。即在配对后，把成对的被试再随机地分配到各组，以抵消无关控制因素的影响，这样分组更为精确。因此，配对法运用得当，不失为一种较为严密的控制，它控制无关变量较测量法分组更为精确。

（4）等组实验法的特点

优点：第一，由等组平衡的方式控制了无关变量。第二，可以免去某一实验因子对另一实验因子的迁移影响，因不同的实验因子在不同的组里进行。第三，两组所用的测验难度容易相等。第四，实验周期短，有的等组实验甚至在一个上午就可以完成。因此等组实验法是一种较理想的设计。

局限性：事实上，组成等组本身并非易事，并且要使实验组与对照组的其他因子全部相同，在实际研究中很难做到。

在采用上述方法均衡被试后，最好还对等组前测结果进行 T 检验，若无显著差异，才可视为两组真正均等了。同时，设计了前测的目的是均衡被试，表明被试实验之前的起始水平是一致的，因此，只需对两组后测成绩进行比较，就可考察出实验因子的效果。

3. 轮组实验

（1）定义

即把各实验因子（不只 1 个），轮换施行于各组（各组不必均等），然后根据每个实验因子作用后所发生变化的总和来决定实验的结果。甲组进行第一个因素的实验，乙组进行第二个因素的实验，经过一段时间，测量其结果。再将两个实验因素，轮换用在甲乙两组内，就是甲组进行第二个因素的实验。乙组进行第一个因素的实验。

轮组实验法又称循环实验法。假设有甲乙两个班进行新教法 A 的实验，现选用轮组实验。先在甲班用新教法进行教学，乙班仍用传统教学法进行教学。实验后，测定甲乙两个班的成绩。之后再进行第二轮实验。在乙班先用新教法 A 进行教学，在甲班用传统教学法进行教学。同样测定甲乙两个班的成绩。轮组实验时被实验组有两个，而两组的人数和能力是相等的，也可以是不相等的。将两个实验的因素，轮流在两个实验组实验，然后比较其结果。

（2）实验程序

第一轮：

实验组 1：前测—实验变量甲—后测（实验效果甲 1）。

实验组 2：前测—实验变量乙—后测（实验效果乙 1）。

第二轮：

实验组 1：前测—实验变量乙—后测（实验效果乙 2）。

实验组 2：前测—实验变量甲—后测（实验效果甲 2）。

比较方法：（甲 1+乙 1）—（乙 1+乙 2）。

（3）优缺点

优点：第一，不要求各组被试条件均衡，这就省去了均衡分组的麻烦。这是因为各个因子在不同的组里都进行了实验，结果的影响也就均衡抵消了。第二，可以减少无关因子的干扰，譬如成熟、历史等因素。第三，由于各实验因子的实验次数增多，这就增加实验结果的正确性。

缺点：第一，每个因子实验多次，实验周期较长，增加了工作量。第二，要准备两种教学内容，并且要使它们在性质与难度上相同，这往往很难做到。第三，要准备难度相同的两套测试题，同样较难做到。

单组、等组、轮组各有其优缺点，究竟采取哪种或哪几种做法，实验中根据实际情况而定。

三、基本程序

（一）实验准备阶段

这是实验的起步阶段。主要是选择研究与实验题目；选择被试对象；确定假设；明确实验变量；撰写实验方案；人员学习培训等。

1. 确 定 课 题

选题一定要慎重，选题直接关系着实验的成败。教育实验要依据本地、本校实际，而不能仅仅是从报纸杂志上了解到某种教育改革实验的信息，认为好就搬来实验。不能仅凭经验与直觉，要对教育实验的必要性、可行性进行论证。教育实验法的运用要求比较高，如果不能充分把握该研究方法的运用要领，最好不要轻易尝试。

2. 提 出 假 设

在教育实验中，必须依据研究目的，提出实验假设。假设，就是根据已经掌握的一些事实和原理，对所要解决的问题的结果所做的"猜测"（假设就是对自变量和因变量之间关系的推测与判断），这种"猜测"是以有关的事实材料和科学理论为基础的有根据的推测，是对所研究问题的本质和规律提出的初步设想。简言之，假设是研究者的教育经验、科学理论、他人经验综合加工的结果，而这种设想尚未得到确切可靠的证实，需要通过实验研究加以确认或推翻。

实验假设使实验方向与范围更加集中，为实验的实施与资料的搜集整理指出了方向，同时也是思考和研究问题的一种重要方法。

例如，一位数学教师进行"中学数学自学辅导教学"实验，这种教法对提高初中一般学生数学成绩有效，这已经过各地的反复实验，基本得到证实，但对成绩落后学生是否有效尚有争论。在此情况下，提出了如下的假设：这种教法对由于非智力因素引起的成绩落后学生也是有效的。

实验的目的就是检验假设是否正确。很明显，一个实验的假设是否明确、恰当，对于该实验的成功与否和价值大小，有着重要的影响。例如，在"发展学生创造性思维的实验"中，研究者提出了"开设思维训练课和开展创造性活动，能加速学生创造性思维的发展"的假设。实验假设具有三个特征：

① 假说应当设想出实验变量（自变量）与反应变量（因变量）之间的关系。

② 假说应当用陈述句或条件句的形式明确地、毫不含糊地表述出来。

③ 假说应当是可以检验的。

3. 选择被试

被试是从总体中选出的参与实验的对象。选择被试是一个很重要的环节，如果选不好，就会影响实验的进行及实验结果的可信程度。

4. 实验设计

实验设计就是指研究者在实际着手验证假说之前制定的实验计划。它的目的在于更科学、更经济地验证假设。实验设计的内容主要有以下几方面：

① 自变量的操作。

② 因变量的观测。

③ 无关变量的控制。

④ 实验对象的选择。

⑤ 实验的组织形式。

⑥ 实验数据处理方法的确定。

下面分享北京师范大学林崇德教授的一个教育实验设计。

小学生运算思维品质培养的实验研究

研究假设：从小学生运算思维品质入手，通过采取合适的教育措施，是可以培养学生思维的敏捷性、灵活性、深刻性和独创性的，从而提高教学质量，提高学生数学学习成绩，减轻学生的负担。

研究问题：小学生在数学运算过程中，如何通过有效的教学途径来培养儿童数学思维品质和提高教学质量，减轻学生的负担，并以研究结果来讨论小学生数学能力的结构和提出一些小学数学教学的建议。

研究样本：某小学 2~5 年级 8 个班学生，每个年级两个班（一个实验班，一个控制班），每班 35 人，共 280 人。

自变量的操作：

① 培养小学生运算思维品质的教学策略：实验教师系统学习儿童心理学知识，定期集体备课，定期按实验开展"培养思维品质教学观察课"。

② 教学中采取多种措施：不同性质的速算练习，提供精选例题，让学生领会 11 种典型的应用题解题原理，教给学生 11 种编题方法，提倡独创性。

对照班的处理：按常规进行教学

因变量的测量：

① 用速度测儿童思维的敏捷性；

② 用一题多解、一题多变试题测儿童思维的灵活性；

③ 用概括数量关系、判断、推理、计算图形面积、体积及运用算数法则等习题测儿童思维的深刻性。

④ 用自编应用题测儿童思维的独创性。

无关变量的控制：

① 研究前通过智力检查及语数两科考试，确定成绩均无显著差异，组成一一对应等组。

② 采用材料都是全国通用教材；

③ 在校上课、自习及所用作业等相同；

④ 学生家长职业、背景大致相似；

⑤ 不增加练习量及特殊的家庭辅导；

（二）实验实施阶段

实验的实施就是按照实验设计进行教育实验，操作实验变量，控制无关变量，观察、测量反应变量，并记录实验所获得的资料、数据等信息的过程，也就是将实验方案物质化、现实化的过程。这是实验的实质性阶段。实验结果的可靠性、正确性不仅取决于实验的设计，更取决于实验过程的正确操作、观测和记录。

1. 控制实验进程

对实验进程的控制重心在于成功操作三个要素：有效地控制无关变量，成功地操纵自变量，科学地观测因变量。

（1）有效控制无关变量

除了实验变量以外，一些未经控制的因素会介入实验过程，引起实验结果的变化。所谓的无关变量并不是与实验效果无关，而是指除实验因子外也影响实验效果的因子，只是这些因子不是实验所要探究、关心的实验因子。研究者只关心实验因子的效果，因此就需要将其他非实验因子或无关变量控制起来，这样就可以说实验结果是实验因子作用的结果。

怎样知道要控制哪些无关变量呢?

通常的做法是：查阅文献，了解前人的同类研究以吸取经验；尽可能地设想除了实验因子外，还有哪些因子可能引起实验结果发生变化；请教有关专家或凭研究者的知识经验和预见。

历史（同时事件）：如，研究者想试验一种新的数学教学法。实验变量为这种新的数学教学方法。实验处理后，测验学生的数学成绩。在实验中，部分参加实验的学生，同时参加了课外数学兴趣小组学习（同时事件）。这一"同时事件"可能和新的数学教学方法同时发生作用，共同作用于实验结果。

成熟：在实验期间，实验对象的身心发生变化也会影响实验变量对因变量的作用。如，实验对象在实验期间变得更成熟、更健壮，或出现疲劳、饥饿、分心、厌倦等，这些改变都会影响实验结果。如，要试验一种新的阅读方法的效果，在一年内，新的阅读方法教学过程中，实验对象因年龄增长而在认知能力方面的自然发展或词汇的自然增长，都可能干扰实验处理的效果，所以阅读能力的提高，就难以单纯归因于新的阅读教学法。

测验：在某些教育实验中，常常比较实验前后的情况，设计有前测，而前测的经验有助于后测分数的提高。尤其是前后测的题型基本相同时，因为实验对象经过前测之后，会熟悉测验的技巧和题型，即可能使实验处理的效果，受前测经验的影响，导致后测分数的提高。

测量手段：测量手段也可能对实验因变量的影响。如果实验班和对照班的测量主持者和评判者不同，且分别以不同的标准和测量工具对自己班进行测量，那么这种测量的结果不能加以比较。因为"工具"的差异可能会造成两个班成绩的差异，而这种差异不一定是由实验处理导致的。

差异的选择：所选择的两组或几组被试者，在实验前，各方面的能力就有所偏差或不相等，那么实验结果的差异就不能说是单纯由实验处理造成的。如，进行英语教学实验，实验组的学生的英语基础就明显高于对照组的学生，在实施实验方案后，测量的结果如果显示实验组成绩显著高于对照组的成绩，这种差异可能并非完全由实验组处理所造成的，而是英语基础的不同造成的。

被试的流失：实验对象在实验期间的流失，如转学等，则可能使实验结果难以解释。例如，研究者随机对两组小学一年级新生进行某一课程的新方法教学研究，如果在实验周期一年内，实验组有不少能力欠佳的学生退出，而控制组却无此现象。研究结果发现实验组成绩优于控制组。此结果很可能不是因实验处理造成的，而是因实验组多数低能力的受试中途退出实验的结果。

对于无关变量的控制是提高实验科学性的关键。对无关变量的控制，最重要的指导思想是"平衡"。即分组比较实验中，要使各组的无关因子作用相同，这样可以把实验组与对照组的不同归结为实验处理的不同。

第一，对主试的控制。

在等组或轮组实验中，各组主试若不是同一人选，则必须注意他们各方面条件的对等，如教育思想、业务水平、工作态度等必须相当，更不应出现有的主试担任某一被试组的班主任，而其他主试却不担任班主任等差异现象。

教育实验虽然是在自然条件中进行的，不像心理实验室那样控制严密，但应在尽可能的条件下给予尽可能的控制。如在研究实践中，在主试的选择上，实验组的主试多由教学经验最丰富、教学效果最好的教师担任；实验的设备、物质配备等都是最好的。而控制班教师会产生种种思想问题，如"为什么选他的班作实验班，而不选我的班？""是她比我强吗？""那个班这方面比我们班好多少？凭什么我们是对照班"，等等，甚至还会有教师出于好强，不服气的心理，暗地里"加油"，为的是使学生在测查时得高分，以显示这个班并不比实验班差。这就影响了实验研究的有效性，使对照班失去了应有的含义。因此，我们应该对所有参加实验工作（包括对照班）的教师们作深入细致的思想工作。要使他们认识到，从事实验班、控制班的工作，都是实验研究成员的工作，都将对实验成果作出一定的贡献。要向所有实验教师解释清楚本实验的目的、意义，为什么要设立对照班，同时要向各班教师说明控制无关变量的措施和手段。

第二，对被试的控制。

随机选择和分配被试。采用随机方法来选择和分配被试，能有效控制被试之间的各种差异。在等组实验中，最重要的就是尽可能使各组被试等质。在确定对某一组实施某一自变量时，需采用随机分配的办法，以消除可能产生的影响。问题在于，教育实验不能打乱正常的教学秩序。有时，研究者限于在允许的学校和班级内进行，实验人员在确定学校、班级、执教者时随意为之。因此随机法是难以完全实现的。

在单组或轮组实验中应注意由于周期长所带来的学生自身的发展所造成的干扰。

设置控制组。在实验中设置一个或多个控制组，对实验组和控制组同时进行因变量的观测（包括前测和后测），能较好地来排除成熟对实验中因变量的作用。

消除"实验"心理。实验中，要让被试处在自然状态之下，尽可能不让他们了解自己是某一实验的对象，特别不能使他们了解实验的自变量，否则可能造成由于他们对实验自变量的偏向而影响实验的结果。

第三，对环境的控制。

要防止各种偶然因素对实验结果的影响。例如单组和轮组实验中，各阶段的实验必须在同样的环境下进行，如果第一阶段在一个十分安静的教室中进行，而第二阶段却在一个环境嘈杂的教室中进行，显然就出现了条件不等。在等组实验中，各等质组所处环境也应相当。在教育实验中应根据具体情况，同时兼用多种方法对实验中的无关变量进行控制。例如，在算术教学中题为"讲解法和质疑讨论法效果比较"的等组实验中，除严格按各种条件对等分组外，实验还规定以下控制因素：

控制研究者的思想，使其对两种教法态度公正；两组的上课内容、教学要点应相同，并将实验全过程的 32 节课的教案，全部在实验前写好，上课时不得随意变更；上课时间安排对等，如第一天甲组为第一节课，乙组为第二节课，则第二天对调；两组均不布置课外作业，不要求预习、复习，并要求家长在实验阶段停止辅导；测试卷（包括口试和笔试）均在实验前拟好。

（2）成功地操作自变量

自变量的操纵是实验的核心。研究者正是通过对自变量的操纵来观察或测量因变量的变化。因此，科学设计操作自变量的具体方法、设计实验程序、做好时间分配等，是实验成功的重要影响因素。

自变量的确定，必须以研究的目的和假设为依据，要具有可操作性，如果模糊不清，就无法准确操作，同时教育实验中的自变量不宜太多。

例如一项研究对学生进行表扬或批评的作用的实验，将被试分成四个等组，其中三个组同在一间教室学习，另一组单独在另外教室学习，每天这四个组同时做 15 分钟的数学练习，共 5 天。

在上述安排下，其自变量为：每天练习后，点名表扬第一组学生出现的优点，点名批评第二组学生出现的缺点或错误，第三组学生在同一教室随班听老师对一、二组学生的表扬或批评（即老师对第三组学生出现的优缺点不予评论），而第四组学生在另一教室学习，做完练习后，不受表扬或批评，也听不到对别人的表扬或批评。最后比较四组学生成绩的差异。在这个实验中的自变量十分明确，且可操作。

又如，传统讲授法与新的自学辅导法对学生自学能力发展的比较研究。进行一段时间教学后，在两个班同时进行内容难度与范围基本一致的测验，从两个班学生的成绩对比中，分析两种教学方法在发展学生自学能力方面的不同特点、意义和效果。

（3）科学地观测因变量

实验结果是否准确，能否全面地反映实验情况，不仅取决于对自变量的操纵、无关变量的控制，也取决于确定的观察或测量指标是否得到、是否合理、是否全面。如果确定的观察、测量指标有遗漏，将对实验结果的解释产生重大影响。因此，应尽可能全面地、仔细地考虑观测哪些因变量，何时观测因变量，如何观测因变量。

因变量的测量一般包括前测、中测和后测三部分。

前测是研究者在实验前为了解实验对象有关方面的情况、水平而进行的测量，它可以帮助研究者了解实验对象的某些特点，并为实验对象的选择和分组提供相应的依据。

中测是实验一个阶段后，研究者为了解前段实验情况而对实验对象进行的测量，通过与前测的比较分析，及时总结，及时调整。

后测是在实验后，为了解实验所造成的影响而对实验对象进行的测量，它可以使研究者明了实验对象在实验后达到的水平，并与前、中测相比较，从而获取实验假设是否正确的证据。实验中、后测时要选择合适的时机，并要保证与前测同质，且有相同的权重。

在确定这些评价指标时，必须注意以下几点：

指标与实验目的要密切相关，如实验以培养学生劳动习惯为目的，则必须有衡量其劳动习惯变化情况的指标。

指标必须具有一定的客观性，如以客观题型测试所取得的成绩等作为评价指标，而一些主观材料如社会、家长、学生的反映等可作为分析结果的参考。

指标必须具有一定的区分度，即自变量的变化能明显地反映在因变量指标的变化上。例如"中学数学自学辅导"教学实验，规定了四项评价因变量的指标：数学成绩、自学能力水平、自学能力的迁移水平、各科成绩发展水平。

2. 收集实验资料

在实验过程中，要建立实验档案和观察记录制度，收集整理相关的实验资料，为后期的实验总结和实验设计的调整提供依据。在教育教学实验中，实验教师的备课笔记、上课教案和每课、每单元的教学体会，以及其他参加者提出的建议与意见，还有实验中发生的一切有关实验的事情都应及时地客观地记录下来，都应该分类整理成档案。

收集实验资料要以实验假设为中心，既全面又有重点地搜集信息。在文字材料与数据材料之间，以数据材料为重点，以便于统计处理；在原始材料与非原始材料之间，以原始材料为重点，每次测量的试卷与记录都应该存档保存，在实验因子的操作记录与反应变量的观测之间，以反应变量的观测为重点。同时，要注意避免高限效应和低限效应的出现。高限效应是指测验过于容易，每个被试不管接受没接受实验措施，都获得了很高的分数；低效效应指测验过于难，被试不管接受没接受实验措施，得分都很低。这两种情况下，测不出被试的真实水平。

3. 做好阶段总结

实验过程中，除了做好测评（前、中、后测及数据分析），操纵好自变量，控制好无关变量，还要按实验的设计做好阶段总结。阶段总结的目的是查明在实验措施的作用下，因变量每个阶段的变化情况，并认真地实事求是地记录下来，看看哪些主观假设被验证，哪些被推翻，哪些有待于进一步验证。阶段小结还有诊断实验设计的作用，通过总结前一阶段的情况，及时发现问题，为修改实验设计，做好下一段工作提供依据与经验。阶段小结有定期与不定期之分，有全面小结和专题小结之别，一般要一个月小结一次，还要根据实验的具体情况安排一些专题小结。

（三）实验的总结与评价阶段

在实验的结束阶段，需要对整个教育实验进行总结、评价，并以实验报告的形式呈现最终的研究成果。该阶段的主要工作是对实验数据和有关资料进行整理、统计、分析，并在此基础上对变量做出相关分析、因果分析，得出结论，并评价实验结论。

1. 实验数据的统计处理

这是关系教育实验结果的阐述、实验假设的验证的重要环节。对实验数据的统计处理要力求采用科学的统计方法进行统计分析，一般是先用描述统计的方法把反映结果的原始资料，用列表、图示或计算该资料的平均数、标准差等表示，然后再用推断统计的方法来检验自变量与因变量之间的关系。在教育实验中常用的推断统计方法有 Z 检验、T 检验、F 检验等。上级的奖励、先进称号和其他的荣誉只能作为重要的参考指标，不能作为实验结论的依据。

2. 实验报告的撰写

这是实验研究的最后一环，也是获得成果的关键一步，应按照科学的程序和格式做好这一结尾工作。实验报告是反映一项实验的过程及结果的文字材料，是教育科研成果的一种重要形式。具体结构与写法如下。

（1）背景与目的（问题的提出）

主要应交代清楚实验课题确定的过程、实验的假说、实验的目的及意义。这部分与实验计划的内容基本相同，但是如果在实验的实施过程中，对实验计划中的这部分内容有所改变，那就要以改后的内容为准。

（2）过程与方法

应对被试的选择方法与组织形式、实验变量的操作方法及辅助措施、无关变量的控制方法、因变量的观测方法等进行一一说明。这部分内容一方面要根据实验计划的内容来写，另一方面更要以事实为根据，把实验变量的实际措施和有关的要求等说清楚、说明白。如，对无关变量的控制方法，主要说明在实验中是怎样控制无关因素的，一般应指出具体的控制方法；又如对因变量的观测方法的介绍，应说明用什么方法获得关于因变量变化数据，采用的什么量表，什么仪器，参加的是哪一级的考试等。

（3）实验结果

实验报告的结果部分，主要包括两个内容，一是常常用一些表格和图像，对实验中得到的原始数据进行的描述；二是根据描述统计的结果，采用推断统计获得的结果。有时也列出一些工作中的成就，如果在竞赛中获奖，在地区统考中取得好名次等，作为必要的说明。需要说明的是，实验报告最好运用推断统计下结论，让数字说话，让事实说话，而不能仅仅以工作中的成绩，来作为实验成功的依据。结果部分所列的全部内容必须来自本实验，既不能任意修改、增删，也不要添加自己的主观见解。

（4）讨论与结论

这部分需要围绕以下四个方面来撰写，一是是否验证了假说？为什么？二是对实际教育教学有什么促进作用？三是有哪些意外的发现？四是有什么建议？

讨论与结论有时分开写，有时合在一起写，现在多数报告都合在一起写，一边讨论，一边下结论。"结论" 部分要特别注意以下几点：第一，结论要简短，不要长篇大论；第二，结论一定要以本实验的结果和分析为依据，不能夸大也不能缩小，要确切地客观地反映出整个实验的收获。

（5）附录

实验报告的结果往往有很多表格图像，一般在实验报告里写不全，所以经常以附录的形式，把必要的材料附在报告的后面。

长期以来，我们对实验法重视不够，运用较少，也是造成我们教育科研水平不高的原因之一。中小学教师要重视实验、参与实验，特别是要不断增强实验的意识，以提高研究工作的水平。当然，教育中需要研究的问题是多种多样的，教育研究的方法种类也很多，不同地区的中小学教师在条件、水平等方面差异也很大，还是要根据研究的需要和可能选择适当的方法进行教育研究。

第五章

5

成 果

第一节　研究成果的概念

在设计部分讨论预期研究成果的时候，我们主要从形式与内容两个方面对研究成果做了初步分析，并且对研究成果的形式作了较具体的介绍。这部分再次讨论研究成果，将把重心放在研究成果的内容上。

从内容方面对研究成果下一个定义，可以表述为：研究成果即研究者通过科学研究活动获得的具有一定学术意义或实用价值的创造性结果。这个概念用"创造性"对研究成果的性质做出规定。创造性是任何研究都必须具备的属性，在研究的任何方面都要得到体现，其中研究成果对创造性的要求尤其高。当前，常常以借助数据库查重的形式来评价成果在文字表述方面的创造性，并把引用比例规定在 30%以内，即凡是引用比例超过 30%为不合格即不符合原创性要求，也就是说，如果连续性字段与数据库中已有文本字段的重合率（包括引用部分）超过了文本总字数的 30%，其创新程度则从学术角度不予认可。这种研究成果创新性评价方式鼓励研究人员尽可能用自己的语言表达自己的观点和看法，能有效限制想要通过"复制+粘贴"的方式甚至全文下载他人成果的做法。但是，这种评价方式也有一定的弊端，因为任何系统检测都只是从形式上对完全重合的字段做出复写判断。这只是一种形式上的判断，缺乏内容上的有效鉴别，因为相同的内容可以用不同的文字来表述，一些具有较高文字重组能力的人完全可以将已有的研究成果转换成与原文完全不一样的文字，有效避开数据库的检索而成为创新程度很高的成果。我们提倡研究成果的创新性，既要求文字表述的重合率要符合学术规范，更重视文本表述内容要体现出最大的原创性，即要提出新主张、新观点或者新方法、新策略，要在本质上体现出自己的独特性。

从上面的定义中可以看出，研究成果的内涵体现为学术意义或实用价值，也可能同时在两个方面兼具。学术意义强调研究成果对已有理论的深化和发展，或者基于研究提出新的理论，具体体现为研究中提出的新问题、开拓的新领域、提出的新观点、构建的新理论等成果对已有理论的发展性。实用价值强调研究成果对实践具有良好的干预性，即研究成果能有效解决实践中的问题或优化当前问题解决的有效性。所以，只要是在学术意义或实用价值任何一个方面具有创新性，都是非常好的研究成果。事实上，很多成果都兼具学术意义和实用价值，尤其是具有学术意义的成果，即便当前没有实用价值，也可以通过技术转化而具有实用性，比如我们大家熟悉的巴甫洛夫的经典条件反射理论，最初体现的就是纯粹的学术意义，现在已经在实践中得到普遍应用，学生根据学校发出的铃声、音乐等形式的口令而有序进行相关活动就是这一理论的典型运用。相反，只有实用价值没有学术意义的成果也很难找到，任何技术性成果哪怕是一个小小的教学具的改进，都是在建立在一定理论基础上的，技术改进本身也是对理论的应用及发展。因此，我们不必对一项研究成果的学术意义和实用价值作过多的讨论。

第二节　研究成果的类别

在一项研究中，到底什么才是真正的研究成果呢？笔者根据研究成果的性质与特点，将研究成果大致分为以下几种类别。这种分类并不一定科学，只是尝试着对研究成果作一定的分析，帮助中小学教师对研究成果有更多的了解。

一、研究中获得的新发现

这类研究成果倾向于描述在研究中发现的新现象或新问题。说这些现象或问题是"新"的，并不意味着它们一定是新出现的，而是指它们是被新发现的，这个"新"字所修饰是"发现"而不是"问题"或"现象"。也就是说，这里所谓的新现象或新问题，本身是在实践中客观存在的，只是一直没有受到人们的关注或重视，或者因为各种原因使它们没有被发现。当然，随着社会的发展尤其是技术的进步，也会出现一些以前没有出现过的全新现象或问题，只要进入研究视域，同样可能会得到新的研究成果。在科学发展史上，有很多研究成果反映了研究中获得的新发现。上文提到的经典条件反射现象就是巴甫洛夫新发现的客观存在——动物在一个刺激和另一个带有奖赏或惩罚的无条件刺激之间建立多次联结之后，即便单独呈现刺激同样会引发无条件反应，这种现象在生物体中一直存在，只是在巴甫洛夫实验之前没有被发现而已。中小学教师开展的教育科研中也可能会有新的发现，这种新发现在教师们开展的各种教育教学调查、实验以及撰写的论文、研究报告中就会经常看到。比如，有位教师所做的调查研究发现农村留守儿童的心理健康状况有两极分化的现象、小学生记忆生字的效果并不是始终随着抄写遍数的增加而提高等。

研究中获得的新发现也包括通过研究揭示的现象或问题所发生、发展的客观规律。事物发生、发展的规律是客观存在的，但是它并不像现象或问题那样以各种外在表现的形式体现出来，而是以一种内敛的方式隐藏在现象或问题的背后，因此比起现象或问题本身而言更难被发现。一旦揭示了事物发生、发展的客观规律，就能运用这些规律指导相关的实践活动，提高实践成效。比如，巴甫洛夫在研究中发现经典条件反射建立后可能消退、恢复、泛化等规律，对培养学生良好行为习惯或矫正学生不良行为习惯都有很好的指导作用；教师了解了小学生生字抄写遍数与记忆效果之间的规律之后，就不再盲目地让学生反复抄写生字，而会把抄写遍数控制在合理的范围。

二、研究中提出的新观点

这类研究成果强调的不再是对现象或问题的描述，而是对现象或问题给出合理的解释。这类成果中，对现象或问题的解释既包括对现象或问题的本质所作的分析，也包括对现象或问题发生的原因所作的讨论，被解释的现象或问题既可以是研究中获得的新发现，也可以是人们早已熟知甚至包括已经有明确解释的现象或问题——也就是对现象或问题给出新的解释，这种情况是很可能出现的，大家都知道，不同学术流派对事物做出的解释有一定的区别，新的解释既可以是对传统解释的继承与发展，也可以是给出一个全新的意义建构。由此可见，研究中获得的新发现更多地体现了成果的客观性（现象、问题及规律都是客观存在的），而提出的新观点则更倾向于成果的主观性（研究者对现象及问题的主观解释）。

提出新观点是取得研究成果的重要标志之一。有的观点是对某类现象或问题的本质所做的解释，这种解释可能会提出一个全新的概念，也可能是对既有概念给出新的含义。比如，皮亚杰在研究中提出的守恒概念就是一个全新的观点：这个概念关注的是物体在发生外部形态的改变时，幼儿能否对物体本质特点做出准确判断。再比如，同样是关于学生核心素养本质的研究，北京师范大学的研究团队提出"学生核心素养主要指学生应具备的能够适应终身发展和社会发展需要的必备品格、关键能力"，进而建构了一个以科学性、时代性和民族性为基本原则，以培养"全面发展的人"为核心，以文化基础、自主发展、社会参与为维度的中国学生发展核心素养框架。这个关于学生发展核心素养的解释及框架建构就有别于其他国家或国际组织给出的定义。中小学教师在研究中也可能会提出新的观点，赋予某些概念新的意义甚至提出一个新的概念。比如，关于阅读教学中的价值曲解的研究，就将学生不能正确理解文本价值取向的现象概括为"价值曲解"，并从对象、主体、表现形式、本质等方面对这个概念进行了具体的解读。

研究中提出的新观点中，还有一些是关于现象或问题形成与发展的原因或相关影响因素的解释。这类成果在研究中很常见，通常情况下，当研究弄清楚了现象和问题是什么之后，往往会进一步追问"为什么"，即进一步讨论什么原因会引起现象的发生（问题的产生）或有哪些因素会对现象或问题的形成与发展产生影响。比如，罗森塔尔在解释期待效应（在人际交往中，一方充沛的感情和较高的期望可以引起另一方微妙而深刻的变化）的原因是心理暗示产生了作用。中小学教师开展的研究也同样会探讨现象或问题产生的原因，进而得出自己的结论，比如：对阅读教学中价值曲解的研究就提出学生出现价值曲解的根本原因是学生已有认知结构中存在错误的价值认知经验或错误的价值判断逻辑。

三、研究中总结的新方法

提出新方法也是非常重要的研究成果。开展教育科研的根本目的就是解决问题，要解决问题，就必须在分析并解释问题的基础上提出有效的问题解决方法或策略。因此，大部分教育科学研究都必然会对新方法进行讨论并取得成果，否则，客观存在的问题将不可能得到解决，研究的最终目的也难以实现。

一般情况下，研究中总结的新方法包括两种情况。一是将已有理论运用到实践中的方法，包括某一具有普适性方法在具体学科或领域中的运用。这类新方法的研究重心是如何转化理论、运用理论等。比如涪陵城区十四小学校提出将科尔伯格的道德两难故事法运用于学生的道德教育，开辟了"马老师课堂"的德育途径，即以生活中的道德两难情境为题材，组织师生拍摄关于两难情境中道德判断与行为选择的教育短片，以此作为教育资源引导学生的道德发展。再比如，情境教学法虽然在所有学科教学中都具有适用性，但是由于各学科性质、教学内容等方面都存在很大的不同，教学中需要创设的情境以及情境的具体运用也可能有一定的差异，所以教学实践中有很多教师开展了学科性的情境教学研究并提出了一些具有可操作性的建议。中小学教师开展的教育科研中提出的新方法大多都属于这一类。

研究中提出的新方法还有一种更具有创造性的情况，即自己提出一种解决问题的方法或建构一种解决问题的模式，这样的方法或模式不是某种普适方法的运用，而是教师根据自己对问题的理解而首次提出的问题解决策略，大家熟悉的苏格拉底提出的产婆术就是如此。这类研究成果的原创性要求非常高，其"含金量"自然也相当大，无论在学术意义方面还是实践价值方面都是不容忽视的。中小学开展教育科研虽然难以提出全新的方法策略，但也要努力提高新方法的创造性水平。

四、研究中开发的新工具

也有一些研究成果体现为有实用价值的新工具。这里说这些新工具具有实用价值，只是强调它可以直接运用到实践中去，并不排斥其存在的学术意义，相反，有的新工具同样具有非常高的学术意义，比如当前在智力水平测试和心理健康水平测试中普遍运用的各种量表就是典型的兼具学术意义和实用价值的工具性成果。研究中开发的工具可大可小，可复杂可简单，刚刚列举的测试量表就属于复杂型工具，而大家熟知的乘法口诀表则是简单的工具，无论哪种工具，只要能有效解决实践问题就是有价值的研究成果。有些中小学教师设计的具有较高水平的调查问卷或访谈提纲，可以直接运用或经过修改后运用于同类问题的调查，也是很有价值的工具型研究成果。

有时候，研究中开发的一些教育教学资源也具有工具性价值。这里的资源主要指的是可以运用于教育教学实践的各种材料，包括但不限于开发的校本或班本教材，撰写的教案学案，设计的各种有助于教育教学活动开展的软件、资料等。必须强调的是，只有体现了鲜明创新性的资源才能称之为研究成果。

第三节　研究成果的撰写要求

研究成果的形式或者说体现研究成果的载体具有多样性，但是，无论撰写哪种形式的研究成果，都应尽力做到以下几点。

一、聚焦主题

这是评价研究成果质量的首要条件。正如研究必须聚焦主题即核心一样，研究成果的撰写也必须做到这一点。研究及成果脱离主题，就像射击比赛时射中他人的靶一样，哪怕正中红心，成绩同样会被记为 0 分。所以，判断一项研究成果的有效性，首先要看成果内容与研究的核心内容是否具有高度统一性。比如，一项关于幼儿入学准备教育的研究，研究成果就必须聚焦幼儿园阶段的教育，如果提出的改进策略更多地关注小学一年级的教育教学，也就是把入学适应当作了研究核心，就脱离了研究的靶心，虽然入学适应也是幼小衔接的重要组成部分，但是无论如何也不可能成为入学准备教育研究的重心。同样，有位教师开展关于学习压力与睡眠质量的相关性研究，其成果就应当围绕学习压力与睡眠质量之间存在的关系来讨论，他却把重心放在了分析电子产品的使用情况对学生睡眠的影响上，虽然他在调查中确实发现学生睡眠质量与电子产品的使用情况有很大的相关性，却远离了研究的初衷，不能回应选题时想要解决的问题。当然，这里并不是说使用电子产品与学生睡眠质量的关系不值得讨论或没必要讨论，只是强调这方面的讨论不应该出现在学习压力与睡眠质量相关性的研究中，否则就会陷入喧宾夺主的尴尬境地。所以，撰写研究成果时，一定要突出研究主题才能体现研究成果的应有价值。

如果是撰写研究报告中的"研究成果"，除了聚焦主题之外，还要求能够全面回应"研究内容"，使研究成果与研究内容之间形成一一对应的关系。这是因为研究内容是从研究目标分解出来的具体研究点，研究过程也是围绕研究内容展开的，所有研究内容都经过研究并得出相应的结论时，才算完成了研究任务或达成了研究目标。研究报告是所有研究工作及研究成果的集中体现，如果不能全面阐述研究成果，则难以判断是否完成了全部的研究任务。比如，一个课题组开展关于小学低年级学生注意力培养的研究，研究报告呈现的成果包括实验验证了视听训练在小学低段儿童注意力培养中的有效性、开发的适合于学生注意力视听训练手册、提炼的提高儿童注意力的教学策略等三个方面，看似这项研究取得了较丰富的成果，但是对照研究设计的研究内容却发现，研究任务并没有全部完成，因为该项研究内容还包括"以本校学生为样本调查小学低段学生的注意力水平"和"建构适合小学生注意力发展的视听训练教学模式"两个研究点，而研究成果却对此没有任何呼应。如果只是在撰写研究报告时忽略了这两个方面，补充完善即可，如果是过程中根本没有开展这两个方面的研究，则需要继续研究直至取得相应的成果。虽然在实际的课题研究中可以进行研究内容的变更，但是，这种变更应当在研究过程中就提出来并征得课题管理部门的批准，原则上在研究总结阶段根据取得的成果临时调整研究内容是不允许的。

二、结论有据

结论有据指的是在撰写研究成果时，无论是描述现象或问题，还是分析相关影响因素，抑或是提出改善现状或解决问题的方法和策略，都要建立在真实、科学而充分的依据或证据之上，绝不能凭借纯粹的主观臆断做出判断或得出结论，否则研究成果的科学性就会受到质疑。凡是缺乏依据的结论都只是一种推测或设想，相当于研究设计中的假设，可以引起人的思考，也可能激发人的研究欲望，甚至为研究指出一个可能的方向。但是，不管推测或设想的结论有多完美，只要没有经过科学验证就不可能成为研究成果，如果研究中得出的结论没有科学依据或证据不充分，这样的结论是会受到质疑的。

有的中小学教师为了使证据看起来完美或者说使证据看起来完全能印证自己提出的假设，会人为地改动调查到的情况或实验中得到的相关数据，从而使证据失真。比如，一项关于农村小学生课外阅读现状调查的研究就是如此，参与研究的教师认为农村家长极其不重视孩子的课外阅读，当问卷调查结果显示有 37% 的农村家庭有适合小学生阅读的课外读物后，认为这个比例太高，与其预设不相符，便在研究报告中将 37% 改为了 17%。更有甚者，有的教师根本没有开展调查或实验，而是直接给出一个主观性的数据，虽然这个数据是基于教师的经验所做的估算，但是其准确性却难以得到保证，其与客观现实难免会出现一定的偏差。笔者就曾遇到过这样的案例，有位教师在研究报告中指出：运用柯尔文手势开展小学音乐教学后，小学生音准能力提高了 94%。当笔者质疑"94%这个数据是如何得出来的"时，这位教师无言以对，最后不得不坦言这只是为了体现柯尔文手势在音准教学中的有效性，基于个人经验估计的。

调查或实验中，样本选择的科学性和研究工作的严谨性都可能影响依据的科学性和有效性。举一个浅显的例子，假如要分析某地区小学四年级学生语文学业水平发展现状，如果对这个地区所有四年级学生进行测试，那么得到的数据必然是最有效的。但是，要是这个地区四年级学生太多，全部参与测试的话将会花费大量的人力物力财力，这就需要进行抽样测试。如果将样本集中在学业水平较高的学生群体，那么所呈现的整体学业水平将上浮，反之亦然，这样得到的数据就有失偏颇。另外，如果研究工作不够严谨，也可能影响数据或证据的可靠性。以多次举例的小学生抄写生字遍数与记忆效果关系的研究为例，实验中都是抄写生字后半个小时开始听写，那么得到的结论也只能局限于半个小时内的记忆效果，随着时间的推移，记忆效果会不会发生变化却难以确定，实验设计与实施都没有考虑到这一点，因此在这种情形下得出的数据也不完全具有科学性。

研究中凭借不充分的依据就得出结论的现象也是存在的。笔者在参与课题调研时就碰到过这样一个例子。一位幼儿教师在介绍研究成果时指出：农村幼儿没有判断文明行为的意识和能力。她做出这一结论的依据是：她在组织路队放学时，当着小朋友的面把一张纸巾扔在了地上，她能确定至少有 6 个小朋友看到了她扔纸巾的行为，但是现场却没有一个小朋友指出她扔纸巾的行为是不对的。很显然，这个案例中的依据不支持研究得出的结论，原因很简单：首先，样本量太少，6 个小朋友能代表所有的小朋友吗？其次，小朋友当场没有发表意见并不代表他们没有做出判断，他们可能只是因为教师身份的特殊性或畏于教师的权威，不会或不敢对教师的行为进行当面的评价而已，也许换作是其他小朋友随意扔纸巾，他们就会立刻进行批评指正了。最后，幼儿园小朋友对行为性质的认识和判断与其所受到的教育和影响密切相关,如果在平时的教育环境中扔纸巾没有被列入不文明行为的范畴,他们自然会默认这种行为的合理性。即便不考虑第三个方面的原因，也能充分说明这样的依据站不住脚，由此得出的结论自然就不具有科学性。

三、条理清晰

条理清晰是撰写任何文本都应该满足的基本要求。在撰写研究成果时，一定要重视前后内容之间的逻辑关系，使呈现出来的成果条理清晰。

条理性要求研究成果的组织架构之间要有清晰的逻辑。一般来说，一项研究成果无论是阶段性成果还是研究报告中关于研究成果的阐述部分，也无论是以哪种形式呈现出来的成果，其内容都很少只有一个部分，大多是由以一定主题为核心的多个相互联系的板块组成的。如果这些内容板块呈现的先后顺序符合人们认知事物的规律或符合事物发展的一般规律，就会形成一个具有内在逻辑的结构性框架，从而体现出清晰的条理。相反，如果这些内容板块的呈现顺序不符合逻辑，内容之间便不可能形成有条理的结构，成果表述在整体上也就显得杂乱无章，失去了应有的价值。对一项设计科学的研究来说，各项研究内容之间的逻辑性已经得到梳理，在撰写研究报告时，只需要根据研究内容的先后顺序来阐述研究成果就能保证整体结构的逻辑性。但是，在撰写阶段性的研究成果时，先介绍什么、后介绍什么，都要进行认真思考，省察成果各部分之间的内在联系，理清成果之间的逻辑关系，以便在成果阐述时做到条理清晰。

很多研究成果都可以按照"是什么—为什么—怎么办"的逻辑结构来体现内容之间的条理性，比如撰写调查报告、实验报告类成果时，在介绍清楚研究背景和方法运用的基础上，如果按照调查中或实验中的新发现（是什么）、为什么会出现这样的情况（为什么）、如何有效地将这些发现运用于实践或如何解决所发现的问题（怎么办）的顺序来介绍研究成果，就可以将研究的逻辑清晰地呈现出来。再比如案例分析类成果，在分析案例时，同样可以首先剖析案例中问题及其性质（是什么），然后分析导致问题的原因（为什么），最后提出改进问题的办法（怎么办）。论文类成果也可以采用这种结构来行文：先提出观点并界定内涵（是什么），进而阐述提出观点的依据（为什么），最后介绍这种观点可能产生的影响或基于这种观点可以采取哪些措施干预实践（怎么办）。由此可见，在撰写研究成果时，"是什么—为什么—怎么办"是具有普适性的逻辑顺序，但是这并不意味着只能按照这个顺序来呈现研究成果的内容，相反，我们倡导灵活多样的撰写风格与逻辑，只是要求不管什么研究成果也不论以哪种形式来体现研究成果，都必须做到条理清晰。

条理性也体现在研究成果的各个内容板块之中。撰写研究成果，不仅要求整个成果内容的结构之间要具有逻辑性，还要求组成整个成果的各部分内容也要具有逻辑性。简言之，不仅要求各级标题之间具有逻辑性，这种要求也体现在同一级或同一个标题内部以及标题下的正文内容之中。这本是不言自明的道理，但是，笔者发现有的中小学教师撰写的研究成果，从全篇结构来看逻辑是清晰的，仔细看就会发现，各部分内容的行文思路却是混乱的。比如，一项关于"小学生过度使用手机与心理发展的关系"的调查报告中，成果内容整体上包括小学生手机使用现状、小学生沉迷手机的原因、加强小学生手机管理的策略三个部分，可以说这个内容结构完全符合"是什么—为什么—怎么办"的逻辑，整体上做到了条理清楚。但是，在分析小学生沉迷手机的原因时却把一半的重心放在了"小学生沉迷手机的危害"上，这不仅超出了第二部分成果（为什么）的范畴，使第二部分成果的条理受到影响，同时也使整个文本的逻辑显得混乱，因为就这一项研究成果的性质而言，"小学生沉迷手机的危害"本质上应该属于"小学生手机使用现状"（是什么）部分的范畴，如果把这两个小标题综合起来作一个完整表述即"小学生过度使用手机与其心理发展现状"，很明显，如果原有结构中的"是什么"部分符合研究主题的话，那么"小学生手机使用现状"就应当体现"影响小学生心理发展"的现状，这种现状的表现之一就是"对心理发展具有一定程度的危害"。

除此之外，条理性还要求前后内容之间要具有一致性或对应性，即前文所提及的问题在后文要有所呼应。按照"是什么—为什么—怎么办"这一逻辑来撰写的研究成果，所提出的对策（怎么办）就应当与导致问题的原因（为什么）具有相关性，即应当针对问题产生的原因来提出有针对性的问题解决策略。比如，认为引起学生在阅读过程中产生价值曲解的内在原因是学生的价值认知结构存在偏差或价值判断倾向中存在逻辑矛盾，那么提出的价值引导策略就应当能有效帮助学生了解自己的认知偏差或逻辑矛盾。对策与原因缺乏统一的现象在中小学教师撰写的研究成果中是较为常见的，比如，一位教师撰写的关于"初中学生睡眠质量"的调查报告中，认为"在学业成就方面的自我期待太高"是影响学生睡眠质量的重要因素，但是提出的改进学生睡眠质量的多项措施中却没有一项与"引导学生形成合理的学业成就感"有关。

四、表述具体

表述具体就是要求在撰写研究成果时要把研究中获得的新发现、取得的新认识以及提出的新方法等结论阐述得清楚、明白，使人阅读之后对成果的内涵、性质及特点都有全面的、清晰的认识，如果是方法类成果，还要让人了解方法的使用要求等。

撰写研究成果不能等同于口头介绍研究成果。口头介绍研究成果时可详可略，具体情况根据场合、情境、时间、对象等对内容进行灵活的安排与调节，即使是详细介绍也是具有相对性的。撰写研究成果通常要求尽可能把研究成果写得具体详细，哪怕是成果中的一个分论点，也不要一笔带过。但是，部分中小学教师往往把这两者的要求搞颠倒了，他们在撰写研究成果时往往表述得很简略，很多时候只用三言两语就结束了，真的只是"点到为止"，甚至有可能只呈现一个成果的框架结构。这样的表述往往过于粗浅，很难有效地将成果本身具有的价值体现出来，读者也就只能获得一个模糊的印象，即便"看懂了"成果的价值，也难以"学得了"成果的内涵，更谈不上在实践中"用得上"其中的方法了。

笔者看到很多中小学教师撰写的研究成果都存在这类表述太过简略的情况，但是这并不意味着他们的研究或思考也止步于此，如果与他们进行交流或进一步追问，就可能发现他们能就此侃侃而谈，内容含量及深度都远远超过其用文字撰写出来的效果。比如，一位教师开展了关于"小学语文课后习题教学化"的研究，所撰写的论文中只能大致体现依据小学语文课后习题开展教学在理论上具有意义，在实践层面也具有可行性，整个成果只是反映了研究中的思考方向，却难以体现研究的内容，更没有提出具体教学措施。但是，与之交流之后笔者发现：这位教师不仅对课后习题教学很有思考，而且思考得比较深入，甚至还形成了自己的一套教学策略，并且能举例说明自己在实践运用中的具体做法及取得的效果。总而言之，这位教师用口头语言介绍的研究成果比其用书面语言撰写的研究成果要丰富得多、深入得多。可以说，看她的论文只能对课后习题教学化产生一个模糊的认知，而听她的介绍则能获得清晰而具体的了解，甚至可以根据她的描述进行教学尝试。其实，这种现象在中小学教师中并不少，有人将这种现象称为"说得好但是写不好"，其实归根结底还是文字表达能力有待进一步提高。

当然，要求把研究成果表述得具体并不是说本来可以几句话说清楚的内容非要用长篇累牍的文字来阐述。相反，撰写研究成果时要充分发挥语言文字的概括功能，尽可能用精简的文字表达丰富的内容。"表述具体"这一要求只是强调要把研究成果完整地、清楚地阐述出来，把自己对成果的认识如实地、毫无遗漏地体现出来，做到"我所写即我所思我所为"，而且"思无不言""言无不尽"，让人能够"看得懂、学得了、用得上"，而不是只留给人一种似懂非懂的模糊印象。切不可用字数多少来判断成果阐述的具体程度，否则，有价值的成果反而会被掩盖在大量的可有可无的语言文字中。有的一线教师尤其是新手型教师，往往会"凑字数"来体现所谓成果的具体性，认为文字越多就显得成果表述得越具体，从而出现同义重复的现象（即反复地用不同的语言表达相同的意义），甚至运用一些与成果毫不相关的文字来堆砌，殊不知这样的处理反而降低了所撰写成果的文本质量。有的教师会采用列举多个同性质例子的方式来"凑字数"，比如列举两个以上只在时间、地间、对象方面不同而教育措施与效果完全一样的教育案例来体现研究成果的具体性，本质上说，这也是一种同义重复的现象，因为多个例子与一个例子并没有本质的区别。因此，要把研究成果表述得具体，与其在字数上下功夫，不如对成果的性质与特点做进一步的思考，努力从多个角度、多个层面对成果作更深入的分析，进而用一个立体的、多维的结构来体现成果的内容及价值。

值得一提的是，有的中小学教师撰写研究报告时，喜欢在研究成果部分简要介绍在哪些方面做了研究或形成了哪些形式的成果，然后用附录的形式来体现具体的研究成果内容。这样写出来的研究报告只能大致体现研究了什么，却不能使人很快地了解研究得到的结论以及对结论所做的分析，给人"欲知成果如何，且看附录详解"的感觉。但是，研究报告并不是成果导读，而是要把成果具体地阐述出来，使人只阅读研究报告就对研究成果有具体的认识。即便一项研究取得的成果非常丰厚，甚至已整理成专著出版，也要在研究报告中将成果的主要内容介绍清楚，这就对研究人员的概括能力提出了很高的要求。所以，能否在有限的文本容量中尽可能具体地阐述研究成果，也是评价中小学教师科研素养的标准之一，有的教师不能将研究过程中取得的多形式、多维度、大容量的成果概括地介绍在研究报告中，也可能有这方面的原因。

五、理实结合

理实结合即理论与实践相结合。这既是开展研究工作应遵循的原则，也是撰写研究成果时要尽量体现的要求。研究成果中的理实结合体现在两个方面：

一是总结的理论性成果要有实践支撑。中小学教师开展的教育科研基本上都是实践性研究，"从实践中来到实践中去"是这类研究最主要的特点，撰写研究成果时就要尽可能地把这一特点体现出来。"从实践中来"就是要做到总结、提炼理论性成果要立足于研究实践，理论性成果是实践经验的深化与提升。中小学教师往往基于自己的教育教学实践开展研究，研究就是在实践中不断发现问题、分析问题、解决问题的过程，研究成果也正是在这个过程中得到总结提炼而逐渐形成与发展的。因此，撰写研究成果时，不管是对问题性质的描述，还是对引起问题的原因或影响问题发展的因素所做的分析，抑或是对所提出的问题解决措施或方法的阐释，都要以实践研究中的发现与思考为基础，而不是凭空臆断的结果或基于纯粹意义上的思辨而得出的结论。当然，这里强调实践依据，并不是要排斥思辨在总结理论性成果中的作用，相反，撰写研究成果时还要尽可能地发挥思辨的作用，通过思辨来论证从实践中总结的理论性成果的真伪及价值，只不过要求思辨的内容和过程都要结合实践。"到实践中去"就是强调要将总结提炼的理论性成果运用到实践中去，在实践中检验成果的真伪及价值，并根据实践检验情况进一步修正、完善成果，从而提高成果的科学性及对实践的改进作用。所以，撰写的研究成果其价值是经过实践检验的，其有效性是在实践运用中得到验证的。之所以提出这样的强调或要求，是因为部分中小学教师的研究止步于成果总结，而对实践检验有所忽略，从而影响了成果的说服力。

二是分析实践性成果时要有理论支撑。这里的实践性成果指的是从实践中总结出来的经验。在这里冠之以"实践性"，仅仅是为了表达效果的需要，而并非片面地强调成果的实践价值。分析实践性成果时要有理论支撑，就是在撰写研究成果时不能只停留于经验的总结或事实的描述，而要借助一定的理论来支持或说明实践研究中提炼出的成果具有科学性，从而提高成果的理论价值。但是，很大一部分中小学教师都不善于以既有的科学理论为工具来分析、论证自己的研究成果，从而使研究成果始终停留在经验层面，在很大程度上降低了成果的理论性。比如，一位教师在撰写关于"幼儿审美特点的案例研究"的成果时，提出"幼儿往往选择细小的事物作为审美对象"这一观点，进而列举了三个不同案例中幼儿的审美行为，用事实证明了幼儿审美更倾向于关注细节性的东西。这份研究成果中鲜明地体现了理论性成果所具有的实践支撑，却没能站在理论的高度来分析、论证这一结论的科学性，如果这位教师能指出幼儿关注细小事物这种现象可能与其认知能力发展的特点密切相关并作进一步深入分析的话，就能使这一研究结论摆脱归纳推理的经验性局限，升华为基于理论分析的更具推广性的观点。

第四节　中小学教师撰写研究成果的常见误区及矫正

研究成果是研究报告中最主要的部分，撰写研究报告最重要的工作就是写好研究成果。从大量的研究报告中，笔者发现中小学教师在撰写研究成果时常常存在几个误区，在此进行简要的介绍，以提醒大家注意规避。特别强调一下，这里所说的误区只限于研究报告中"研究成果"部分的撰写。

一、混淆研究成果与研究影响

笔者曾在一次教育科研交流时做了这样一个现场调查："如果你完成了一项教育科研工作，现在要请你分享一下你的研究成果，你觉得最重要的是介绍什么？

也就是，你认为你的研究成果是什么？"现场有 120 位一线教师，其中 81 位教师（近 70%）的想法具有一致性，他们都认为介绍研究成果时最重要的是要突出研究对实践有哪些改变，比如"经过研究学生在哪些方面取得了进步""研究人员在哪些方面有所发展""学校在哪些方面发生了变化"等。这个调查是即兴的，大家做出的反应也是内心真实的想法，由此可见，大部分中小学教师都认为，"研究引起的变化"即"研究产生的影响"就是研究成果，撰写研究成果就是把这些变化体现出来。事实上，笔者发现很多教师特别是新手教师也确实是这样来撰写研究成果的，比如，一项关于"提高小学生计算准确性"的研究报告中，"研究成果"部分就重点介绍了"经过研究，本校小学生计算的准确性有了明显的提高。具体而言……"，然后分别介绍了各学段学生计算准确度的变化情况。

现场调查时，当大部分教师把研究影响当作研究成果时，笔者又进一步追问："是不是只要一研究，学生、教师或学校就会自然发生或者一定发生这些变化呢？如果不是，又是什么引起了这些变化呢？"所有的教师都反对有研究就一定会产生变化，有位教师表示："我们在研究过程中采用了新的方法来开展教学，学生才会发生变化。"这一说法得到了教师们的认可，同样也启发了教师们对研究成果的思考与认识，由此也可以看出研究成果与研究影响之间具有很强的相关性：研究成果是研究中得出的新结论，是研究能够引起实践层面发生各种变化的前提；研究影响是把研究成果运用到实践中所产生的结果，没有取得研究成果或没有将研究成果运用于实践就不可能在实践层面引起相应的变化，研究也就不会产生任何影响作用。正是两者之间具有紧密联系，新手型教师在撰写研究成果时才很可能把重心放在研究所产生的影响上。

所以，在撰写研究报告时，为避免误把研究影响当成研究成果，不妨追问一下：到底是什么引起了这些变化？与研究之前相比，实践中先后采用了哪些不同的措施或方法来开展教育教学活动？确定干预实践的相应措施或方法之后，再进一步追问：这些措施或方法是基于什么原因提出来的？是针对什么问题提出来的？在干预实践时具体又是如何做的？这些问题的答案也就是研究成果，撰写研究成果就是按一定条理把这些答案阐述出来。

二、将研究成果等同于研究工作

将研究工作与措施等同于研究成果的现象在一些中小学教师撰写的研究报告中也较为常见，比如一项关于"提高小学生体质的训练策略"的研究，其成果就主要体现为"开展研讨活动""调查学生体质现状""学习体质训练相关文献""邀请专家指导"等。对研究成果作这样处理的教师，不妨在撰写研究成果之前尝试回答这样一个问题：研究过程中的大部分工作都不可能与研究方法完全割裂，就像上述研究中，课题组要调查学生体质现状，就离不开调查法，如果研究中采用问卷调查法开展研究，必然要进行问卷设计、试用与修改、运用问卷开展具体的调查工作、回收并分析问卷、撰写调查报告等系列工作。但是，研究报告的结构中通常有"研究方法及运用"或"研究实施过程"这样的专用板块，还有必要另设"研究成果"这一板块对研究工作再进行介绍吗？显然没必要。另外，在前文已经强调过，撰写研究成果时在内容上应当拒绝同义重复，即原则上相同内容（不仅仅指文字上的相同，还包括意思上的相同）不应重复出现，如果把研究工作等同于研究成果，就难免与这一表达要求不相符。撰写研究成果时之所以把研究工作与研究成果等同起来，也是因为两者之间具有密切关系，可以说，任何研究成果都是运用研究方法开展实践探索后得到的结论，没有科学的研究方法或恰当的研究措施，就不可能得到有价值的研究成果，离开了研究方法或研究措施，研究成果就成为空中楼阁。如果只看到了两者之间的联系，却忽略了两者之间的区别，便容易陷入这种成果撰写的误区。

所以，在撰写研究成果时，如果总是跳不出"研究工作即研究成果"这个误区，不妨审问一下：开展这些研究工作之中或之后，形成了什么结论？得到了什么结果？比如：调查是围绕哪些内容开展的？经过调查发现实践中取得了哪些成就，还存在哪些问题？经过课题组的研讨或专家指导，提出了哪些解决问题的方法？等等。这些问题要回答的不是做了哪些事情而是得出什么结论，所以其答案就是成果，同样，撰写研究成果就是把这些答案有条理地阐述清楚。

三、泛化研究成果

泛化的意思是将范围扩大到不相关的领域。泛化研究成果就是指在撰写研究报告时，将研究成果的范围扩大到了一些不相关的领域，也就是把一些并不属于本项研究的成果纳入了其中。这种现象在中小学教师撰写的研究报告中也普遍存在。比如，一项关于"小学生线描画教学策略"的研究报告中，其介绍的成果是课题承担学校在美术教学改革中的所有实践与探索，虽然线描画教学是小学美术教学的一部分，也是这所学校在美术学科教学改革中着重打造的特色，但是，如果将美术学科等同于线描画，研究中就很容易将线描画教学的探索在很大程度上泛化，试想：在有限的时间、人力及其他资源的限制下，将本该"局部"的线描画研究扩大到美术学科整体改革，其结果就必然导致研究内容不聚焦，研究重心不突出，取得的研究成果中也必然不可能体现"线描画"这一核心主题，对线描画教学实践也就失去了针对性。这还是在学科内的泛化，更有甚者，撰写研究成果时还会把学校在课改中做的所有探索及取得的所有成果都列入其中，一份研究报告就成了学校课改的简介，如果不看课题名称，根本不知道研究本身希望解决哪方面的问题。这样的研究成果，即便把学校课改成果介绍得非常具体，也难以突破本研究所关注的问题，看起来好像面面俱到，实际上却因为与所研究问题缺乏相关性而显得"空洞无物"。这就像学生考试一样，如果问题是要求论述唐朝时期的文学特点，而学生提交的答案却是整个中国文学史的特点，虽然他阐述的观点很清晰、很全面、很正确，但是唐朝时期的文学却湮没在整个历史中而难以集中展现其自身的特点，这样的答非所问或超过问题所限定时间范畴的答案自然不可能取得好的成绩。所以，撰写研究成果一定要"聚焦主题"，避免出现这种以"整体"代替"部分"或使"部分"消弭于"整体"的泛化现象。

出现这种情况的原因可能有两个方面。一方面是因为有的教师没有准确理解教育科研的作用，认为开展教育科研工作就要解决教育教学实践中的所有问题，所以介绍研究成果时总担心有负于科研的这一"使命"，总想着能尽可能宽地扩展成果领域，以解决更多的问题，却忽略了研究所具有的针对性和限制性，也忽略了判断研究质量的标准是对问题分析的深入性和问题解决办法的科学性。另一方面，也不排除没有针对研究问题开展真实的研究，或者虽然研究了但是没有取得应有的成果，所以在撰写研究成果时是真的"难为无米之炊"，想用学校在课改实践中的探索来代替所研究课题的成果。笔者就看到过这样一个案例：某学校为落实教育部"五项管理"工作要求，开展了学生手机使用现状、睡眠质量现状等调查，而该校某课题组在撰写"地方特色校本资源开发策略"研究报告时，就直接引用了学校所做的"五项管理"调查结果作为开发地方性特色教学资源的基础，这就不得不令人怀疑这个课题组是否开展了真实的研究。事实上，这种情况还谈不上是成果泛化，而是没有成果，如果不在后续阶段开展真实的研究，即便是立项课题也应当作撤项处理。

如何防止在撰写研究报告时出现成果泛化的现象？不妨这样审问：本课题的研究核心是什么？要解决的是什么问题？整个研究报告中的成果只需要围绕这些问题来形成答案就可了。或者直接做个"减法"也可以，就是看看当前研究成果中哪些已经脱离了本研究的核心，然后将它们从报告中划掉，剩下的便是本课题的研究成果了。

四、窄化研究成果

在实践中，与泛化研究成果相反的现象是窄化研究成果的现象，也就是撰写研究报告时，没能把研究取得的成果全部体现出来。理论上讲，这种现象是不应该出现的，因为每个研究团队都希望自己的研究成果越丰富越好，必然会尽可能多地展现成果。但是现实却往往相反，笔者经常看到中小学教师撰写的研究报告中对研究成果"丢三落四"的现象，从而使研究成果看起来十分单薄，有时候，即便是一份看起来成果还算丰富的研究报告，也可能没有把研究成果全部体现出来。当然，要判断一份研究是真的没有取得研究成果还是单纯的没有在研究报告中全部体现研究成果，必须要查阅课题组在研究过程中整理出来的研究素材及阶段性成果并将其与研究报告中的成果进行比对之后才能做出准确的判断。

在课题管理实践中，笔者经常看到课题组提交的研究报告初稿里仅有少量的研究成果，有的甚至可以忽略不计，让人难以相信经过两三年的研究只得出那么一点结论。如果光看研究报告，完全可以要求课题组重新开展研究，但是深入学校调查之后，就会发现课题组开展的研究工作及取得的阶段性成果远远比研究报告中介绍的丰富得多。比如，一项关于中职特殊体质学生体能训练的研究报告初稿中，研究成果部分就只有关于特殊体质学生的训练措施的介绍，虽然对训练措施的介绍还算具体，但是整体来看成果是比较单一的，研究设计中提出的研究任务也没有全部落实。为了确定这一研究的具体情况，笔者到学校查看了全部的研究资料，看到了课题组关于特殊体质的讨论记录、课题组采用自己设计的调查工具并以本校学生为样本的原始调查问卷以及基于调查结果所撰写的调查报告、多篇公开发表的研究论文等，综合来看，这项课题取得的实际成果包括中职学生特殊体质的内涵及类型、中职特殊体质学生体能训练现状及影响因素、中职特殊体质学生体能训练措施三个方面，明显大于研究报告中的成果，而且，从论文中还可以看出，即便是特殊体质学生的训练措施也多于研究报告中提到的类型。

与矫正泛化研究成果的方法相反，要避免在撰写研究报告时出现成果的窄化现象，需要做"加法"，即对照研究目标与研究内容，如果已全部完成研究任务，只需要全面梳理过程资料和阶段成果，将还没有写进研究报告的成果添加上即可；如果研究任务还没有完成，则需要继续开展研究，直至达成全部研究目标，再全面总结成果；如果因各种原因导致原有设计全部或部分无法实施，则需要对设计做出合理修改，是立项课题的还需要向科研管理部门提出书面申请，获得批复后才能按新设计开展研究。

第五节　研究成果举例

运用自我暴露进行学生谈话的四点建议

——从《云巅之上》中的一段小剧情说起①

刘　杰

重庆市涪陵区教育科学规划领导小组办公室

重庆市涪陵第一职业中学校

【摘要】论文认为心理咨询中的自我暴露也可以运用在学生谈话中，并以青春励志剧《云巅之上》中简旻自暴经历成功采访名模艾斯为例，提出教师与学生谈话时自我遵循自我暴露事件的亲历性、自我暴露态度的真诚性、自我暴露语言的适切性、自我暴露动机的积极性才能取得好的效果。

【关键词】自我暴露；学生谈话；建议

　　在青春励志剧《云巅之上》中有这样一段小剧情：主人翁简旻代理主持综艺节目《天下第一》，第一个采访对象是世界名模艾斯。相传，艾斯自我保护意识很强，对媒体有很深的抵触，从来没人能挖到她的真实想法，她的童年更是采访禁忌。不出意外地，当简旻说希望艾斯谈谈童年经历时，艾斯便冷坐无言语。面对这样的局面，简旻将话题转到自己的身上，主动与大家分享了自己的童年——没有爸爸妈妈，时常被身边的小朋友欺负嘲笑，她也曾奋力反击，得到的却是更多更严重的打击。在那样的日子里，是奶奶的关心和爱温暖着她，使她没有长成一个自暴自弃的孩子，并让她知道：天底下没有不爱孩子的父母。然而，她长大找到妈妈后，妈妈根本不认她，她得到的不过是羞辱。这样的经历，让她更体会到爱的珍贵，使她对生活中曾经帮助过她的人深怀感激。就这样，艾斯被简旻感动，

---

① 该成果发表于《中小学心理健康教育》2021年第29期。

首次在公开场合中谈及自己的童年经历——生了一场大病，病情反复发作，激素药物的刺激使她长成一个超级大胖子，父亲厌烦到了到处求医的日子，抛弃了她和妈妈。她曾一度觉得很痛苦，但最终学会了独立、坚强，不仅战胜了疾病，更瘦身成功（从 200 斤变成 90 斤），成为世界超级名模，走到今天，她觉得那些欣赏、提携过她的人比她的父亲更重要。

在电视剧中，简兮只是分享了自己的经历，就成功采访了视童年为"死穴"的艾斯，使这个从来没有被成功采访的问题成了例外。这是因为简兮恰当进行了自我暴露。自我暴露本是一种心理咨询技术，也叫自我开放、自我表露，指咨询师主动提出自己的情感、思想、经验与求助者共同分享[①]，其目的在于使求助者了解咨询师具有与其相似的经历，能体会其困扰的心灵，进而敢于面对并愿意袒露自己。

这种自我暴露同样适用于学生谈话，比如教师发现学生刻意回避某些问题或某段经历，这些问题或经历又可能严重影响学生的发展或带来严重后果时，就可以通过自我暴露的形式打开学生心扉，了解事情真相，进而采取相应的教育措施，及时有效地解决问题，推动学生的身心发展。事实上，当学生遇到困扰时，也渴望在安全的环境下进行"自我暴露"，因为适当的自我暴露 "为人们的私人世界和外界世界提供了一个桥梁，从而使个体较少地感受到社会隔离"[②]，得到他人的理解与认同，进而排解心中的苦闷，走出心理的阴影。为营造安全的谈话环境，教师在自我暴露时必须做到以下四点。

一、自我暴露事件的亲历性

"子非鱼，安知鱼之乐？"学生之所以会回避相关经历，根本原因在于内心深处坚信：自己的经历在周围的人中是少有甚至是没有的，会使人感到不堪、可耻，会遭到嘲笑、讽刺，因此，没有相同经历的人不可能理解自己的感受。有的学生虽然通过网络、媒体或其他途径了解到一些与其相同或相似的事件，但仍不能面对自己的经历，因为那些事件在空间上离自己很远，降低了事件本身的真实性。对学生而言，教师是一种特殊的存在，他生活在学生身边，他的故事就是发生在学生身边的故事，可以说触手可及，地理空间上的距离感并不

---

① 李晓莉. 心理咨询技能在师生谈话中的应用研究[J]. 科技资讯，2014，12（5）.
② 董丹. 大学生社交网络自我暴露的差异[J]. 校园心理，2017，15（3）.

远。另外，学生一般都具有很强的亲师性，越小的学生越崇拜教师，如果看到教师也有相同或相似的经历，那么学生便会潜在地相信这段经历真的没有什么"大不了的"。所以，教师暴露一段亲历性的故事，让学生感到教师能够真正设身处地地理解自己——站在自己的角度看问题，体谅自己的难处，原谅自己的过失[①]，体会自己的内心世界，从而有效拉近师生间的心理距离，使学生卸下心理防御，愿意敞开心扉，敢于与教师分享一段共通的"秘密"。剧中的简兮如果不是讲述自己的经历而是转述一个他人的故事，艾斯肯定不会动容的，因为空间距离让人产生非真实感。

自我暴露本身就是指把"自己真实且重要的信息"真实告诉他人，因此，真实性可谓自我暴露的首要原则。所以，教师在自我暴露时，讲述的一定是一段自己的真实经历，而不能是一些经过嫁接、改编的情节，也不能是一些发生在他人身上的故事（即使这些故事是真实发生过的），更不能是一个杜撰的故事。教师切不可为了诱使学生开口而编造经历，因为编造的经历本身具有非真实性，很可能被识破，无论是当场识破还是事后识破，都会带来严重的后果：于教师而言，他可能失信于学生，以至于今后的所有教育甚至所有的言行都可能被学生质疑；于学生而言，他可能永远隐藏心中的"秘密"，从而形成"心结"难以打开，更严重者，将泛化这一心理隐患，导致心理疾病。因此，在自我暴露时，教师一定要做到"有暴必真"。打开学生心门的方法很多，自我暴露虽然有效，却并非唯一，因此，如果教师没有相同或相似的经历，就不能采用这种方法。

二、自我暴露态度的真诚性

自我暴露是否能有效拉近心理距离，教师的态度也是重要因素。很多案例表明：真诚的态度才能感动学生，使学生产生愿意倾诉的欲望。教师自我暴露的真诚态度，可以从以下两个方面来体现：

一是认真讲述自己的经历。认真讲述就要做到表达清楚，既不敷衍了事，也不含糊其词，对自己在经历中的行为不隐瞒，对经历中的感受不掩饰，让学生感受到一个真实的自己。比如剧中简兮坦言自己在童年时被人欺负时采取的报复行为——拿石头砸别人窗户，也承认自己对父母亲情的渴望等，她的经历吸引了艾斯，她讲述时的认真态度也深深打动了艾斯，令艾斯在了解她的童年后忍不住追问：

[①] 岳炜. 玉笔峰上争论声[J]. 中小学心理健康教育，2016（6）.

"那后来呢？"

　　二是准确表达自己的情感。这里所说的情感，不是指教师对学生的情感，而是指教师在经历中体验到的情感以及回忆这段经历时的情感体验，比如剧中的简兮讲述了自己经历中的情感是痛苦，回顾这段经历的情感体验是感激、珍惜。在自我暴露时，必然伴随着相应的情感体验。教师的情感表达既要真实，又要恰当，对自己的情感既不隐瞒，也不夸大，这样才能使学生产生情感共鸣，并相信教师能够理解他的感受。值得注意的是，教师切不可把表达情感等同于对学生的亲热，更不能等同于煽情。教师的自我暴露虽然是为了唤起学生参与交流的欲望，但是这个阶段的重心是教师的经历，这段经历学生无法参与，只能通过倾听来了解，进而理解甚至共情。如果教师把重心放在表现对学生的亲热或亲密互动上，则会体现出一种"为博好感"的虚情假意，感受不到分享经历的诚意；若把煽情作为讲述重心，则给人"装可怜博同情"的印象，学生很容易把你当成一个"可怜虫"，即使感受到了你的诚意，却难产生共情，同时，学生也并不想把一段被定义为"可怜"的经历与人共享，从而拒绝在你面前坦露心声。

三、自我暴露语言的适切性

　　自我暴露本质上就是用言语介绍自己的经历，也就是说，整个过程都是一种言语活动，因此，语言的适切性就显得非常重要，适当的语言，不仅能让学生愿意倾听，也能帮助学生准确理解，更能激发学生自我坦露的意愿。教师在自我暴露时，语言要注意以下几个方面：

　　一是内容精炼，切中重点。自我暴露就像中药中的药引子，虽然在整副药中作用很大，但是其分量往往很少。因此，教师要对陈述的内容进行合理的取舍，尽量做到用最精练的语言介绍自己的经历和情感体验，使学生在最短的时间内便能把握住讲述的内容。剧中的简兮就做到了这一点，她对自己童年的介绍只用100多个字，就显得既有整体性（被人欺负），又有画面感（砸窗报复）。试想，如果她只是滔滔不绝地讲个不停，艾斯有耐心听下去吗？

　　二是语调平缓，语速适中。自我暴露不是朗诵，语言不需要抑扬顿挫，情感不宜激烈夸张，教师只需要用平缓的语调讲述自己的经历和情感既可。语速也会对学生的感受产生重要影响，如果语速太快，则显得太急切，既不便于学生把握内容，还给学生一种敷衍的感觉；而语速太慢则显得沉重压抑，使学生产生想要逃离的想法，这些都会干扰学生的情感体验，进而影响后面的分享行为。剧中的简兮在这方面就做得很好，无论是讲述童年经历还是长大后的发现，声调和语速都没有明显的变化，只是客观地陈述事情，以便艾斯自己去体验、领会，而不是把自己的情感强加给对方。

四、自我暴露动机的积极性

自我暴露的目的在于打消对方的对抗心理，打开其心结，引导其讲述并正确面对自己的经历。或许，在教师看来，这段经历并没有什么大不了的，但是，对于学生而言，却是一种不愿与人道或难以与人道的隐私。如果教师以窥探学生隐私作为自我暴露的动机，不仅不会取得学生的信任，还会毁掉之前好不容易建立起来的良好关系，甚至造成更严重的后果。因此，教师在谈话时，一定要在积极动机支持下进行自我暴露。

一是帮助学生解构错误认知。如前所述，学生之所以在谈及这段经历时会沉默甚至抱有对抗心理，是因为在他的认知里，那段经历往往是非同寻常的，也是令人难堪的、不被人接受、理解的，更谈不上被人尊重了。因此，教师自我暴露的首要动机就是帮助学生解构这种不正确或不全面的认知，让其了解这样的经历并非罕见，也并没有什么难堪的，这样的经历是能被接受甚至被尊重、被理解的，可能很多人都有相同或相似的经历，至少向学生传达出一个信号：我跟你有相同或相似的经历，我能尊重并理解你的经历和感受。剧中的艾斯，正是在简兮的分享中才发现：原来并不是只有她才有被亲人抛弃的经历，那些在"爱的名义"下受折磨的孩子本质上跟她的经历也没有太大的差别，所以她才能毫不设防地在采访中首谈童年。

二是引导学生重塑价值判断。与解构错误认知相比，引导学生重塑价值判断是更深层次的动机。任何一段经历，一旦成为心结，其中必然伴随着强烈的价值判断，正是这种价值判断，禁锢着学生的情感体验，决定着他对这段经历的应对态度和行动。所以，在自我暴露的过程中，教师一定要有机地、恰当地进行价值引导，也就是在讲述自己经历的同时引导学生从一个积极的视角进行思考，重点强调这段经历产生的正面的、积极的影响，尽可能弱化或回避这段经历带来的负面的、消极的影响，从而把关注焦点放在有意义的一面。比如，简兮在自我暴露时，就重点强调了她从中学会了更加珍惜爱、更能感受并感激别人的帮助，从而唤醒了艾斯相似的价值判断，使她将对待这段经历的重心从被父亲抛弃的痛苦转向了更多人对她的欣赏和提携，正是这种价值观念的转变，才使艾斯不再回避这段经历。

阅读教学的价值曲解及引导模式探析①

刘　杰

重庆市涪陵区教育科学规划领导小组办公室

【摘要】本文讨论了学生在阅读教学中的价值曲解现象并提出了基于价值曲解的价值引导模式。文章指出：价值曲解本质上是学生对文本价值取向似是而非的理解，其根本原因在于学生已有认知结构存在某些错误经验或在价值判断过程中出现一定的逻辑错误，阅读教学中，应按照价值定位、价值澄清、价值分析、价值影响、价值重塑的程序，引导学生正确解读文本创作意图，体现语文课程的育人功能，落实立德树人根本任务。

【关键词】价值曲解；价值引导；教学模式

在语文阅读教学中，学生出现价值曲解的现象是非常普遍的。笔者曾经对 90 名中小学生进行调查，受访学生无一例外地表示"在阅读过程中出现过自己的理解与参考书上介绍的或教师讲解的作者创作原意不相符的情况"。这个调查结果并不是说每个学生对每个文本的价值取向都会出现曲解，而是表明任何学生都可能在解读某个文本时出现价值曲解。鉴于此，笔者对价值曲解的内涵及影响进行了探究，并在此基础上提出了阅读教学的价值引导模式。

一、价值曲解的内涵

价值曲解一词源于美国心理学家贝克认知理论中的认知曲解，是认知曲解在价值认知领域中的具体体现。在贝克的认知理论中，认知曲解就是指个体在理解他人或认识自己的过程中所出现的认知偏差，即个体的理解与客观事实的不一致。将这个定义延伸到阅读教学的价值认知中即学生对文本原有价值取向的错误理解和建构②，或对作者在文本中所表达的情感态度价值观做出不正确的价值判断。由此观之，阅读教学中价值曲解的内涵至少包括以下几个方面。

---

① 该成果发表于《中学语文教学参考》2021 年第 6 期。
② 刘杰. 新课程语文阅读教学的价值引导策略研究[D]. 重庆：西南大学，2011.

（一）价值曲解的对象是当前文本的价值取向

虽然人们可能在对任何人、事、物进行价值解读并做出价值判断时得出错误的结论，从而导致价值曲解，但是，在阅读教学中，价值曲解的对象只局限于当前文本的价值取向，而不包括除此之外的任何价值解读。这是因为，阅读教学是一种特定且特殊的价值解读活动，师生以文本作为价值解读的载体，价值曲解只在分析、理解、建构当前文本的价值取向，体会作者在文中所表达的情感态度价值观，并尝试进行价值评价的过程中形成。如果价值建构的对象脱离了当前文本，那么，师生活动就背离了阅读教学的本质。

（二）价值曲解的主体特指阅读教学中的学生

把价值曲解的主体限于阅读教学中的学生而不是师生，只是强调本研究重心是分析学生的价值解读行为，并不意味着教师在进行文本解读时不会出现价值曲解现象。相对学生而言，教师由于自身专业素养的水平、课程培训的专业引导以及对教材文本的熟悉程度等原因，能更准确地把握课文的价值取向。鉴于语文教师角色的特殊性，本研究的前设是：一个连教材的价值取向都把握不准的语文教师不能称为合格的语文教师，更谈不上能对学生进行正确的价值引导。

（三）价值曲解的表现形式是"别样"的价值理解

价值曲解是学生对文本价值取向的"别样"理解，在形式上表现为与作者创作原意之间具有不一致性。这种不一致性，既体现在所建构的价值内容与作者创作意图之间，比如学习《夸父逐日》时认为"夸父是个自不量力的家伙"；也体现在价值判断与作者创作意图之间，比如学习了《狐狸和乌鸦》后学生都喜欢狐狸[①]，甚至在生活中"愿意做狐狸"，说明学生并不认同作者对狐狸的批判。

（四）价值曲解的本质是对文本价值取向似是而非的理解

虽然语文课程标准指出"学生对语文材料的感受和理解往往是多元的"，要求教学中"尊重学生在学习过程中的独特体验"，但是，同时也强调学生要能够"正确地理解和运用祖国语言文字""把握作品的思想观点和情感倾向""理解作者的创作意图""在文学鉴赏中，有正确的价值观"[②]。由此观之，学生在阅读过程中

---

① 何玉莲. 浅谈小学语文阅读教学中的价值引导[J]. 新课程研究（基础教育），2008（8）.

② 中华人民共和国教育部. 普通高中语文课程标准（2017年版2020年修订）[S]. 北京：人民教育出版社，2020.

可以有个性化的、创造性的价值解读，但是无论多独特、多个性的解读，也要符合作者创作原意，而那些似是而非的观点则构成价值曲解。

（五）价值曲解的根本原因于价值认识中的认知错误

阅读教学中，学生产生价值曲解的客观原因在于文本表达价值取向的隐晦性，也就是说，作者并不在文中直抒胸臆，而是将自己的情感态度价值观隐藏在一些客观的描述中，这就给学生进行个性化解读或自由解读其价值取向留出了大量的空间，给予读者创造性理解的权利，同时也使价值曲解的产生成为可能，学生具有的认知错误进一步将这种可能性变为现实性。正如建构主义所说："学习是学习者基于原有的知识经验生成意义、建构理解的过程"，"从而使自身认知结构得到发展"[①]。不可否认的是，个体原有认知结构中的知识经验并不一定完全正确。美国心理学家贝克不仅认为"已有的认知结构是个体进行判断的依据"，更进一步指出"如果个体在认知过程中出现错误性思维或原有的认知结构中存在错误的观念，曲解就会产生"[②]。所以，真正导致学生在阅读教学中出现价值曲解的原因是其本身具有的认知错误——既包括错误的认知经验（比如不正确的价值判断标准），也包括错误的认知逻辑。

二、价值曲解的影响

如果没有及时、有效的引导，学生在阅读教学中出现的价值曲解可能会产生非常严重的不良影响，具体表现为以下几点。

（一）不利于培养语文学科核心素养

学科核心素养是学科育人价值的集中体现，是学生通过学科学习而逐步形成的正确价值观、必备品格和关键能力。语文学科核心素养主要包括"语言建构与运用""思维发展与提升""审美鉴赏与创造""文化传承与理解"四个方面[③]。这些核心素养，是学生在积极的语言实践活动中逐渐形成、积累与发展起来的。阅读教学可以说是培养学生语文核心最重要的途径，如果学生不能准确把握文本价值取向，也就不能准确地理解课程内容，"语言建构"素养就难以形成和发展。在

[①] 温澎年，贾国英. 建构主义理论与教学改革——建构主义学习理论综述[J]. 教育理论与实践，2002（5）.

[②] 郭念锋. 心理咨询师（二级）[M]. 北京：民族出版社，2006.

[③] 中华人民共和国教育部. 普通高中语文课程标准（2017年版2020年修订）[S]. 北京：人民教育出版社，2020.

语文四大核心素养中，语言建构与运用是基础，如果这一基础性的素养没有有效形成，其他素养也就成了空中楼阁。

（二）不利于发挥语文课程的育人功能

"工具性与人文性的统一，是语文课程的基本特点。""坚持立德树人，增强文化自信，充分发挥语文课程的育人功能"是制定语文课程标准的首要理念[①]。语文教学就是要用文本中的人文性因素影响、熏陶学生，引导学生形成正确的情感态度价值观。如果学生在阅读过程中形成的错误的价值观念或价值判断行为没有得到修正，那么不仅不能发挥语文课程中的育人功能，落实立德树人根本任务，反而会使学生的价值认知结构朝着相反的方向发展。比如学习了《狐狸和乌鸦》一课后，如果学生都想做狐狸一样的狡猾之人，那么语文课程将处于多么尴尬的状态。

（三）不利于学生认知结构和价值判断能力的发展

如前所述，学生曲解文本价值取向的根本原因在于其认知结构中错误的认知经验或者在价值判断过程中出现了错误的认知逻辑。如果教师不结合当前文本进行有效的引导，学生的认知错误就会再一次得到强化，原有的不正确的认知结构也会更加稳定，不正确的价值判断行为也会因此固化下来，从而在更大程度上影响今后的价值解读。

三、基于价值曲解的阅读教学引导模式

教学模式是在一定教学思想或教学理论指导下建立起来的较为稳定的教学活动结构框架和活动程序。基于价值曲解的阅读教学引导模式简称为价值引导模式，主要包括以下要素。

（一）理论基础

理论基础是教学模式的灵魂，在整个教学模式的构建及应用中起指导性作用。价值引导模式以贝克的认知理论作为理论基础。贝克认为，原有认知结构是一种比较稳定的心理特征，个体会以此为参照对当前情景进行信息选择并对入选新信息进行理解或价值判断，从而保持原有认知结构的平衡[②]。正是这种坚定地保持原

---

① 中华人民共和国教育部. 普通高中语文课程标准（2017 年版 2020 年修订）[S]. 北京：人民教育出版社，2020.
② 刘杰. 新课程语文阅读教学的价值引导策略研究[D]. 重庆：西南大学，2011.

有认知结构的自发性思维倾向，使学生理解文本价值取向可能成为一种不自觉的行为，如果原有认知结构中存在错误经验，那么价值曲解就成为必然。在这种情况下进行价值引导，必须令学生发现或认识到自己原有认知结构中存在的不足。

（二）教学目标

在教学模式的结构中，教学目标处于核心地位，并对构成教学模式的其他因素起着制约作用。阅读教学价值引导模式的教学目标有三：一是帮助学生认识原有价值认知结构中的不足，解构学生原有的价值认知结构；二是指导学生正确解读并接受作者的情感态度价值观；三是引导学生情感态度价值观的发展方向，重塑学生正确的价值认知结构，使学生的情感态度价值观朝着党和国家培养的方向发展，体现语文学科的育人价值，实现语文学科立德树人的根本任务。

（三）教学程序

在构成教学模式的要素中，如果说理论基础和教学目标是内敛的、含蓄的，那么教学程度则是外显的、展开的，它规定了教学活动中师生双方行为的逻辑步骤，直接作用于教学过程。

1. 价值定位

价值定位即教师要准确把握文本的价值取向，这是进行价值引导的基础。为准确把握文本价值取向，教师在备课时要尽力做到"三读定位"：先读课标，从整体上明确课程要求；再读单元，结合编者意图体察文本的价值取向；最后读教材，具体分析文本的价值内容及表达方式。三读中，尤其重视读教材文本，教师可按照美国文学理论家阿布拉姆斯在《镜与灯》中提出艺术评论的多维坐标进行文本解读，即结合作者的生平、文本形成的时代背景、特定环境下作者情感态度价值观念的特别体验，同时观照自我的理解——这里的自我既包括教师本身的感受，也包括站在学生立场进行的设身处地式的感受。

2. 价值澄清

价值澄清即学生把自己在文本阅读过程中形成的独特的价值观点明确地表达出来，做到不含糊、不模棱两可。价值澄清是价值引导的前提，只有清晰的价值观点才能进行讨论和分析。在阅读教学过程中，当学生提出不同的价值解读意见时，教师要鼓励学生把自己的价值观点清楚地说出来，如果学生的观点还很模糊或不具体，教师可以进行适当的追问，但不能干扰或误导学生的价值判断。比如，在教学《小狗包弟》中，有的学生一再指责作者在文章中表达的情感不真实，有虚情假意之嫌，经过教师的引导和追问，学生才清楚地表达了自己的观点：作者为了保全家人而送走包弟的做法并没有错误，他并不需要对自己的选择感到自责。

3. 价值辨析

价值辨析即教师对学生所暴露的价值观点或价值判断进行分辨、解析，准确识别其中存在的认知错误。价值辨析是进行价值引导的关键，只有找出学生的认知错误，价值引导才具有针对性。

贝克提出的语义分析技术是一种有效的价值分析策略。贝克的研究表明：个体认知结构中的"错误观念都表现为一种共同的特殊句式，具有共同的逻辑形式，即'主—谓—表'的句式结构"。只要找出这个结构的各部分间存在不对应的情况，就能准确判断出其中的逻辑错误。贝克认为个体在进行判断时，最容易出现的不对应现象是主语位置是整个评价对象，而表语则是评价对象某方面性质的表述，即主语与表语间的不对应①。比如在教学《项链》一文时，有的学生认为"玛蒂尔德是一个诚实守信的人"便是如此。笔者在用这个句式结构分析学生的价值曲解时发现，学生的价值观点中还可能在谓语与表语（有时表现为宾语）之间存在不对应的关系，比如上文提到的教学《小狗包弟》时，学生提出的"作者不应该对自己的选择感到自责"，转换为陈述作者行为的句子即"作者自责于自己的选择"。这个句子的谓语是"自责"，宾语是"选择"，而作者自责的并不是选择，而是因选择对包弟造成的伤害。

4. 价值影响

价值影响即教师采取适当的策略，引导学生发现自己价值解读中存在的不应对关系，重新认识文本中的价值取向，从而使学生的价值解读与作者在文本中所要表达的创作意图达成一致。

进行价值影响的方法很多，其中最重要的方法是引导学生进行文本细读，即从字、词、句等言语材料的解读入手，层层解剖言语内在的组织结构，发现词语中隐秘的意义，使文本的内涵得以充分地揭示②。比如：在《包弟》一文中，当明确学生的价值判断误区在于误断了作者自责的对象之后，可以引导学生反复读课文，找出文本中作者明确表达自责的句子，学生就会看到自责的是选择给包弟带

---

① 郭念锋. 心理咨询师（二级）[M]. 北京：民族出版社，2006.
② 汤忠贵. 文本细读，语文阅读教学的起点[D]. 福州：福建师范大学，2007.

来的伤害，曲解就会迎刃而解。

5. 价值重塑

在阅读教学中进行价值引导，不能止步于学生对文本价值的正确理解，更重要的是重塑学生的价值认知结构和价值判断思维方式。在阅读教学中，当学生的价值认知从曲解到经引导步入正解，他对文本中的价值判断会呈现"顿悟"状态，这种状态，正是新信息进入认知结构的最好时机。教师不仅仅要指导学生正确认识文本中的价值取向，更要引导学生了解自己价值判断倾向中存在的不足，帮助学生转变价值判断的思维方式，掌握科学的价值判断方法，努力摆脱价值判断的思维定式。比如，包弟一文中，学生之所以会忽略文本细节，而"坚定地"认为作者无须愧疚，其价值判断的思维定式在于"利己思维"，在两难选择中，利己思维会为作者因选择而给包弟带来的伤害找到看似合理的借口，从而避免自责以达到心理平衡。但是这种利己思维会使人树立不正确的价值判断标准，长此以往更会让人失去应有的良知。再如，很多学生对《项链》的主人翁玛蒂尔德赞誉有加，认为她是一个诚信的、对美好生活充满向往的女人，从而忽略了她的虚荣，这是一种以偏概全的思维方式，如果不克服或改正，将会影响学生全面认识事物的意识和习惯。所以，价值引导的最终目的是帮助学生认识这些思维倾向存在的危害，引导学生形成正确的价值判断思维方式，真正培养学生的语文学科核心素养，落实立德树人根本任务。

（四）价值引导模式的应用条件

阅读教学价值引导模式的应用对物质条件没有什么要求，但是在教学内容方面有一定的限制，该模式只适用于学生在阅读教学中出现的价值曲解现象。同时，模式应用对语文教师的专业素养提出了较高的要求，教师只有正确把握文本价值取向，准确识别学生价值解读误区，并采用合适方式进行价值引导才能使该模式发挥应有的效果。

例说阅读教学中的价值曲解及引导①

刘　杰

重庆市涪陵区教育科学规划领导小组办公室
重庆市涪陵第一职业中学校

【摘要】本文分析了阅读教学中价值曲解的内涵，探讨了价值曲解的无效引导现象，并提出了价值引导的策略。文章指出，价值曲解本质上是对文本价值取向似是而非的理解，可能产生误读文本内容、误导价值观念等不良影响；价值曲解的无效引导则源于教师没有识别学生的逻辑错误和没有抓住文本关键内容两个方面。基于上述分析，文本以《小狗包弟》为例分析了语义分析技术与文本细读相结合在价值引导中的有效性。

【关键词】价值曲解；价值引导；语义分析技术；文本细读法

随着新课程改革的推进，语文教师普遍接受语文课程标准（下文简称课标）中提出的"阅读是学生的个性化行为"②的理念，学生对文本"独特的感受、体验和理解"也越来越受到尊重和珍视。但是，学生对文本价值取向的一些"个性化"理解已经超越了文本内容既定的边界，甚至走到了对立面，从而形成价值曲解。教学中应如何看待和处理价值曲解呢？笔者基于大量教学案例做了如下思考。

一、价值曲解的内涵

（一）价值曲解的本质

阅读教学中的价值曲解即学生的理解与作者创作原意之间具有的不一致性③。这是一种比较有迷惑性的现象，形式上它体现为学生对文本价值的非常规理解，因此具有很强的独特性、新颖性，仿佛给文本披上一件迷人的新外纱，让人不自然地接受、欣赏、赞同。但是，深入研究会发现，它的本质却是"对文本价值取

---

① 该成果发表于《中小学教师培训》2021 年 9 月刊。
② 中华人民共和国教育部. 义务教育语文课程标准（2011 年版）[S]. 北京：北京师范大学出版社，2011.
③ 刘杰. 阅读教学的价值曲解及引导模式[J]. 中学语文教学参考，2021（2）.

向似是而非的理解"[1]，即对文本原有价值取向的错误理解和建构，或对作者在文本中所表达的情感态度价值观所做出的不正确判断[2]或歪曲性理解。课标也指出"学生对语文材料的感受和理解往往是多元的"[3]。很多时候，"多元的"理解具有某些不确定性，其中包括可能错误性，价值曲解就是"多元"中的错误性理解。

（二）价值曲解的表现

基于大量教学案例[4]分析，笔者认为，阅读教学中的价值曲解至少有三种表现形式：

一是曲解文本中的感情色彩。在这类曲解中，学生能准确判断文本中角色的行为特点，但对行为价值进行了不恰当的褒贬。比如学习《狐狸和乌鸦》时，很多学生喜欢狐狸，甚至希望自己做一个"像狐狸一样的人"，因为"它很聪明"（而不是狡猾），"靠自己的才智得到了肉"。学生做出这样的价值判断时，看到了狐狸"智取"的行为，却忽略了"聪明"与"狡猾"的区别，是一种重"智"轻"德"的评价。

二是曲解文本中的价值内容。在这类曲解中，学生没有理解文本中人物的行为特点，做出的价值判断不是感情色彩的偏差，而是价值内容的偏离。比如在学习《夸父逐日》时，有学生认为夸父是个"不切实际""有勇无谋""自不量力"的家伙，"居然妄想能够追上太阳"；学习《项链》时，有学生认为玛蒂尔德是一个诚实的、有追求、有担当的人，而不认为她是一个虚荣的人。

三是否定作者的情感态度。在这类曲解中，学生能理解作者的行为，也知道文本所要表达的价值取向，但是并不支持作者的情感态度。比如学习《老王》时，有的学生认为杨绛先生的"愧怍"之情显得很虚假，因这她已经很照顾老王了；学习《小狗包弟》时，也有学生认为巴金先生不应该也没必要因为送走包弟而感到自责与愧疚。

（三）价值曲解的可能危害

语文教学不能忽视学生的价值曲解。价值曲解的理解对象是文本中情感态度价值观等精神层面的内容，指向语文课程中的重要育人因素——人文内涵。课标指

---

① 刘杰. 阅读教学的价值曲解及引导模式[J]. 中学语文教学参考，2021（2）.
② 刘杰. 阅读教学的价值曲解及引导模式[J]. 中学语文教学参考，2021（2）.
③ 中华人民共和国教育部. 义务教育语文课程标准（2011 年版）[S]. 北京：北京师范大学出版社，2011.
④ 注：本文案例皆来源于笔者的听课或访谈。

出"语文课程丰富的人文内涵对学生精神领域的影响是深广的"①。这里明确指出了影响的程度，却没有表明影响的方向，是不是就意味着影响方向可能存在一定的不确定性？——如果学生不能准确领悟文本价值取向，"深广影响"的方向就可能发生转变，小则误读文本内容，大则误导价值观念。或许基于此，课标才反复强调"教师是学习活动的组织者和引导者"，教学中要"注意教学内容的价值取向"，引导学生准确"把握作品的思想观点和情感倾向""理解作者的创作意图"，"逐步形成积极的人生态度和正确的价值观"②。

二、价值曲解的"无效引导"

（一）例说"无效引导"现象

事实上，很多语文教师也认识到价值曲解的存在及其可能产生的不良影响并在教学中采取一定的引导措施，但是，引导过程中却常常出现无奈的"无效引导"现象——即教师花了大量的时间和口舌，学生仍然坚持自己的观点，或者面对学生的"振振有词"，教师却无言以对。且看笔者在随堂听课时遇到的一个教学情景：

教师引导学生体会《小狗包弟》中作者巴金所表达的情感，同学们纷纷认为：巴金先生为保全自己和家人，不得已把小狗包弟送走而感到深深的自责和内疚。突然响起一个不和谐的声音："作者的做法并没有错，他不应该也没必要对自己的行为感到自责，难不成他应该选择留下包弟而置全家人于危险之中吗？"此言一出，教室里先是一静，然后迅速发出许多附和的声音，一些刚才还在同情包弟、感受巴金内疚情感的同学们也表示这位同学"说得有理"，有的甚至说"我本来也是这样认为的"。随后，教师开始引导：虽然作者的做法没有错，他不得已将包弟"送到医院去""由科研人员拿来做实验用"，但是他作为包弟的主人，毕竟没有保护好它，才使它落了个"被解剖"的结局，所以作者会感到深深的自责。但是，学生们并不买账，尤其是首先提出不同观点的学生坚称：无论如何，作者都不可能冒着被抄家的危险而将当时被视为"四旧"的包弟留下来，作者并没有做错，所以"没必要对自己的选择感到自责和内疚"。师生的争论持续了十多分钟，直至下课铃响也没达成一致意见。在课后的访谈中，这位教师表示"下一堂课还会继续想办法说服学生，直到他接受作者的情感为止"，同时也承认"面对这样的情况真的力不从心""而且教学时间有限，有时不得不放弃引导"。

---

① 中华人民共和国教育部. 义务教育语文课程标准（2011 年版）[S]. 北京：北京师范大学出版社，2011.
② 中华人民共和国教育部. 义务教育语文课程标准（2011 年版）[S]. 北京：北京师范大学出版社，2011.

（二）"无效引导"原因剖析

上述案例是一次典型的"无效引导"，学生无论如何不接受教师的引导。为什么看似简单的情感引导，教师花了那么多时间而学生就是不买账呢？笔者认为主要有两个方面的原因：

一是教师没有识别学生价值曲解中的逻辑错误。文学艺术往往采用留白的手法体现作者的情感态度价值观[①]，从而给予读者创造性理解文本价值取向的权利，使价值曲解的产生出现可能[②]。但是，笔者认为：学生进行价值判断时出现的逻辑错误才是产生价值曲解的真正原因。在上述案例中，教师之所以不能说服学生，就是没有发现学生在价值判断中出现的逻辑错误，价值引导也就失去了针对性，"无效引导"便成为必然。

二是教师没有抓住文本中的关键内容。课标指出："阅读教学是学生、教师、文本之间对话的过程。"[③]文本是表达作者情感态度价值观的载体，是师生对话的中介和依托，学生的价值曲解本身也是对文本的解读，如果教师不能抓住文中能够证明学生逻辑错误的关键句段，价值引导也就失去了依据和说服力，既使了解学生价值曲解中的逻辑错误，"无效引导"也可能产生。正如上例中，教师虽然试图用文本内容说明学生，但因选用文字没有针对学生的逻辑错误，反而坚定了学生原有的观念。

三、价值引导的策略：语义分析技术+文本细读法

如何才能快速而有效地识别学生价值判断中出现的逻辑错误呢？笔者认为，语义分析技术与文本细读法相结合不失为一种有效的策略。

（一）语义分析技术

语义分析技术是美国心理学家贝克在心理分析过程中提出的一种认知分析方法，原是用来判断个体认知结构中存在的错误的自我观念[④]，能有效识别认知中的逻辑矛盾。贝克认为：曲解产生于个体原有的认知结构中存在的错误观念或在认知过程中出现的错误性思维，而这些错误观念或思维往往具有相同的逻辑形式，并且以"主—谓—表"这种特殊的句式结构体现出来[⑤]（笔者认为，在汉语言中，

① 刘阿平. "空白"艺术肌理解析[J]. 陇东学院学报, 2015 (2).
② 吴晓芳. 接受美学视野下的语文阅读教学[J]. 漳州师范学院学报, 2005 (1).
③ 中华人民共和国教育部. 义务教育语文课程标准 (2011 年版) [S]. 北京: 北京师范大学出版社, 2011.
④ 郭念锋. 心理咨询师 (二级) [M]. 北京: 民族出版社, 2006.
⑤ 郭念锋. 心理咨询师 (二级) [M]. 北京: 民族出版社, 2006.

这个句式结构可以扩展为"主—谓—宾"结构）。如果按照语义学的对应性对这个句式结构进行分析，看看各部分在语义上是否具有对应关系，就能准确判断出其中是否存在逻辑性错误，换句话说，只要这个句式结构中存在不对应关系，那么价值判断行为就一定存在逻辑错误，价值曲解就必然成立。

（二）文本细读法

那么，如何判断上述句式结构中的对应关系呢？这就需要借助文本细读法。文本细读法源于 20 世纪西方文论中的"语义学"流派，其内涵是以文本为核心，读者进行深入研读、解析，并将着眼点放在文本的细微之外，从而挖掘文本内核，探究文本的内部奥义[①]。也就是说，教师要准确深挖作品上下文之间的紧密联系，揣摩作者在词语选择和搭配中体现出来的微妙关系，才能准确把握文本内容的言外之意，作出正确的价值判断——这既是教师判断学生价值解读的基础，也是教师进行价值引导的重要依托。

（三）引导策略的具体应用

应用语义分析技术和文本细读方法分析上述《小狗包弟》教学案例，可以发现学生的价值判断在"谓—宾"结构中存在明显的不对应关系。学生认为"作者不应该对自己的选择感到自责"，其中关于作者的情感态度即"作者自责于自己的选择"。这个句式结构中，谓语是"自责"，宾语是"选择"。诚然，送走包弟是作者"两害相权取其轻"而做出的选择，其行为取向本身无可厚非，学生做出"作者不应该自责于选择"的判断是正确的。但是，作者真的是对自己的选择（选择保全自己和家人而送走包弟，而不是选择保护包弟而让家人陷入可能的危害）感到自责吗？回到原文："不能保护一条小狗，我感到羞耻"，"我把包弟送到解剖桌上，我瞧不起自己，我不能原谅自己"，十年浩劫中"我"常常"责备自己"，即便十年浩劫之后依然"怀念包弟，我想向它表示歉意"。所有自责对象或指向在那样的环境下自己的无能、无奈，或指向因选择而给包弟带来的伤害，没有哪一处字眼可以看出作者是自责于不该做出这样的"选择"，也就是说，作者虽然不得已只能做出送走包弟的选择，但并不意味着对自己的"轻害"行为给无辜者（包弟）造成的严重后果可以无动于衷，这也是作者自责的内在原因。所以，如果用贝克的逻辑句式来表达作者的态度，应该是"作者自责于自己的无能为力（无奈）"或"作者愧疚于对包弟的伤害"。对比学生的判断，不难看出学生在价值判断时出现

---

① 蔡文婷. 文本细读法在语文阅读教学中的运用[J]. 呼伦贝尔学院学报，2021, 29（2）.

了"偷换概念"这一逻辑性错误（用"选择"偷换了"因选择给包弟带来的伤害"），只要教师引导学生看到自己偷换的概念，学生就能认识到所作的价值判断与文本原意存在不一致的地方，从而走出价值曲解的误区。客观事实也证实了这一假设：那位"力不从心"的教师在笔者的建议下让学生看到了自己的逻辑矛盾，无需教师多言就理解并接受了巴金先生的情感。

笔者认为，任何价值曲解的逻辑性错误背后，都可能隐藏着学生价值认知结构中的错误性观念。比如学生对《小狗包弟》中作者价值取向的曲解就暴露了其认知结构中存在一定的利己倾向——为行为产生有害后果（给包弟的伤害）找到一个合理的借口（不得已做这样的决定），使人从愧疚、自责中解脱出来，以实现心理平衡。如果这一逻辑性错误得不到矫正，学生原有的不正确的价值观念和价值判断倾向将会再一次得到强化，进而影响学生正确价值观念的形成与发展。所以，当学生在阅读教学中出现独特的价值解读时，教师一定要审慎对待，一旦发现其中存在价值曲解，就要及时、有效地进行价值引导，借助文本中丰富的人文内涵，引导学生情感态度价值观发展的方向，从根本上实现语文课程的育人功能，把立德树人根本任务扎根在语文教学的每一个细节中。

中小学校本课程建设现状的调查报告
——以重庆市涪陵区为例①

王 兰

重庆市涪陵区教育科学研究所

【摘要】对重庆市涪陵区科研骨干教师的调查显示：校本课程建设整体上比较滞后，且存在不平衡的现象；学校校本课程的组织比较松散，校本课程开发程序不规范，课程要素不全、不规范；校本课程实施存在无序等失范情况。要解决这些问题，相关部门可采取如下对策：一是区县教育行政部门通过营造氛围、研训一体、评价导向等措施自上而下地进行驱动和引领；二是学校要通过唤醒自觉意识、强化规划设计、优化校本研训、落实督导评估等措施推进校本课程建设的实践。

【关键词】校本课程建设；课程开发；课程管理

---

① 该成果发表于《教学月刊·中学版》2021年11月刊。

校本课程建设是新一轮课程改革的一个聚焦点。近十年来，重庆市涪陵区中小学在校本课程建设之路上，无论是主动探索抑或被动前行，还是持续努力的整体推进抑或偶一为之的星点尝试，都彰显了校本课程建设的必要性，同时也为后续的校本课程建设积累了经验，奠定了基础。为全面了解全区校本课程建设的真实情况，促进全区后期校本课程建设的优化发展，我们对全区不同层次的中小学校展开了相关调查。

一、调查基本情况

（一）调查时间

2020 年 6—7 月（截至发稿时，区调查对象的基本数据没有变化）。

（二）调查方式

调查安排在一次涪陵区科研骨干教师培训会结束后，采用的是问卷星平台的电子问卷。被调查者是全区各类型、各层次中小学选派的科研骨干。在调查前，我们对所有被调查者统一进行了指导——明确调查的匿名原则，不会对被调查者及所在的单位造成任何影响，所以调查得到了被调查者的理解与支持。

（三）调查对象

调查对象包括涪陵区中小学科研骨干教师 94 人，基本覆盖了该区各类型各层次的中小学，其中小学 61.3%，初中 21.5%，高中 17.2%；城区学校占 31%，乡镇学校占 58%，村完校 11%。这一调查结果与全区学校的分布情况是一致的。虽然调查人数不是很多，但基本确保了全区各中小学有 1 名调查对象，且回收率达到100%。

本次调查对象中有 58.06%的老师在学校承担了校本课程的实施。被调查者中有 53%的中小学教师、40%的中层领导、7%的校级领导。虽然在三类调查对象的中校级领导所占比例较低，但是普通教师和中层领导对校本课程的真实运行情况了解更清晰，在问卷填答过程中顾虑更少，因此他们的反映更真实、客观。

（四）调查内容

调查内容主要涉及四个维度，包括学校的校本课程建设整体情况、校本课程领导力、校本课程开发情况、校本课程实施状况。

二、调查结果分析

（一）校本课程建设整体情况

1. 整体上比较滞后

从学校是否开发了校本课程，校本课程开发的数量、类型，校本教材配备情况，校本课程是否成体系等方面进行调查，结果显示，全区中小学校本课程建设整体上还比较滞后。涪陵区近31%的学校没有开发任何校本课程；近50%的学校校本课程建设还停留在起步阶段，虽开发了少量零星的校本课程，但零散不成体系。校本课程开发数量偏少，类型比较单一，远不能满足学生多样化发展的需求。

2. 校本课程建设不平衡

涪陵区校本课程的建设主要存在四大不平衡现象。一是城乡校本课程建设不平衡。以校本课程开发为例，城区学校在校本课程开发的数量、类型、质量等方面都优于乡镇学校，乡镇学校则优于村完校。二是不同类型学校的校本课程建设不平衡。从校本课程开发来看，小学做得较好，课程类别比较丰富，既有学科拓展类课程，也有探究活动类课程；而高中的校本课程更多是为应对高考的需要而开发的"学科拓展类"校本课程。从校本课程实施来看，小学、初中校本课程实施相对较好，而高中校本课程实施要差一些。三是校本课程建设各环节不平衡。整体来看，在开发环节做得较好，接着是实施环节，而评价对于各类型学校来说都是最为薄弱的环节。四是同一学校的各校本课程间不平衡。一些校本课程建设起步早、课程资源比较丰富、课程发展基础与条件比较优越，发展已逐步走向成熟，而有的校本课程建设才刚刚起步。

无论从一个区域或是一所学校的层面来说，校本课程建设的不平衡是必然的，校本课程的优化发展应是一个不断追求校本课程建设的动态平衡，整体提升校本课程品质的过程。

（二）学校校本课程领导力

学校校本课程领导力是推进校本课程建设、影响校本课程质量的重要因素。校本课程领导力主要应体现在校本课程建设的整体规划设计、校本课程实施中的管理评价、校本课程建设中的师资培养等方面。

1. 学校校本课程规划设计较薄弱

校本课程规划是对学校校本课程整体发展目标的定位；是对学校校本课程发展蓝图的描绘。调查显示，仅有 15%的被调查者认为学校制定的校本课程规划比较详细且系统。这表明该区中小学的校本课程规划意识和能力还比较薄弱，学校在校本课程建设过程中缺乏理性思考，忽视从结构的高度对校本课程进行科学而系统的规划统整，导致开发的校本课程呈碎片化状态。由此可见，该区中小学还需要从整体设计上提升校本课程的品质。

根据调查反馈，该区学校在校本课程建设中有较为明确的特色办学意识。前几年特色学校的创建启示我们，学校要把校本课程建设与学校的办学理念、育人目标保持内在逻辑的一致性，促进学校学生特色素质的形成。大多数学校能自觉结合学校办学理念、办学特色等进行校本课程规划。据调查，98%已开发校本课程的学校确立了自身独特的办学思想，有 75%已开发校本课程的学校能够以自身的办学思想指导学校的校本课程建设。

2. 校本课程实施的管理评价不到位

这主要体现在三个方面。一是学校管理层的管理意识不强。被调查者认为学校管理层对校本课程的实施比较重视的有 54%，不重视的有 13%。二是校本课程实施的管理制度不完善。被调查者认为学校校本课程实施管理制度比较完善的近 49%。三是学校对校本课程实施的评价没有跟上。被调查者认为学校虽有评价，但没有评价标准的达到 60%。

3. 校本课程建设中的师资培养没跟上

校本课程是一项全新的工作，尤其是校本课程开发环节对学校教师的挑战比较大。这需要学校搭建多样的平台，尽可能地争取相关的培训资源，对学校教师开展系统的专题培训。调查显示，全区近 30%的学校从未对教师开展相关方面的培训，近 50%的学校只是偶尔开展相关培训，有 17%的学校虽然经常培训但不系统，也就是说这类学校虽然加强了校本课程专题的培训力度，但培训方案、培训课程的设计还不系统、实效性还不够，不能满足教师在校本课程建设中的需要。

(三) 校本课程开发

1. 校本课程开发的主导力量是学校管理层

在校本课程建设的不同发展阶段，其主导力量是不同的。一般来说，在启动初期，校本课程开发需要靠学校强有力的主导力量来推进，而在后期相对成熟的时期，教师个人或团队会逐渐占据校本课程开发的主导力量。调查显示，有近70%被调查者认为学校校本课程开发的主导力量是学校管理层，这也说明该区校本课程建设整体上还停留在比较粗糙的启动期。

2. 校本课程开发程序的不规范

校本课程开发程序不规范主要表现在以下几个方面。一是忽视对学生发展需求的评估。学校更多地从学校及社区具有的资源出发，比较忽视对相关人员的需求评估。二是忽视课程目标的制定。调查显示，有43%学校重视课程目标的制定和课程目标对课程实施的指导作用。但还有33%的学校课程目标流于形式，忽视课程目标对校本课程实施的指导"课程纲要"的内涵、意义，更没有关注和思考如何撰写一门校本课程的"课程纲要"。三是课程资源形态不丰富。一门比较成熟的校本课程，必然形成了相应的大体稳定的课程资源体系。该区比较重视课程资源体系的建构，但课程资源的呈现形式比较单一，学生读物、校本教材形式居多。根据需要适当地编写一些校本教材也是可以的，但校本课程并不一定要求拥有配套的校本教材。

3. 校本课程的构成要素不全、不规范

大多数学校关注到了课程内容和课程实施，但缺少对校本课程目标和课程评价的思考。在课程要素建设方面还存在一些错误倾向：如在课程目标方面，一些校本课程是分年段实施的，但只有一个粗略的总课程目标，没有设计年段课程目标，或虽有年段目标，但忽视年段目标之间的序列性、延续性；在课程内容方面，有的课程内容与学生经验的匹配性不足，对学生经验、认知思维水平的把握有较大偏差；在课程实施方面，有的校本课程没有纳入课时计划，有的虽然纳入课时计划，但是常常会因为其他事务而搁浅；在校本课程评价方面，75%的学校虽有评价却没有或只有粗略的评价标准。

4. 学校校本课程"体系性"缺失

部分学校能自觉地研讨、确定出学校校本课程的整体目标，从整体上思考学校校本课程的架构，初步形成了学校自身独特的校本课程体系。但能对学校校本课程建设进行比较全面且深入的规划设计，制定出《学校校本课程规划方案》的学校微乎其微。

从调查情况看，有些学校过多地关注校本课程开发数量的多与少，开发类型

的丰与简，忽视了从结构的高度对校本课程进行科学而系统的规划统整。具体表现在：一是开发的校本课程之间缺少关联，呈现碎片状态；二是开发的课程之间有表面的关联，但缺乏内在的实质性关联。还有一些学校甚至把校本课程建设作为不得不应付的"差事"。由此可见，从整体设计上提升校本课程的品质还有待深入思考与付诸行动。

（四）校本课程实施

从调查情况来看，有不少学校的校本课程实施工作还处于无序和不规范的状态，缺乏有效的监控，导致总体效果不佳，具体表现为以下四个方面。一是校本课程实施的时间保障不够，仅有 30%学校将校本课程排入了课程表，且执行得很好。二是从整体上看，参加校本课程的学生数占全体学生数的比例偏低，近 33%的学校学生参与比例在 25%以下，17%的学校学生参与比例在 25%~50%之间。三是校本课程实施中任课教师的积极性比较低，只有近 19%学校认为校本课程任课教师态度是积极的。四是校本课程评价体系缺失，在开发了校本课程的学校中，有 60%的学校对学生校本课程的课业从不考核或偶尔考核。

校本课程实施的无序、失范，也说明学校领导层的校本课程领导力还很薄弱，对校本课程建设的意义认识还不到位，对校本课程管理制度建设的思考还不够。

三、对策建议

调查分析表明，全区校本课程建设还存在着诸多问题，需要我们从多方面入手，不断提升校本课程建设的质量。

（一）教育行政层面

1. 营造氛围，明晰推进思路

鉴于学校普遍存在校本课程领导意识淡薄、课程指导乏力等问题，区县教育行政要努力营造区域推进校本课程建设的良好氛围，唤醒学校管理层的校本课程领导意识，提升他们的校本课程领导力。鉴于涪陵区校本课程建设的前期推进情况，建议后期实行"强设计、多形态、多层次、城乡二元发展"的校本课程建设纵深推进思路。

2. 研训一体，提升领导课程力

学校管理层的校本课程领导力直接影响学校校本课程建设路径和质量。因此

提升管理层的校本课程领导力，就成为纵深推进校本课程建设亟待解决的头等大事。一是要组织多形式的培训活动，如集中培训、外出考察、挂职锻炼等，提高学校管理者的课程意识，为学校提供学习先进理念和优秀经验的机会。二是要立足实践，开展校本研修。因为课程领导力具有强烈的校本色彩，别人的成功经验都根植于其传统和实际，没法简单照搬。三是要给学校管理层压担子，按照学校校本课程建设规律，规划阶段目标任务，有序地引导学校加强校本化研究，逐步有重点地推进学校的校本课程建设。

3. 评价导向，建立保障机制

建立以任务驱动为导向的研、训、评一体化的保障机制；搭建校本课程建设成果交流平台，既树立区域范围内典型，又为学校提供展示成果的机会；建立相应的评价制度，以此来规范和保障校本课程开发的品质；把校本课程的建设情况纳入学校工作的评价体系，作为视导、检查的重要内容；定期组织优秀校本课程评选活动，使校本课程管理真正走向规范、成熟、科学。建立专项经费保障机制，根据建设进度和质量，结合学校经费运行情况，给予经费支持。

（二）学校层面

1. 唤醒校本课程建设的自觉意识

某种意义上说，校本课程建设是一个学校自我革命的历程。因为很多学校在课改前都没有涉足这个领域。有的学校受"应试教育"导向束缚，不敢放手大力推进；有的学校缺乏资源、资金等保障；有的教师认为没有受到课程设计、开发等素养的培养，因此缺乏相应的能力且认为教学任务重，没有足够的时间和精力。这种种困难都是客观存在的，不容回避。但改革就是调动大家的积极性、主动性、创造性去战胜困难的过程。学校要深刻认识校本课程建设的重要意义，增强校本课程建设的自觉性。现代教育制度也赋予学校更多的办学自主权，鼓励学校办出各自的特色。校本课程是学校特色教育的重要载体，通过校本课程建设可以积淀和彰显自己的教育特色。因此，校本课程建设要有成效，既需要自上而下的驱动和引领，又需要学校发自内心的呼唤与践行。

2. 强化校本课程建设的规划设计

校本课程建设是一个系统工程，包含诸多环节，涉及诸多方面。做好"规划设计"是校本课程建设的第一步。学校要站在学校课程体系建设高度，从全局的视角对相关要素进行统筹安排，设计框架，才能引导校本课程建设步入健康发展的轨道。规划内容应包括确定学校课程设计的核心理念和育人目标；明晰校本课程的结构类型及其课程形态；建立完善相关机制等。这些内容应在学校的校本课程规划方案中有集中体现。刚开始可能比较粗糙，但可以根据实践反馈不断调整完善。

3. 优化校本课程建设中的校本研训

（1）学习是前提

一方面，学习校本课程建设理论成果，如校本课程建设意义、内涵、基本要素、开发程序方式等，更自觉、更理性地规划、推动校本课程建设。另一方面，学习成功实践案例。学校虽不能模仿、移植别人的经验，但可以从中得到启示，拓宽视野、打开思路。

（2）研究是基础

这个基础的夯实与否，将会决定校本课程建设的质量和品位。校本课程建设既要立足"校本"，又要顺应教育改革发展要求，这样才能建构起适合自己的校本课程体系。校本课程建设中的具体研究点很多，如学校教育哲学的确定、学校校本课程建设目标的明确、学生发展需求评估和学校可利用的资源评估；学校校本课程规划方案的出台；校本课程实施的规范、完善等。

（3）培训是抓手

学校要建立相应的校本培训机制，制定培训计划、实施培训、开展培训评估等，努力使校本培训制度化、规范化，使培训真正提升教师的课程意识和课程开发的技能。

（4）实践是关键

校本课程建设中的学习、研究、培训最终还是要指向实践，实实在在地推动学校校本课程建设工作。缺乏经验的学校可以选择有条件的课程群或单项课程进行校本开发，取得一定的经验后再扩大范围。学校可以通过个案研究积累经验，推出典型，再逐步扩大校本课程的建设数目。

4. 落实校本课程实施的督导评估

学校要增强督导评估工作的重要性认识，发挥督导评估的导向和激励功能。为此，学校首先要把校本课程的实施纳入学校的课程计划，保障校本课程实施的教学时间、教学场地、教师素养、课程资源等；其次，学校要通过多渠道加强校本课程实施的督导评估；最后，学校要采取适当方式公示评价结果，形成相应的激励办法。

附录:

涪陵区校本课程建设现状调查问卷

您好!我们正在做一项关于涪陵区校本课程建设现状的调查,想向您了解一些信息。本次调查采取匿名形式,所得数据仅供研究之用,请您放心作答。对您提供的支持和帮助,我们表示衷心感谢!

填写说明:本问卷共有 35 题,全部为单选题。请选择符合您情况的选项。

涪陵区教育科学研究所
2019 年 7 月

1. 您是学校的(　　)。
A. 教师　　　　　　　　B. 中层领导　　　　　　C. 校级领导
2. 您担任了学校的某门校本课程的实施(　　)。
A. 是　　　　　　　　　B. 否
3. 所在学校的类型是(　　)。
A. 小学　　　　　　　　B. 单设初中
C. 九年制学校　　　　　D. 单设高中
E. 高完中
4. 学校所在地(　　)。
A. 江南城区、马鞍新城区　　B. 其他街道、乡镇　　　C. 村社
5. 学校学生人数(　　)。
A. 150 人及以下　　　　B. 151~300 人
C. 301~500 人　　　　　D. 501~1000 人
E. 1001 人及以上
6. 学校校本课程开发情况是(　　)。
A. 未开发　　　　　　　B. 已开发但比较零散
C. 已开发且自成体系　　D. 已开发且融入学校整体课程架构
7. 学校校本课程的数量是(　　)。
A. 1 门　　　　B. 2~5 门　　　　C. 6~10 门　　　　D. 11 门以上
8. 学习校本课程的学生数占全体学生数的比例(　　)。
A. 25%以下　　　　　　　　　　B. 25%~50%之间

C. 50%~75%之间　　　　　　　　D. 75%及以上

9. 学校确定自身独特的办学思想及其在校本课程建设中的指导情况（　　）。

A. 没有确定办学思想

B. 确定了办学思想，但没有指导学校的校本课程建设

C. 确定了办学思想，一定程度上指导了学校的校本课程建设

D. 确定了办学思想，很好地指导了学校的校本课程建设

10. 学校开发校本课程时的规划情况是（　　）。

A. 没做规划　　　　　　　　　　B. 做了粗略规划

C. 做了详细但不系统的规划　　　　D. 做了系统的规划

11. 学校开发校本课程时总计组织过（　　）次研讨。

A. 从没组织过　　　　　　　　　　B. 组织过 1~5 次

C. 组织过 6~10 次　　　　　　　　D. 组织过 11 次以上

12. 学校校本课程的开发是由（　　）主导的。

A. 学校管理层　　　　　　　　　　B. 教师个人或团队

C. 外聘的课程专家

13. 学校开发校本课程时向教师做需求调查的情况是（　　）。

A. 从没做调查　　　　　　　　　　B. 向少数教师做调查

C. 向多数教师做调查　　　　　　　D. 向所有教师做调查

14. 学校开发校本课程时向学生做需求调查的情况是（　　）。

A. 从没做调查　　　　　　　　　　B. 向少数学生做调查

C. 向多数学生做调查　　　　　　　D. 向所有学生做调查

15. 学校开发校本课程时向家长做需求调查的情况是（　　）。

A. 从没做调查　　　　　　　　　　B. 向少数家长做调查

C. 向多数家长做调查　　　　　　　D. 向所有家长做调查

16. 学校已有校本课程的类型有（　　）。

A. 学科拓展类　　　　　　　　　　B. 艺体特长类

C. 德育心理类　　　　　　　　　　D. 科技文化类

E. 两种及以上类型

17. 学校开发校本课程时，课程目标的制定和使用情况是（　　）。

A. 有模糊的目标

B. 有明确的目标但不能指导校本课程实施

C. 有明确的目标且能较好地指导校本课程实施

D. 有明确的目标且能很好地指导校本课程实施

18. 学校校本课程排入课程表的情况是（　　）。

A. 没有排入　　　　　　　　　　　B. 排入了但执行得不好

C. 排入了且执行得较好　　　　　　D. 排入了且执行得很好

19. 学校校本课程配备校本教材的情况是（　　）。

A. 全部没配　　　　　　　　　　　B. 少数配备

C. 多数配备　　　　　　　　　　　D. 全部配备

20. 学校校本课程配套校本教材的内容（　　）。

A. 全部是自编　　　　　　　　　　B. 多数是自编

C. 多数是选编或改编　　　　　　　D. 全部是选编或改编

21. 学校管理层对校本课程实施的态度是（　　）。

A. 不重视　　　　　　　　　　　　B. 比较重视

C. 重视　　　　　　　　　　　　　D. 很重视

22. 校本课程任课教师的来源情况是（　　）。

A. 全部为本校教师　　　　　　　　B. 多数为本校教师

C. 多数为外聘教师　　　　　　　　D. 全部为外聘教师

23. 校本课程实施过程中任课教师的态度是（　　）。

A. 不积极　　　　　　　　　　　　B. 比较积极

C. 积极　　　　　　　　　　　　　D. 很积极

24. 校本课程实施过程中学生的态度是（　　）。

A. 不喜欢　　　　　　　　　　　　B. 比较喜欢

C. 喜欢　　　　　　　　　　　　　D. 很喜欢

25. 学校校本课程实施的管理制度（　　）。

A. 不完善　　　　　　　　　　　　B. 比较完善

C. 完善　　　　　　　　　　　　　D. 很完善

26. 学校对校本课程任课教师（　　）。

A. 从不培训　　　　　　　　　　　B. 偶尔培训

C. 经常培训但不系统　　　　　　　D. 经常培训且成系统

27. 校本课程任课教师对学生的课业（　　）。

A. 从不考核　　　　　　　　　　　B. 偶尔考核

C. 常规考核但不认真　　　　　　　D. 常规考核且认真

28. 学校对校本课程的实施情况（　　）。

A. 从不评价　　　　　　　　　　　B. 评价，但没有评价标准

C. 评价，且有粗略的评价标准　　　D. 评价，且有完善的评价标准

29. 学校校本课程实施的总体效果（　　）。

A. 不好
B. 比较好

C. 好
D. 很好

30. 学校校本课程开发的最主要原因是（　　）。

A. 学校打造特色
B. 教师个人或团队爱好

C. 学生个性发展
D. 上级教育行政部门的要求

31. 您认为学校校本课程的开发主体应该是（　　）。

A. 学校管理层　　　　B. 教师个人或团队　　　C. 课程专家

32. 您认为学校开发校本课程的最重要作用是（　　）。

A. 打造学校特色
B. 促进教师专业成长

C. 发展学生个性特长
D. 其他

33. 您认为学校校本课程开发的最重要资源是（　　）。

A. 学校传统和特色
B. 学校所在地区资源

C. 学校教师、学生或家长资源
D. 其他

34. 您认为校本课程建设的最大困难是（　　）。

A. 学校管理层不够重视
B. 教师能力欠缺

C. 课时难以保障
D. 其他

35. 您最希望在提升校本课程建设方面得到的帮助是（　　）。

A. 专业培训
B. 政策支持

C. 典型示范
D. 其他

依托三级教研联动　发展教师实践性知识①

石效勇　王　兰　刘　杰

重庆市涪陵区教育科学研究所

【摘要】教师实践性知识是影响课堂教学效率的关键性因素。为更好地落实"双减"政策，提高教学质量，提高教师实践性知识是一个重要路径。这就需要营造好的教研环境，以课堂教学为核心，实施区县"研训评一体化"的引领策略，搭建片区或校际联盟教研平台，夯实校内教研基础，创新教研新格局，提高教研活

_____

① 该成果发表于《学语文教学参考》2013 年 6 月刊。

动效益，为课堂教学质量的提高提供强劲动力和支持。

【关键词】课堂效益；实践性知识；教研

一、"双减提质"呼唤教师实践性知识的发展

（一）教师实践性知识是影响课堂教学效率的关键性因素

有研究表明，就知识层面而言，新手型教师与专家型教师在学科知识和教育教学知识上的差异是不明显的，甚至有可能优于专家型教师；而就实践性知识而言，两类教师差异较明显，专家型教师的实践性知识明显优于新手型教师。面对复杂多变的课堂教学实践，专家型教师更能将学科知识和教育教学知识与具体的教学对象和教学情境相结合，对特殊问题和具体情境能更好地直觉综合和把握，进而做出高明的教学反映和调控。

（二）发展教师实践性知识需要营造好的教研环境

实践性知识具有个体性、经验性、情境性和缄默性等特点，决定了实践性知识的获取只能是教师主动建构的结果，取决于教师自身的职业态度与行为。这也印证了相关研究结论，即教师的实践性知识并不与教龄成正相关。

反思是实践性知识形成的重要途径。美国著名心理学家波斯纳说过："没有反思的经验是狭隘的经验，只有经过反思，经验方能上升到一定的理论高度，并对后继的教学行为产生影响。"教师实践性知识的获取离不开教师个体的反思，如撰写教学日志、教育案例等。但由于教育环境的相对封闭、教学工作的个人化、教师队伍的高稳定性等因素致使大部分教师的自我发展动力不足。

在当前"双减"背景下，要实现减负不减质，关键有赖于大面积教师把新课程理念真正转换为日常教育教学行为。这是教师群体共同面对的最大挑战。在内在的自我发展动力不足的现实情境下，要大面积提升在职教师的实践性知识，必须依靠搭建和完善群体反思平台，形成教师发展共同体，依靠好的教研环境促进教师产生发展实践性知识的自觉行为。

（三）发展教师实践性知识急需改变教研工作现状

2010 年，我们对全区中小学教研工作现状进行了调研。调研发现，我区大多数教师都认识到学校开展教研活动的重要性，但仅有 37.22% 的教师感觉到自己的教学能力提高主要来自教研组的帮助。40.04% 的教师对教研组活动丧失兴趣，认

为只有独立备课才能使自己迅速成长起来。探究原因，缺乏有效的教研激励机制和教研模式的低效性是教研工作没能落到实处的根本原因。

为此，从2011年起，我区采取以课堂教学为核心，实施区县"研训评一体"的引领策略，搭建片区或校际教研平台，夯实校内教研基础，推进教研模式改革，切实发展教师群体实践性知识，为大面积提高课堂教学质量提供强劲动力和支持。

二、研训评一体化实现区县教研引领

教学视导、上传下达、送教到校等传统做法远不能胜任教研机构在课程改革中的职责与任务——研究、指导、服务。在"双减"背景下，我区明确提出要以课堂教学为核心，强化教研质量意识，强化区县教研员的研究者角色，创新教研方式，转变培训方式，实施"研训评一体化"策略，提高研究、指导、服务质量。

（一）区县教研促进教育理论与实践间的转换

教师的教学实践要以其对教学与学习的理解为前提的，但是并非教师理解和接受了某种新的教育教学理论和观点，就会自动对教学实践产生作用而获得实践性知识。同时，由于教育理论认识与教育实践之间的合理"错位"和教育理论知识的专业表达方式等原因，很多教师不能主动学习教育理论，或是研读起来总感心力不足，有时即便在实践中遇到困难时，直接拿来作为解决问题的"处方"，也感到无处下手，处处碰壁，最后反倒更加排斥教育理论。

教学研究是实现教育理论和实践更好融合的最佳途径。教学研究是教研机构重要的常规性工作，如果教研开展得深入扎实，就能增强一个地区的教学活力，促进教学工作的整体优化。区县教研机构要加强研究者角色的转换，通过教研架起理论与实践之间的桥梁，促进教育理论与实践的双向转换。一方面通过教育实验等方式催生、丰富、验证理论，进而推动理论发展，另一方面通过做好教育理论指导实践的典范，带动教师研习理论，在实践中创造性地运用教育理论成果。

（二）区县教研注重研训结合

区县教研机构担负的教学研究和教学培训职能常常是一体的，即研究是为了更好地培训师资，而要更好地培训师资又必须加强教学研究。区县教研机构要以教学研究为中心，以教育教学理论和新课程理念为导向，围绕新课程实施中的共性问题，突出重点，破解难点，有目的、有计划、有组织地开展研究。

1. 研究课题化

树立"问题即课题"的教学研究思想，把教学过程中的问题上升到课题，把研究作为检验理论、论证方法、创造经验的方式。区县教研员开展教育科研有着得天独厚的优势。和一般教育理论工作者相比，教研员有着广阔的教学实验田，同时还可以整合辖区学科教师教研力量；和一线教师相比，教研员接触新理念、新思想的机会更多，有相对宽裕的研究时间，见识了丰富的教育现象。

我区教研员根据本地教学实际精心确定研究方向，积极申报各级各类教育科研课题，带动一线教师开展研究。我区中小学教研员作为课题的负责人、研究者、指导者，定期培训教师、组织教师交流学习、开展系列研讨课活动，和教师一道分析、梳理，寻求解决问题的策略和方法，积极把研究成果推广到教学一线。课题圆满结题后，课题组把丰硕的研究成果结集成书出版，争取研究成果在更广大范围得以推广。

2. 研训专题序列化

为促进区县教研工作引领的有序性，体现研训的内在关联性，彰显研训成果的集中性，区县教研机构应有大致统一的阶段研训主题，各学科教研员围绕主题，结合学科特点，形成学科研训系列主题。围绕专题开展理论讲座、参与式研讨、教学示范与评析等活动，多途径引领和培训教师。如结合"双减"，围绕"提高课堂教学质量""作业设计与实施"等，分解了系列研究专题。活动时，教研员要体现"参与中的引领，平等中的首席"，与广大教师结成平等的合作伙伴，通过开展各种形式的学习、研讨、案例教学经验的总结，将教科研的最新理论与教师的创新实践结合起来，开发教师的教学潜能，发展教师的实践性知识。

（三）以评强化研训成果的运用

研训是发展教师实践性知识的前提性条件，而创造性运用研训成果才是研训成果得以生根、发展教师实践性知识的关键环节。为促进学校共同关注课改、运用研训成果，促进教师发展实践性知识、转变教学行为，我们尝试把评价作为强化研训成果运用的方式，即根据研训的主题、内容，开展主题评价活动。

为落实深化课改的要求，提高课堂教学质量，我区发动教研员认真研读、把握课改理念、课标要求，优化各学科的常规性课型教学结构与方法，明确各种常规性课型教学的基本要求，研制各常规性课堂教学评价标准。在此基础上，组织全区开展课堂达标晋级活动。评价活动分为区、片区、乡（镇）校三级，乡（镇）级以乡（镇）为单位对辖区内的中小学幼儿园教师实施开展教学达标活动，合格者，由乡（镇）颁发教学达标合格证书，100%达标后，申报片区级复查验收；片区再按一定比例申报区级验收。合格后，由乡（镇）校、片区、区分别颁发三级、二级和一级教学达标合格证书，并作为教师评先评优晋级的重要依据。在达标晋级活动中，全区教师行动起来，研读评价标准等研训成果，反思自身教学意识与行为，主动借助同伴研讨力量，自主实践运用研训成果，发展实践性知识。

三、片区教研和校际联盟教研相结合，优化教研资源

伴随着城镇化建设的快速推进，城乡间、学校间的软件资源的差距越来越明显。从教研实施情况来看，有的农村学校规模不大，学科教师少，教研氛围不浓，教师往往各自为政，仅凭经验教学；有的学科专业教师严重不足，常常由其他学科教师兼职上课，教师所教主科都甚少钻研，哪会顾及兼任学科。由于师资薄弱、理念滞后、教研机制不健全等原因，部分学校教研活动难以开展，即便开展了也常常"没有效果"。为缓解这一突出问题，我区探索出了片区教研和校际联盟教研方式，并加强过程管理与指导，以促进城乡间、校际教研资源的整合、优化。

（一）加强片区研训力度，整合片区教研资源

片区教研立足区县行政区域的划定，以 2~3 个相邻的乡镇（街道）教育管理中心为单位，并由区县教委指定牵头单位，负责各片区教研活动的组织和管理。片区主动将片区教研活动安排向区县教研机构汇报，区县教研机构对各片区活动情况进行指导和考核，把片区教研活动情况及教研成果纳入年终考核进行表彰、展示。片区活动时，可适时邀请区县教研员、学科带头人、名师等参与，争取多方支持和协助。借助专家的引领，把研究问题引向深入，开阔教师视野，引导教师开展教学反思，总结提炼教学实践经验。各片区教研组织群策群力，从辖区师资队伍建设需要出发，不断拓宽片区教研思路和方法，解决片区教研教学中存在的实际问题，创新片区研训制度和活动形式，提高片区教研有效性。

有的边远片区，因为辖区内单个学校学科教师偏少，建立片区学科教研中心和由相近学科构成的综合学科教研中心，组织"同科同研"或相近学科的"异科同研"研训活动，加强片区内教研的交流与合作。片区学科（综合）教研中心制订统一的教研制度和教研计划，有计划、有组织地开展公开课观摩、教学经验交流、新教材分析、教研论坛等教研活动，发挥群体教研效应，弥补个人研修的不足。

有的片区，根据教学质量、教研水平等多种因素，推选出了示范校。在片区教研活动中，充分发挥示范校的辐射效应，以点带面，网状铺开。研训活动力求

形式多样，如进行课改论坛、专题讲座、教学观摩、问题会诊等，实现了"以强带弱、以强促弱"，营造了良好的片区教研氛围。

有的片区，根据岗位职责分工，实施分层培养，提高岗位素养。一般有学科教师培养、班主任培养、学校管理队伍三个层次。片区组建分层次培养领导小组并制定相应培养方案。主要的培养方式是主题式研讨活动，并按照深入一线，采集发现问题—集中梳理，确定研讨主题—定期交流，联合研讨攻关—实践运用，总结提炼经验的思路开展。联合研讨攻关的形式可以多样，如专业引领、专题论坛、案例分析等。

有的城区片区，采取分时段重点培养和提升辖区内教师的某一方面的素养的方式，如多媒体素养、科研素养、教育实践活动组织素养等。片区采取片区研训与校内达标、片区竞赛相结合的方式。

（二）校际教研联盟，实现优质教研资源共享

农村边远学校师资力量薄弱，因循守旧，要突破惯有的思维模式，改变传统的工作模式，必须借助外力的推动。我区以行政力量的统筹为导向，以城乡学校校际联盟为突破口（教研联盟是校际联盟的重要板块），建立名校引领薄弱学校发展的长效机制，为农村边远学校的发展提供专业引领和支持。校际教研联盟的活动形式多样，如"送教下乡、教师互派、教研共商、共研课题、师徒结对"，与农村学校开展教学教研互助活动。依托城区优质学校，促进校际联动，健康互动，更好地发挥优质教学教研资源的辐射作用，增进城乡校际交流，实现城乡教育协调、均衡发展。

四、改进校内教研模式，互学共进

校内教研是促进教师专业成长，打造教师学习共同体，提高学校教学质量的重要途径。但不少学校教研面临着一些问题，主要表现为教师对校本教研的价值取向模糊，视教研活动为"负担"，不是"我要求参与"，而是"被迫参加"；相当部分学校的教师缺乏交流讨论的习惯，仅有57.71%的学校形成了教师交流讨论的风气。我们认为，解决学校教研模式的低效性是改变校内教研低效的突破口。目前我区校内教研模式主要有集体备课、听课评课、各类形式的赛课。以上教研活动虽各有千秋，但研究功能均未能很好地体现。鉴于研讨课活动、小课题研究具有独特的研究功能优势，我们在全区中小学探索、推广这两类校内教研模式。

（一）推行研讨课活动，把教研引向深入

结合日常研讨课活动的做法，我们把它定义为以一节节真实具体的课为载体的一种主题研讨活动。研讨课活动一般遵循如下程序：集体协商，确定系列主题—统筹思考，制订研讨方案—学思研结合，夯实研讨基础—展示、观摩课例—主题研讨交流—整理研讨记录，出成果—实践运用，发展实践性知识。活动主题是由教师提出的教学实践中需要解决的问题，教研组经过整理论证后确定大家一致关注的问题。组织者要让教师明白研讨课活动关注的是研讨主题而不是人，关注的是研讨过程和问题解决。要让上课的教师抛开顾虑，只需展示代表自己水平的常态课，无须反复斧凿。这样具有普遍意义的课例，会让参与教师更有亲切感、认同感，更能激发教师的积极性。由于活动前制定公布了研讨活动方案，参与教师提前围绕主题，展开了学习反思，梳理了对问题的认识。这就夯实了研讨基础，让普通教师在研讨中也有话可说，交流研讨氛围更浓郁，更能把问题研究引向深入。

（二）开展小课题研究，培养"土专家"

小课题研究是教师在学校申报立项的课题，具有切口小、周期短、投资少、收益高的特点。学校要提倡教师成为研究者，不把研究作为教学之外的一件事，在教学中研究，在研究中教学，使教学与研究"共生互补"。学校要采取加强小课题研究培训，加强选题指导，创新过程管理和成果评价办法等策略，促进教师的小课题研究"真做"（立足于真实的教育教学实践问题，研究对策、改进工作）、"实做"（研究扎实，注重过程性资料整理）、"长做"（瞄准某个研究方向，生成系列研究问题，逐个突破研究，争取小课题做出"大文章"）。

学校要有意识地把在小课题研究中涌现出的佼佼者，培养和树立成某一领域的"土专家"，在学校或更高层面推广他们的研究成果，发挥他们的专业引领作用。这些扎根实践的土生土长的"专家"的语言，更容易拨动身边教师的心弦，他们的教学领悟和实践性知识经验更容易为身边教师吸纳。

区县教研、片区或校际教研联盟、学校教研三者既相对独立，又相辅相成、相互渗透、相互促进。在实践中我们既要充分发挥三者各自的作用，又要注重相互间的整合，坚持以区县教研为导向，以片区教研和校际联盟教研为纽带，以校内教研为基础，创新教研新格局，切实促进教师实践性知识的发展。

参考文献

[1] 裴娣娜. 教育研究方法导论[M]. 合肥：安徽教育出版社，1995.

[2] 刘华良. 教育研究方法专题与案例[M]. 上海：华东师范大学出版社，2007.

[3] 李冲锋. 教师如何做课题[M]. 上海：华东师范大学出版社，2013.

[4] 祝庆东. 教师如何做"小课题"[M]. 上海：华东师范大学出版社，2019.

[5] 费岭峰. 怎么做课题研究：给教师的 40 个教育科研建议[M]. 上海：华东师范大学出版社，2021.

[6] 徐世贵. 做个研究型教师[M]. 上海：华东师范大学出版社，2019.

[7] 杨晓萍. 教育科学研究方法[M]. 重庆：西南师范大学出版社，2012.

[8] 胡中锋. 教育科学研究方法（第二版）[M]. 北京：中国人民大学出版社，2023.

[9] 陈向明. 质的研究方法与社会科学研究[M]. 北京：教育科学出版社，2000.

[10] 张亚军. 幼儿成长及发展个案研究[M]. 上海：华东师范大学出版社，2013.

[11] 葛明贵，徐群. 中小学教育实验导论[M]. 合肥：中国科学技术大学出版社，2008.

[12] 沈毅，崔允漷. 课堂观察：走向专业的听评课[M]. 上海：华东师范大学出版社，2008.

[13] 吴江林，林荣凑，余小平. 课堂观察 LICC 模式：课例集[M]. 上海：华东师范大学出版社，2013.

[14] 赵丽霞，曹瑞，麦清，等. 天津市中学实施职业生涯规划教育的访谈报告[J]. 天津市教科院学报，2018（9）.

[15] 李亚平. 南京市学校校本课程建设现状调查报告[J]. 上海教育科研，2015（1）.

[16] 钟柏昌，李艺. 问卷调查方法在教育研究领域的应用状况分析[J]. 开放教育研究，2012（12）.

[17] 颜玖. 访谈法在社会科学研究中的应用[J]. 北京市总工会职工大学学报，2002（6）.

[18] 王萌. 浅谈访谈法中的提问技巧[J]. 现代教育科学，2006（5）.

[19] 陈利达，李素敏. 问卷调查法在教育研究中应用的关键：问卷编制[J]. 浙江教育科学，2017（4）.

[20] 覃小琼，孙蕾，吴琼. 免费师范生学习动机特点的访谈研究[J]. 心理研究，2010（3）.

[21] 李俊. 从问题到课题：如何进行文献分析——中小学教师科研能力提升的培养路径[J]. 教学月刊·中学版（教学管理），2015（5）.

[22] 王义全，韩君霞. 中小学教育研究文献检索的五W模式[J]. 中小学教师培训，2007（5）.

[23] 王俊. 就校本课程若干问题对吴刚平教授的访谈[J]. 新课程（教师版），2007（1）.

[24] 敖妮娜，尹国强. 他为什么不去幼儿园当教师——对一名学前教育系男性毕业生的个案研究[J]. 幼教园地，2009（9）.

[25] 徐志强. 多维度课堂观察——初中历史与社会课教师专业成长的"法宝"[J]. 教育理论与实践，2009（14）.

[26] 刘杰. 教育科研要做到四个"真实"[N]. 中国教育报，2019-05-23（7）.

[27] 陈琨，边霞. 绘画投射技术在攻击性儿童心理分析中的运用及其效果[J]. 学前教育研究，2010（12）.